数字驱动

如何做好财务分析和经营分析

刘冬 —— 著

机械工业出版社
CHINA MACHINE PRESS

全书分四篇。第一篇介绍财务分析与经营分析的基础知识、对比及各自在企业中的应用场景。第二篇是财务报表分析与决策支持专题，讲解财务报表的五力分析、财务报表分析的五种方法和企业财务绩效综合评价方法，帮助读者理解财务报表分析在企业中的具体应用。第三篇是经营分析与决策支持专题，讲解经营分析在企业中的具体应用，包括投资项目分析决策、企业经营分析报告编制与经营分析会议、本量利及产品定价等具体业务决策、战略预算分析、管理报表编制、可视化分析等。第四篇讨论财务分析师的职业前景，介绍不同层级财务分析师的岗位职责、能力要求及前景。

本书通过"理论＋情景现场＋企业案例＋实战案例"的形式，讲述企业经营管理中常用的各种决策场景实战模型和解决方案，帮助读者更好地理解财务分析与经营分析的内容，掌握构建企业财务分析与经营分析体系的方法。

图书在版编目（CIP）数据

数字驱动：如何做好财务分析和经营分析 / 刘冬著 . —北京：机械工业出版社，2023.12

ISBN 978-7-111-74895-3

Ⅰ.①数… Ⅱ.①刘… Ⅲ.①会计分析 ②经营分析 Ⅳ.① F231.2 ② F272.3

中国国家版本馆 CIP 数据核字（2024）第 040202 号

机械工业出版社（北京市百万庄大街 22 号　邮政编码 100037）
策划编辑：石美华　　　　　责任编辑：石美华　赵晓峰
责任校对：曹若菲　丁梦卓　责任印制：李　昂
河北宝昌佳彩印刷有限公司印刷
2024 年 5 月第 1 版第 1 次印刷
170mm×230mm・19.5 印张・1 插页・261 千字
标准书号：ISBN 978-7-111-74895-3
定价：79.00 元

电话服务　　　　　　　　　网络服务
客服电话：010-88361066　　机　工　官　网：www.cmpbook.com
　　　　　010-88379833　　机　工　官　博：weibo.com/cmp1952
　　　　　010-68326294　　金　书　网：www.golden-book.com
封底无防伪标均为盗版　　机工教育服务网：www.cmpedu.com

前言
PREFACE

本书从筹划至定稿耗时近两年。我想写一本既接地气又不失专业性的财务分析图书，基本构思是围绕财务分析的道理、方法和工具来写作的，即人们常说的"道、法、术"。在此期间我查阅了很多书籍，并结合自身在财务分析与经营分析领域十多年的实际经验，努力把财务分析与经营分析的方法论及实际应用写清楚、讲明白，让读者既能体会在实际工作中运用分析的无限乐趣，还能领悟财务分析方法论的精妙。

在我写本书的近两年时间里，各种新概念、新工具层出不穷，比如ChatGPT、AI技术、Power BI等，这些概念和工具的产生和应用都离不开算法和数据。财务工作随着新事物的出现正在发生深刻的变化，可以说，我们正在经历一场前所未有的数字革命。社会在进行数字化变革，企业也在进行数字化转型，这体现在企业生产经营的方方面面，如智能制造、新零售、银企直联等，当然还包括财务的数字化。财务工作归根结底要为公司的经营服务，财务数字化转型首先是财务角色和财务能力的转型，而财务分析和经营分析无疑为重构财务角色、提升财务能力开辟了一条捷径，也是将数据转化为运营的语言和灵魂。可以说，没有成功的财务分析与经营分析，财务数字化就不可能成功,也会导致数据对企业的驱动力大打折扣。

道虽迩,不行不至;事虽小,不为不成。

正是基于这样的态度和对财务数字化的认识,我决定提笔一试。

本书主要分为四个篇章,即第一篇:认识财务分析与经营分析;第二篇:财务报表分析与决策支持;第三篇:经营分析与决策支持;第四篇:财务分析师职业前景。本书通过大量的公司案例和情景式实务案例,把一个个财务报表分析到经营分析的工作场景还原,让读者在活泼、轻松的文字中学习工作方法。本书让读者和故事的主人公李茜一起学习、成长和进步,见证李茜一步步从一个财务分析的"小白",到可以独当一面地开展年度报表分析,投资项目分析,参与定价决策,制作管理报表等工作,并解决财务总监向东明提出的一个个难题。

所以,这是一本情景式的专业书,读者应该不会觉得枯燥。

分析工作有赖于财务数据的支持。传统的财务分析基于报表数据进行数据分析,帮助企业管理层看清现状并预测未来。但要做好分析工作,不能局限于财务分析,而是将分析工作根植于业务流程之中,从业务和经营的角度看待并参与公司经营,即进行经营分析,投资项目分析、产品定价分析、管理利润表分析、盈亏平衡分析等,都属于经营分析的范畴。

可以说,能够站在业务和经营的视角,根据业务需求开展多维度的分析,推动数据向可视化、标准化、信息化发展,主导建立各种分析模型,建立和完善公司预算体系、绩效考核体系、投资体系、管理核算体系,做公司的业务伙伴(BP),这样的分析工作才是现代企业需要的,也是财务数字化转型的必然选择。

我们要做一个思维上的转变,即摒弃过去就数据论数据的分析方法,将分析工作贯穿公司生产经营的整个过程,在战略布局、预算、核算、投融资、产品规划等方面贯彻分析工作的方法论,让分析师做经营决策的直接参与者。

如果你初涉财务分析，我建议从数据与报表分析着手。本书详细介绍了数据和报表分析的方法、案例和实际应用场景。

如果你具备一定的分析基础，需要更多地参与预算分析，本书提供了可供借鉴的方法论和实际案例。

如果你拥有较为丰富的分析经验，则应该提升对数据与问题洞察能力，参与管理与行为分析，本书将使你打开思路，插上分析的翅膀。

如果你已经掌握了分析的精髓，需要参与业务与经营分析，以便发挥个人的专业和价值，我相信本书中的案例和经验可以为你所用。

本书最大的特点是通过"理论 + 情景现场 + 企业案例 + 实战案例"的形式向大家展示了企业在经营管理中常用的各种决策场景实战模型和解决方案，帮助大家更好地理解经营分析的内容和掌握构建企业经营分析的方法体系，从而通过分析重构数据、驱动经营。

由于经验和阅历有限，本人在撰写本书的过程中常常陷入惶恐，唯恐有负自己的初衷和读者期待，数次想放弃，写作也一度中断。为此，我要特别感谢机械工业出版社的编辑，正是她不断的鞭策和鼓励，才让我有了坚持下来的动力。另外，编辑在我写作的过程中提出的诸多意见和建议，也对本书起到了重要作用。当然，也要感谢我的妻子小秋同学，正是她的无私付出和默默奉献，才让我有更多的时间可以投入到学习和写作之中。最后，感谢各位师长、同人及亲朋的支持和建议。

本书用到的上市公司财务数据及相关信息来源于上市公司相关年度财务报告，特在此说明。

功不唐捐，玉汝于成。本书不足之处，望乞各位企业同人和财经专家批评、指正。

刘 冬

2023 年 6 月 18 日于深圳

前　言

第一篇　认识财务分析与经营分析　/1

第1章　以战略和需求为导向的财务分析与经营分析　/2

情·景·思·考　传统的财务分析为什么不受重视？财务分析有哪几个层次？什么样的财务分析报告才是好的分析报告？

○ 案例1-1：财务视角、业务视角、经营视角、管理视角下的公司经营决策透视　/5

1.1　财务分析报告与经营分析报告的相同点与不同点　/6

○ 案例1-2：分别运用财务分析和经营分析的思路对办事处进行业绩分析　/6

1.2　财务分析报告与经营分析报告的需求分析　/12

1.3　基于公司战略的财务分析与经营分析　/14

第二篇 财务报表分析与决策支持 /19

第 2 章 认识财务三大报表及分析指标 /20

情·景·思·考 如何从财务分析的视角看财务三大报表？应该从哪些方面进行财务报表分析？财务报表分析的关键指标是什么？

2.1 以分析的眼光看财务三大报表及勾稽关系 /22
2.2 财务报表的五力分析 /32
- 案例 2-1：某锂电池制造企业的成长能力及关键指标分析（1）/33
- 案例 2-2：某锂电池制造企业的成长能力及关键指标分析（2）/35
- 案例 2-3：某领先医疗企业财务五力及同业公司对比分析（1）/37
- 案例 2-4：技术和资本不同驱动下企业的期间费用特征分析 /40
- 案例 2-5：某领先医疗企业财务五力及同业公司对比分析（2）/43
- 案例 2-6：房地产企业的债务特征及风险分析 /45
- 案例 2-7：某领先医疗企业财务五力及同业公司对比分析（3）/46
- 案例 2-8：显示器件集团现金流及利润质量分析 /51

第 3 章 财务报表分析五法 /55

情·景·思·考 如何出具一份令管理层满意的财务报表分析报告？在进行比较分析时，可以选取哪些比较数据？应该如何进行财务报表分析？

3.1 对比分析法 /57
- 案例 3-1：工程机械公司对比及结构分析（1）/58
- 案例 3-2：工程机械公司对比及结构分析（2）/61

3.2 结构分析法 /62
- 案例 3-3：工程机械公司对比及结构分析（3）/62

3.3 趋势分析法 /68

3.4 比率分析法 /74

3.5 标杆分析法 /74

  ○案例 3-4：标杆分析法在财务报表分析中的应用 /75

  ○案例 3-5：股份公司半年度财务与上市公司对比分析实操 /76

  ○案例 3-6：CFO 视角下的财务报表分析报告 /81

第 4 章 企业财务绩效综合评价方法 /84

情·景·思·考 如何对公司进行综合财务绩效的评估？如何设计子公司的考核指标？如何运用杜邦分析法进行财务分析？

4.1 杜邦分析法 /86

  ○案例 4-1：不同类型企业的财务特征，以温氏股份、海螺水泥、迈瑞医疗、万科为例（1）/88

  ○案例 4-2：不同类型企业的财务特征，以温氏股份、海螺水泥、迈瑞医疗、万科为例（2）/89

  ○案例 4-3：不同类型企业的财务特征，以温氏股份、海螺水泥、迈瑞医疗、万科为例（3）/91

  ○案例 4-4：不同类型企业的财务特征，以温氏股份、海螺水泥、迈瑞医疗、万科为例（4）/93

  ○案例 4-5：通过 ROE 筛选优秀企业并提升企业价值 /95

4.2 沃尔评分法 /99

  ○案例 4-6：集团内子公司评价考核指标设置并建立模型对子公司和区域进行评价 /100

4.3 经济附加值 /106

  ○案例 4-7：从财务视角解析企业价值并提供高层次的运营决策分析建议 /108

第三篇 经营分析与决策支持 /115

第5章 投资项目分析 /116

情·景·思·考 财务如何参与新产品投资决策？如何对新产品研发项目的经济效益进行评估并决策？新项目投资分析的步骤有哪些？有哪些评价指标可以用来判断一个项目是否值得投资？新项目投资需要关注哪些风险？

5.1 资本投资预算编制与产品目标成本 /122
- 案例5-1：新设备投资分析案例 /122

5.2 投资项目分析与评价方法 /126
- 案例5-2：运用净现值法、IRR、回收期法对某企业投资项目进行分析评估（1）/126
- 案例5-3：运用净现值法、IRR、回收期法对某企业投资项目进行分析评估（2）/129
- 案例5-4：运用净现值法、IRR、回收期法对某企业投资项目进行分析评估（3）/131
- 案例5-5：运用净现值法、IRR、回收期法对某企业投资项目进行分析评估（4）/134
- 案例5-6：运用净现值法、IRR、回收期法对某企业投资项目进行分析评估（5）/136

5.3 敏感性分析 /137
- 案例5-7：搭建新产品投入产出分析模型，进行投入产出效益分析，编制投资项目利润表及现金流量表，提供新产品研发决策的财务支持方案 /140

第6章 定期经营分析报告编制与经营分析会议 /143

情·景·思·考 财务如何参与公司经营分析会议？经营分析报告应该怎么写？经营分析会议上应该如何汇报？财务、业务数据口径不一致该怎么办？

6.1 经营分析会议机制 /146
　　○案例6-1：华为"一报一会"机制介绍及对中国企业的启发 /146
6.2 经营分析报告编制及设计要领 /148
6.3 经营分析会议的组织与汇报 /153
　　○案例6-2：某公司经营分析会议运行机制介绍 /154
　　○案例6-3：上市公司月度及季度经营分析报告编制及财务组织经营分析会议实例，提供满足经营需要的分析决策支持 /156

第7章 业务决策分析 /159

情·景·思·考 财务如何参与业务决策？财务可以在哪些业务决策中发挥作用？如何进行产品定价决策分析？是否应该接受客户的定制订单？如何进行产品、客户增减决策分析？

7.1 本量利分析及决策场景 /161
　　○案例7-1：A公司单一产品与多产品模式下的盈亏平衡（保本）分析 /161
7.2 产品定价财务决策分析 /167
　　○案例7-2：通信设备企业分别运用总成本加成定价法、变动成本加成定价法、产品成本加成定价法进行产品定价决策分析 /169
　　○案例7-3："丰田汽车公司"目标成本法的应用实践 /175
　　○案例7-4：通信设备企业在有过剩产能和无过剩产能两种情形下的设备销售订单定价案例 /180
7.3 自制或外购产品决策分析 /183

- 案例 7-5：W 公司探头生产自制或外购决策分析 /183

7.4 产品、分部、客户盈利性及增减决策分析 /185
- 案例 7-6：连锁超市 A 卖场亏损后关停或保留决策分析 /189
- 案例 7-7：财务分析师制定定价模型并对美国代理商定价 /193

第 8 章 基于控制的战略预算分析 /197

情·景·思·考 全面预算如何同公司战略相匹配？预算管理如何同财务分析有效结合？如何设定并分析预算指标？预算执行分析应该如何做？

8.1 以战略为起点的全面预算方法 /199

8.2 预算指标设定方法及分析 /202
- 案例 8-1：公司年度经营目标与预算指标设定案例 /203

8.3 预算执行分析 /206
- 案例 8-2：公司预算执行分析汇报案例 /207

第 9 章 管理报表编制 /209

情·景·思·考 管理报表的作用是什么？为什么企业需要管理报表？如何设计管理报表？如何通过管理报表打通业务数据流与财务数据流？如何通过管理报表支持经营决策？

9.1 管理报表与责任中心介绍 /211
- 案例 9-1：500 强企业利润中心考核与核算体系 /222

9.2 识别公司数据基础与来源 /224

9.3 需求调研，规划管理报表的结构及报表单元 /227
- 案例 9-2：全球化企业集团基于区域的管理利润表搭建案例 /228

9.4 设计报表模板 /232

9.5 确定分摊方法及分摊动因 /234

9.6 数据校验与测试 /236

9.7 培训和沟通 /238

　　○案例 9-3：华为利润中心从建立到完善、成熟的演进过程 /239

　　○案例 9-4：洞见跨国公司管理报表体系设计实务案例，解密企业飞速发展的财务密码 /246

第 10 章　可视化分析与数据洞察　/250

情·景·思·考　什么是可视化分析视图？该视图在财务分析与经营分析中有用吗？如何搭建可视化分析视图模板？如何进行数据洞察，牵引经营决策？

10.1 可视化分析的图形、函数和数据分类工具 /254

　　○案例 10-1：运用函数和数据分类工具对销售报表进行可视化分析（1）/262

　　○案例 10-2：运用函数和数据分类工具对销售报表进行可视化分析（2）/264

　　○案例 10-3：运用函数和数据分类工具对销售报表进行可视化分析（3）/265

　　○案例 10-4：运用函数和数据分类工具对销售报表进行可视化分析（4）/266

　　○案例 10-5：运用函数和数据分类工具对销售报表进行可视化分析（5）/270

10.2 数据洞察 /274

　　○案例 10-6：对财务指标变动进行问题洞察 /280

　　○案例 10-7：制造企业可视化分析模型建立及数据洞察策略 /281

第四篇　财务分析师职业前景　/283

第11章　财务分析师的五段位分析　/284

  11.1　财务分析师第一段位：数据与报表分析　/285

  11.2　财务分析师第二段位：预算与财务分析　/286

  11.3　财务分析师第三段位：管理与行为分析　/289

  11.4　财务分析师第四段位：业务与经营分析　/290

  11.5　财务分析师第五段位：财务BP　/292

参考文献　/297

PART 1

第一篇

认识财务分析与经营分析

第 1 章

以战略和需求为导向的财务分析与经营分析

情景
现场

说到财务分析,大家也许并不陌生。市场上关于财务分析的书籍可谓汗牛充栋,在大学里我们也会学习一门叫作财务分析的课程,里面关于财务分析的方法、指标不可谓不全面,不可谓不深入。但参加工作后我们发现,即便财务分析知识体系这么健全、财务分析如此重要,但是为什么国内专门设有财务分析岗位的企业并不是很多?为什么很多时候财务部门的财务分析报告得不到管理层的充分重视呢?为什么很多时候财务分析反映的问题和提出的建议都会不了了之呢?

这些现象说明了一个客观事实,那就是很多时候我们所做的财务分析并不能帮助企业解决生存与发展中的具体问题,即没有挖掘到企业的痛点或没有真正支撑到企业的决策。真正有价值的财务分析一定会受到公司管理层的重视。同时,我们又可以看到另外一个现象,优秀的企业都在花重金招聘财务分析师,但却一将难求。这说明财务分析师并不是没有市场,而是恰恰相反,财务分析师的职业前景非常广阔。

思考:
1. 传统的财务分析为什么不受重视?
2. 财务分析有哪几个层次?
3. 什么样的财务分析报告才是好的分析报告?

我们可以按照财务分析的内容和水平将财务分析工作分成五个段位(见图1-1)。本书将在最后一章详细介绍财务分析师的五个段位及其应有的职业要求。

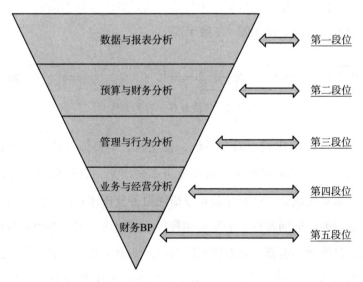

图1-1 财务分析师的五个段位

财务分析师大部分处于第一至第三段位之间。他们停留在低阶的财务分析阶段,抱怨公司不给自己升职加薪,但不妨问问自己是否可以向更高阶的财务分析师进阶和看齐呢?

财务分析师职业生涯的最高境界是成为一名优秀的财务 BP，这样才能站上金字塔尖。当然，并不是公司设置了财务 BP 岗位就表示该公司财务分析师的水平已达到第五段位，这里的财务 BP 是高阶财务分析水平的代名词。有的公司虽然已有所谓的财务 BP，但其财务分析水平仍然停留在前四个段位，甚至是第一段位。因此，市场缺少的是优秀的财务分析师。

传统的财务分析是指基于报表数据，按照一定的分析体系，透过报表看清公司经营状况并预测未来。例如，我们运用杜邦分析对净资产收益率一步步拆解，看清公司的资产周转情况、盈利情况、财务杠杆情况。在进行资产周转率分析时，我们通过对应收账款周转率、存货周转率等的计算，并进行横向和纵向比较，看清公司的资产利用情况。另外，我们还会用一定的财务分析方法，如比率分析法、趋势分析法，进行充分而系统的分析判断。

传统财务分析的思路如图 1-2 所示。

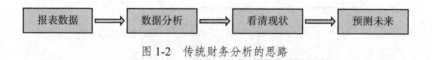

图 1-2　传统财务分析的思路

传统的财务分析比较全面和系统，在反映公司整体经营状况上具有一定的优势，其往往基于现有的报表数据就可以做出来，分析思路和方法比较固定，数据获取难度较低。这也是公司在搭建财务分析体系的时候，首先从报表分析入手的原因。但随着企业的发展和管理的精细化，传统的财务分析已经越来越不能满足管理的需要。企业需要既可以反映财务状况，又可以帮助企业控制风险、解决客户痛点、支撑扩张需求、辅助业务决策的分析报告。正是因为这种新的需求的出现，财务岗位也在悄然发生变化，管理会计师、财务 BP、业务分析师、数据分析师正成为财务市场上的香饽饽。这些岗位最重要的价值体现在它们突破了传统财务只能进行后端数据整理工作的限制，能够走向业务前端，提前进行业务介入和规划，进行全过程财务控制，因此，它们可以发挥出更大的价值，能够受到公司管理层的重视。同时也说明，如果财务人员做不出有价值的财务分析，那么财务工作就可能会逐渐走向边缘化，最终只能停留在传统的核算和记账上。这种情况下即使财务人员做了财务总监，充其量也只能做一名账房先生，而不能成为老板的左右手。

■ 案例 1-1

财务视角、业务视角、经营视角、管理视角下的公司经营决策透视

传统财务分析基于财务视角看待公司经营，而现代企业需要财务分析基于业务和经营的视角看待公司经营，二者有着本质的区别。我们可以通过图 1-3 看出不同视角下大家对公司经营关注方面的不同。

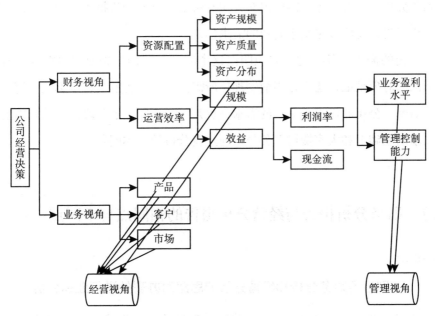

图 1-3　不同视角下的公司经营决策

公司经营决策需要业务和财务的共同支撑，业务是基础，财务是工具。财务更加关注资产规模、资产质量和公司效益，而业务更加关注产品、客户和市场。正因为两者关注的重点和工作的重点有所不同，所以对同一现象往往有截然不同的看法和结论，这就是财务语言与业务语言的区别。在经营视角下，财务需要更多地关注公司的产品、客户和市场，从业务出发参与和审视公司经营，从而支撑公司的经营决策。

什么样的财务分析报告才是好的分析报告呢？好的分析报告就如同一副性能良好的汽车仪表盘，既能随时显示车辆运行的关键指标，又能提前预警，使驾驶员一眼看出车辆的故障所在，从而尽快到4S店进行修复。不好的分析报告往往是复杂数据和指标的堆砌，虽然面面俱到但没有重点，脱离了企业的实际经营情况，只是就数据论数据。

从公司的需求来说，只有将财务视角下的财务分析与业务和经营视角下的财务分析相结合，才可能做出对公司有价值的财务分析报告。因此，好的财务分析报告首先应该是基于公司的需求的。

公司的需求是什么呢？要想明白这个问题，我们首先要明白财务分析报告面向的对象是谁，是不是当前管理层所需要的、报告的分析维度是否符合公司的需要。公司的需求既是人的需求，也是公司不同发展阶段的需求。本书将在需求的基础上和大家探讨财务分析与经营分析的具体问题。

1.1　财务分析报告与经营分析报告的相同点与不同点

■ 案例1-2

分别运用财务分析和经营分析的思路对办事处进行业绩分析

某产业集团公司拥有众多分公司、子公司和办事处，近年来由于市场竞争加剧及原材料价格上涨影响，该公司的利润逐年被压缩，其中部分境外区域和境内办事处出现了明显的业绩下滑。在这样的背景下，公司管理层要求财务部出具一份分析报告，具体说明公司业绩下滑的原因并给出分析建议。

在这种情况下，如果你是公司的财务分析师，你应该怎样写这份分析报告？如果分别基于财务分析的视角和经营分析的视角，又应该如何写分析报告？

要回答这两个问题，我们首先应该清楚什么是财务分析报告、什么是经营分析报告，以及财务分析和经营分析两者的不同之处。

1.1.1 什么是财务分析

财务分析是以会计核算和报表资料及其他相关资料为依据，采用一系列专门的分析技术和方法，对企业等经济组织过去和现在有关筹资活动、投资活动、经营活动、分配活动的盈利能力、营运能力、偿债能力和增长能力状况等进行分析与评价的经济管理活动。它是为企业的投资者、债权人、经营者及其他关心企业的组织或个人了解企业过去，评价企业现状，预测企业未来做出正确决策提供准确的信息或依据的经济应用学科。

筹资活动、投资活动、经营活动、分配活动是财务分析的内容（见图1-4）。

对盈利能力、营运能力、偿债能力和增长能力状况进行分析与评价是财务分析的方法。

企业的投资者、债权人、经营者及其他关心企业的组织或个人是财务分析的对象。

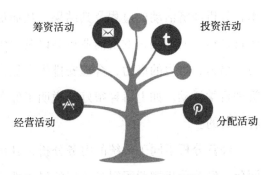

图1-4 财务分析的内容

为了解企业过去，评价企业现状，预测企业未来做出正确决策提供准确的信息或依据是财务分析的作用。财务分析的方法、对象、作用见图1-5。

图 1-5　财务分析的方法、对象、作用

常见的报表分析、资金分析、应收账款分析、杜邦分析、盈利分析、毛利率分析、偿债能力分析等都属于财务分析的范畴。我们现在所说的财务分析是狭义的概念，通常指的是财务报表分析。

1.1.2　什么是经营分析

什么是经营分析呢？它的书面释义是：经营分析是利用会计核算、统计核算、业务以及其他方面提供的数据信息，采用一定分析方法，依靠计算技术，分析经济活动的过程及其结果，从而加强对企业运行情况的把握，监控运行过程中的问题，发现商业机会以及提炼经营管理知识，以便充分挖掘人力、物力、财力的潜力，合理安排生产经营活动，提高经济效益的一门经营管理科学活动。如上解释很好地说明了经营分析的数据来源、方法、分析内容和目的。

经营分析不同于传统的财务分析，其可以说是财务分析的发展、延伸和深化。经营分析摆脱了财务分析的局限性，从更广的视角审视企业的经营与发展，因此经营分析的维度更深、更广，对数据及时性的要求也大大高于财务分析。

新的投资项目分析、产品定价分析、管理利润表分析、盈亏平衡分析等都属于经营分析的范畴。

财务分析与经营分析并没有严格的界限，可以把经营分析看成财务分析的一部分，也可以把财务分析看成经营分析的一部分，所以把二者对立起来的做法是不妥当的。本书所说的财务分析是传统的财务报表分析，是指站在报表和数据的角度思考和分析问题；本书所说的经营分析更多的是站在业务和经营的角度思考和分析问题，为业务发展和管理决策提供支持和建议。

1.1.3　财务分析与经营分析比较

财务分析与经营分析相比，使用人不同、使用目的不同、数据来源不同、分析范围不同、分析的深度不同、沟通方式不同、及时性要求也不相同。

财务分析同时面向内、外部人员，对内发现问题、提升绩效，对外进行估值与监督。财务分析的数据来源于会计核算、报表资料及其他相关资料，对数据的颗粒度要求不高。财务分析侧重于报表数据及财务指标分析。从分析的深度来看，财务分析基于已知的财务数据，按照财务分析的方法进行传统报表和数据分析。财务分析往往缺少反馈及追踪。财务分析通常需要在数据确定报表出具后才可以开展，分析结果相对滞后。

经营分析面向企业内部人员，旨在发现问题、改进管理、促进业务发展、提升绩效。经营分析的数据来源于会计核算、统计核算、业务等方面，对数据的颗粒度要求较高。经营分析侧重于业务与经营情况分析。从分析的深度来看，经营分析深入业务前端、发生过程，往往进行比较深度的业务参与、分析、控制。经营分析更加注重反馈及追踪，注重部门间的沟通和协同。经营分析对及时性的要求更高。财务分析与经营分析的具体不同点比较见表1-1。

表 1-1　财务分析与经营分析的具体不同点比较

项目	财务分析	经营分析
使用人	面向内、外部人员	面向企业内部人员
使用目的	对内发现问题、提升绩效、对外进行估值与监督	发现问题、改进管理、促进业务发展、提升绩效
数据来源	会计核算、报表资料及其他相关资料，对数据的颗粒度要求不高	会计核算、统计核算、业务等方面，对数据的颗粒度要求较高
分析范围	侧重于报表数据及财务指标分析	侧重于业务与经营情况分析
分析深度	基于已知的财务数据，按照财务分析的方法进行传统报表和数据分析	深入业务前端、发生过程，深度的业务参与、分析、控制
沟通方式	缺少反馈及追踪	更加注重反馈及追踪，注重部门间的沟通和协同
及时性	相对滞后	对及时性的要求更高

由于财务分析与经营分析存在上述诸多不同，故它们对分析报告的要求也不一样。

在案例 1-2 中，公司利润逐年被压缩，部分境外和境内办事处出现了明显的业绩下滑。按照传统财务分析的思路，首先需要收集公司的报表信息，进行利润的影响因素分析，如分析收入变动、毛利率变动、费用变动对利润的影响，找出影响利润的主要因素；其次对主要影响因素进行具体分析，如分析区域和办事处的收入变动情况，找出收入下滑比较明显的办事处并分析原因；最后针对问题给出具体的建议。

如果从经营分析的角度写这份分析报告，除了考虑以上各项因素，在进行区域和办事处收入变动情况分析的时候，我们还要考虑，财务报表的数据和业务单位统计的数据是否一致。为什么有时候业务单位呈现的数据结果和财务部的截然不同？某个区域收入下降，但是对比同类型的其他区域其收入变动有何趋势？和年初比较，预算完成情况如何？具体是哪个产品、客户的收入出现下滑？业务员的人均产出情况与其他区域和公司平均水平分别比较，结果如何？区域中新客户的收入占比如何，新客户开发情况如何，费用是否向大客户倾斜？产品销售价格是如何变动的？业务员是否申请了过多特价产品，特价产品带来的毛利率下降是多少？某个区域应该从哪些方面着手进行改进，是否有匹配的绩效目标，未来潜力如何？

可以看出，经营分析和财务分析的明显不同之处在于经营分析关注的点更细，也更加贴近业务和管理的需求，即经营分析可以看作精细化的财务分析，财务分析关注"面子"上的东西，而经营分析关注"里子"里的东西。

1.1.4　财务分析报告和经营分析报告哪个更加重要

财务分析报告和经营分析报告存在本质上的不同，但如果就此认为二者需要区分哪个更加重要就不恰当了。虽然二者分析的侧重点和需求者不同，但是都可以发现公司经营中的问题、提出改进建议、提升组织绩效。

现在存在一个普遍的观点，就是财务分析要向经营分析转变。转变的基本要求是分析工作要更深入、更加细化，要从后端的数据整理走向前端的业务规划；分析工作要紧密贴合业务的需求，为业务决策提供迅速、准确的数据支撑和分析建议；分析报告应直指业务痛点、促进业务的改善和市场机会的把握。另外，我们的分析工作一定不能为了分析而分析，每一项分析工作都应该有一个具体的落脚点。财务分析应当将分析植入业务流程和管理行为，并参与到公司的策略制定之中，不断改进公司的数据和分析体系，这才是分析工作的精髓所在。分析报告的精髓见图1-6。

无论是财务分析报告还是经营分析报告，都要和公司发展阶段相匹配，满足管理层需要。

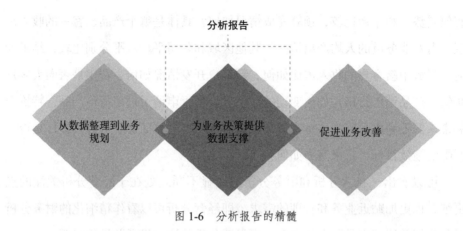

图 1-6　分析报告的精髓

1.2　财务分析报告与经营分析报告的需求分析

"需求"一词在市场营销学中比较常见。需求导向要求公司真正理解客户的需求，并根据客户的需求开展产品功能设计和制造。需求导向和许多企业所奉行的以客户为中心的思想不谋而合，这里的客户既可以是外部客户，也可以是内部客户。例如公司的上下游部门或者和我们有工作往来的个人，都可以是我们的客户。

对于一份分析报告来说，准确地定位报告需求人，是其取得成功的关键一步。需求人不同，分析的方法自然不同。一般来说，使用人即为需求人。对于财务分析报告和经营分析报告来说，它们的使用人按使用目的可以进行大致分类。财务分析报告的使用人及使用目的见表 1-2。

表 1-2　财务分析报告的使用人及使用目的

使用人	细分	明细	目的
内部管理者	高层管理者	董事长、总经理、总裁、副总裁	通过分析发现问题、加强监督、改进管理，从而提升企业绩效
	财务管理者	财务总监、财务经理	

（续）

使用人	细分	明细	目的
外部监管人员	投资人	各级投资者、控股股东	对企业进行价值评估，了解企业的资金、税务、风险控制情况，对企业进行监督
	债权人	银行及各类金融机构	
	政府	工商局、税务局、证监会等	
	中介机构	审计、评估、咨询机构等	

可以看出，财务分析报告的使用人分为内部使用人和外部使用人，内部管理者使用报告的主要目的是通过分析发现问题、加强监督、改进管理，从而提升企业绩效，而外部监管人员的使用目的是对企业进行价值评估，了解企业的资金、税务、风险控制情况，对企业进行监督。内部管理者使用的财务分析报告由企业内部的财务分析师或财务经理完成，而外部监管人员使用的财务分析报告则由相应机构的人员完成。本书中和大家讨论的财务分析报告主要是针对内部管理者而言的。

经营分析报告的使用人及使用目的见表1-3。

表1-3 经营分析报告的使用人及使用目的

使用人	细分	明细	目的
内部管理者	高层管理者	董事长、总经理、总裁、副总裁	战略导向，了解战略偏差及经营管理中的方向性问题，采取纠正措施，提升企业治理水平
	中层管理者	业务（销售、供应链、HR等）总监、部门负责人	发现业务问题，改善公司各业务板块的管理
	基层管理者及业务人员	各基层管理人员、各业务端人员	满足业务发展需要并推动业务发展
	财务管理者	财务总监、财务经理	监督管理、风控及特定需求，并对经营分析报告负责

经营分析报告是为满足企业内部经营管理需要而出具的报告。根据使用对象的不同，其具体目的也会有所不同。例如，高层管理者使用经营分析报告主要是出于战略上的考量，而中层、基层管理者及业务人员则侧重于发现业务问题，改善公司各业务板块的管理，推动业务发展。从这里我们也可以看出，相较于财务分析报告，经营分析报告在内部管理者分类上更加具体，新增了中层管理者、基层管理者及业务人员两大类人员。

本书在介绍财务分析报告、经营分析报告的使用人时，并没有使用需求人这个概念，虽然很多时候报告的使用人也可以认为是报告的需求人，但严格来说，两者是不可以划等号的，即报告的使用人不一定就是报告的需求人。我们需要挖掘报告真正的需求人，才能对症下药，满足各方的需求，体现分析的价值，将报告使用人真正变成报告需求人。

1.3　基于公司战略的财务分析与经营分析

财务分析与经营分析一定是基于公司的战略展开的，也就是说，好的财务分析与经营分析一定与公司的战略需求相匹配。那财务分析与经营分析是如何匹配公司战略的呢？

战略是公司发掘核心竞争力、获得竞争优势的一系列综合的、协调的约定和行动。当一个公司成功地制定和执行了价值创造的战略时，它就能够获得战略竞争力（迈克尔·A.希特《战略管理》）。

罗伯特·卡普兰、大卫·诺顿在《战略地图》中总结了战略成功执行三要素及其相互关系：

突破性成果 = 战略描述 + 战略衡量 + 战略管理

战略成功执行三要素均需用到财务分析与经营分析。

1.3.1 战略描述中的财务分析与经营分析

公司将制定和规划自己的战略和价值主张，用语言准确地表述并传达给公司各级员工，就是战略描述。根据平衡计分卡方法，战略描述可以划分为财务、客户、内部流程、学习与成长四个层面，每个层面都有对应的财务指标。

1）财务层面：提高客户份额、增加收入来源、最大化利用现有资产、改善成本结构等。

2）客户层面：竞争性价格、最低总成本、质量上乘、良好的品牌形象等。

3）内部流程层面：开发供应商关系，客户选择、获得、保持增长流程，创新流程，风险管理等。

4）学习与成长层面：人力资本、信息资本、组织资本。

清晰且准确的战略描述可以统一公司上下的认识，让大家围绕同一个目标齐心协力把力气往一处使。好的财务分析与经营分析有利于公司战略规划的开展，例如公司通过将财务指标与同业竞争对手的进行分析比较，可以判断本公司所处的市场地位，思考公司的差异化战略是否具备竞争优势，研究竞争对手的产品成本信息，寻求提高净资产收益率的做法。

通过分析和梳理公司的战略描述，我们也可以发现财务分析与经营分析的关注重点应该放在哪里：客户份额？收入增长？产品定价？人力资源成本控制？

1.3.2 战略衡量中的财务分析与经营分析

公司在制定战略之后，接下来就要执行战略。公司应当如何执行战略？公司需要通过全面预算进行资源配置，对战略进行分解和落地，全面预算的过程就是资源分配和战略分解落地的过程。财务通过预算执行分析考察资源配置的合理性及战略执行的有效性，主要关注战略执行是否偏离了预定的战略规划？公司的目标是否已经实现？财务分析与经营分析此时起到了比对和追踪的作用。

1.3.3 战略管理中的财务分析与经营分析

根据战略规划的一般步骤，在成功开展了战略描述和战略衡量之后，公司已经选择了适合自己的战略路线图，最后进入战略实施、战略评价和调整阶段。有效的战略规划应包括相应的战略财务分析，并包括可以渗透到战略实施过程之中的战略经营分析。这里的战略财务分析和战略经营分析并不都是分析战略层面的问题，也可以是战术层面的问题，如拓宽公司融资渠道、新产品定价、产能扩充项目等。通过分析，管理层可以发现公司的管理薄弱环节，并对其采取管控和强化措施。表1-4对战略成功执行三要素关键节点中的战略工具选择、常用的财务分析与经营分析方法进行了总结。

表1-4 基于公司战略的财务分析与经营分析

战略要素	关键节点	战略工具	常用的财务分析与经营分析方法
战略描述	战略分析	战略地图、PEST分析、五力模型、价值链分析、竞争者分析	同业对比分析、价值分析、估值分析
战略衡量	战略选择	SWOT分析、波士顿矩阵	同业对比分析、战略选择分析、销售增长率和市场占有率分析、投融资决策分析
战略管理	战略实施	平衡计分卡、预算管理体系、人力资源管理体系、绩效管理	杜邦分析、预算执行分析、绩效管理分析、投融资决策分析、财务报表分析、盈亏平衡分析、敏感性分析等
	战略评价和调整		

可以看出，财务分析与经营分析的方法和工具有效贯穿于整个战略规划的过程。虽然财务分析与经营分析并不能替代专门的战略分析工具，但它们却

是必不可少的，尤其是在战略管理阶段，财务部门可以用杜邦分析、预算执行分析、绩效管理分析、投融资决策分析、财务报表分析、盈亏平衡分析、敏感性分析等方法发挥出独特优势，支持公司的战略决策。只有能够有效支持公司战略决策的分析，才能获得更高层次的和持久的认可。

如何获得支持公司战略决策的分析技能呢？这需要掌握财务分析与经营分析的方法和工具。概括而言，财务分析与经营分析应该能够在如下方面支持公司决策：

1）反映现状：直观、完整而又简单、明了地反映公司主要财务数据。

2）传递信息：通过分析发现问题、找出原因、解决问题。

3）支撑经营：财务与业务应在同一频道，语言一致，让业务能够看懂财务报告。

4）服务运营：收入质量控制、业务成本管控、降本增效。

5）资源配置：发现和分析应进行资源投入的业务，缩减无效及低效业务。

PART 2

第二篇

财务报表分析与决策支持

第 2 章

认识财务三大报表及分析指标

情景
现场

　　李茜最近刚从上一家公司离职，经过几轮面试，顺利入职现在的公司，负责财务分析工作。但李茜并没有财务分析相关的经验，她在上一家公司主要从事总账相关的工作。此外，两家公司的业务丝毫没有相关性，上一家公司的主营业务是汽车用品销售，现在的公司主营业务为医疗产品的设计、生产和销售。李茜之所以能够入职当前这家上市公司的财务分析岗位，一方面是因为当前公司的财务总监看中了李茜在大型企业的工作经验，另一方面是对李茜的逻辑和沟通能力的认可，并且李茜个人的财务专业素质不错。

　　可是入职后的第一个项目就让李茜犯了难。此时正值公司刚完成半年报的披露，财务经理王小静安排李茜出具一份半年度财务分析报告。

　　"静姐，我之前没有做过财务分析相关工作，不知道从何入手呢。"李茜显然束手无策，她决定先向王小静寻求一些指导和建议。

"你可以先思考一下，也可以上网查找一下财务分析的方法和工具，再开展分析工作。"王小静显然是想考察一下这个尚在试用期的小姑娘，所以她并不急于给出具体的指导和建议。

"好的，静姐，我大概明白了……"其实李茜一点都没有明白，她既不明白财务经理的用意，也不明白财务经理要求的财务分析报告应该如何做，"您能不能给我一点具体的建议和方向呢？"

"你虽然没有做过具体的财务分析工作，但你也是财务出身啊，财务分析当然还是要从财务三大报表入手。你想一想，各个财务报表的功能是什么？财务报表上的每个数字、每个科目代表什么含义？财务分析的目的是什么？如果你把这些问题想明白了，我相信运用你在大学里学过的知识，是可以尝试做出一份分析报告的。"面对这个零分析经验的新人，王小静给出了自己的指导意见，但她又不想让李茜继续问下去，所以她丝毫不给李茜继续提问的机会。

"经理说得好像有道理哦，"李茜在心里嘀咕，"利润表反映企业的经营成果，资产负债表反映企业的财务状况，现金流量表则反映了企业经营活动、投资活动、筹资活动的现金流入和流出，这几张报表不正是对企业经营绩效、成果和财务状况的评价嘛。如果我要做公司的财务分析报告，确实需要先弄明白财务三大报表的基础信息。"

思考：

1. 如何从财务分析的视角看财务三大报表？
2. 应该从哪些方面进行财务报表分析？
3. 财务报表分析的关键指标是什么？

2.1 以分析的眼光看财务三大报表及勾稽关系

2.1.1 财务三大报表

我们通常所说的财务三大报表,是指资产负债表、利润表、现金流量表。资产负债表亦称财务状况表,是反映企业在某一特定日期(如月末、季末、年末)全部资产、负债和所有者权益情况的会计报表。集团公司根据需要,可以设置合并资产负债表、母公司资产负债表。合并资产负债表是指在股权上有密切关系的两个或两个以上的独立企业作为一个整体而合并编制的资产负债表,常为控股公司所采用,用来反映控股公司及其附属公司的合并财务状况。母公司是相对于子公司而言的,持有其他公司一定比例以上股份,或者根据协议能够控制、支配其他公司的公司是母公司,全部股份或者达到控股程度的股份被另一公司控制,或者依照协议被另一公司实际控制的公司是子公司。我们来看一家公司(亿纬锂能)2020 年 12 月 31 日合并资产负债表简表,见表 2-1。

表 2-1 亿纬锂能 2020 年 12 月 31 日合并资产负债表简表

编制单位:惠州亿纬锂能股份有限公司(简称亿纬锂能)　　　　　　(单位:元)

项目	2020 年 12 月 31 日	2019 年 12 月 31 日
流动资产:		
货币资金	3 803 675 168.19	2 097 325 100.79
交易性金融资产	1 074 665 800.00	1 140 000 000.00
应收票据及应收账款	3 543 171 519.55	3 338 157 819.76
应收款项融资	438 217 607.66	321 940 639.07
预付款项	468 974 533.21	75 703 007.42
其他应收款	60 488 103.08	50 714 599.46

（续）

项目	2020年12月31日	2019年12月31日
存货	1 714 205 853.85	1 129 723 669.83
合同资产	42 795 828.71	
其他流动资产	195 608 173.28	148 820 205.30
流动资产合计	11 341 802 587.23	8 302 385 041.63
非流动资产：		
可供出售金融资产		
长期股权投资	4 809 623 090.27	727 966 756.57
其他权益工具投资	170 656 794.98	159 156 794.98
固定资产	6 322 281 820.88	4 022 061 269.23
在建工程	1 386 308 747.16	970 594 022.98
无形资产	405 663 663.95	377 520 317.25
开发支出	55 893 796.68	47 670 570.31
商誉	65 798 821.25	65 798 821.25
长期待摊费用	172 842 004.98	49 361 002.40
递延所得税资产	265 744 331.81	192 101 091.65
其他非流动资产	703 587 328.07	1 379 933 077.07
非流动资产合计	14 358 400 400.03	7 992 163 723.69
资产总计	25 700 202 987.26	16 294 548 765.32
流动负债：		
短期借款	200 158 333.33	518 797 480.54
应付票据及应付账款	5 841 134 034.23	3 775 362 626.81
预收款项		60 254 381.60
合同负债	223 234 691.69	
应付职工薪酬	184 032 739.64	140 904 028.46
应交税费	166 341 386.36	118 951 850.92
其他应付款	119 598 948.77	38 417 550.63
一年内到期的非流动负债	96 981 078.65	655 235 079.74
其他流动负债	328 059 269.20	724 370 173.60

（续）

项目	2020年12月31日	2019年12月31日
流动负债合计	7 159 540 481.87	6 032 293 172.30
非流动负债：		
长期借款	1 105 080 000.00	134 000 000.00
长期应付款	85 000 000.00	1 887 522 717.59
递延收益	428 828 213.49	437 343 357.34
递延所得税负债	250 709 300.91	91 629 869.82
非流动负债合计	1 869 617 514.40	2 550 495 944.75
负债总计	9 029 157 996.27	8 582 789 117.05
所有者权益（或股东权益）：		
实收资本（或股本）	1 888 865 429.00	969 139 695.00
资本公积	7 792 219 969.81	3 376 301 100.92
盈余公积	272 728 902.22	247 158 172.28
未分配利润	4 422 208 179.45	2 960 497 821.49
归属于母公司所有者权益合计	14 376 022 480.48	7 553 096 789.69
少数股东权益	2 295 022 510.51	158 662 858.58
所有者权益合计	16 671 044 990.99	7 711 759 648.27
负债和所有者权益总计	25 700 202 987.26	16 294 548 765.32

会计人员对资产负债表再熟悉不过了。会计人员通过资产负债表总体上可以了解一家公司的资产、负债结构和净资产状况，细细观察又可以知道这家公司账面有多少资金，有多少应收账款、固定资产、存货等，以及公司欠了银行多少钱，欠了供应商多少钱。会计人员如果进一步观察，还可以通过与往期数据对比发现公司的资产增长状况、是否通过股权融资增加了实收资本等。

人们直接观察资产负债表获得的信息仅仅是通过观察数据而获取的，所以这些信息往往是对报表比较表层的理解。人们如果想要通过资产负债表判断公司的资产负债结构是否健康、是否具有良好的偿债能力，则需要运用一定的计算指标，如用流动资产、流动负债计算流动比率，用总负债、总资产来计算资产负债率。

可以直接通过资产负债表数据计算的指标如下：

流动比率 = 流动资产 / 流动负债 ×100%

速动比率 = 速动资产 / 流动负债 ×100%

资产负债率 = 负债总额 / 资产总额 ×100%

产权比率 = 负债总额 / 所有者权益总额 ×100%

总资产增长率 = 本年总资产增长额 / 年初资产总额 ×100%

资本保值增值率 = 本年末所有者权益总额 /

年初所有者权益总额 ×100%

利润表是反映企业在一定会计期间（如月度、季度、半年度或年度）的经营成果的会计报表。利润表可以包括合并利润表、母公司利润表。我们习惯于把资产负债表看成一张静态的照片，把利润表看成一段视频，即资产负债表反映的是时点状况，而利润表反映的是一段时间的状况。我们来看亿纬锂能2020年度合并利润表简表，见表2-2。

表2-2 亿纬锂能2020年度合并利润表简表 （单位：元）

项目	2020 年度	2019 年度
营业总收入	8 161 806 164.32	6 411 641 552.23
营业收入	8 161 806 164.32	6 411 641 552.23
营业总成本	7 073 235 257.92	5 470 960 895.50
营业成本	5 794 130 970.99	4 506 351 088.81
税金及附加	39 143 195.77	46 539 670.41
销售费用	225 902 307.21	175 325 471.27
管理费用	269 898 502.78	188 779 337.80
研发费用	684 360 731.72	458 655 479.14

（续）

项目	2020 年度	2019 年度
财务费用	59 799 549.45	95 309 848.07
其中：利息费用	73 414 251.05	116 471 192.77
利息收入	25 776 027.52	13 385 631.23
加：其他收益	106 425 490.64	27 873 092.00
投资收益	837 333 458.91	839 892 030.39
其中：对联营企业和合营企业的投资收益	796 793 721.66	822 370 954.51
公允价值变动收益	4 665 800.00	
资产减值损失	−21 663 875.54	−85 584 611.32
信用减值损失	−81 923 480.46	−88 731 876.67
资产处置收益	−4 574 508.83	−521 219.77
营业利润	1 928 833 791.12	1 633 608 071.36
加：营业外收入	444 076.61	403 860.62
减：营业外支出	11 307 888.41	7 779 323.05
利润总额	1 917 969 979.32	1 626 232 608.93
减：所得税费用	236 655 372.83	77 409 033.80
净利润	1 681 314 606.49	1 548 823 575.13
持续经营净利润	1 681 314 606.49	1 548 823 575.13
减：少数股东损益	29 280 167.08	26 815 509.22
归属于母公司所有者的净利润	1 652 034 439.41	1 522 008 065.91
综合收益总额	1 681 314 606.49	1 548 823 575.13
减：归属于少数股东的综合收益总额	29 280 167.08	26 815 509.22
归属于母公司普通股东的综合收益总额	1 652 034 439.41	1 522 008 065.91
每股收益：		
基本每股收益	0.89	1.64
稀释每股收益	0.89	1.64

透过利润表，我们可以清楚地知道公司的收入规模、期间费用情况，知

道公司将重点放在市场推广还是研发上，知道公司的政府补助及其他收入情况。如果同以往期间数据进行横向比较，我们还可以看出公司的各项收入、费用增长情况，市场规模是扩大的还是萎缩的，研发投入是增强的还是减弱的。但是仅仅知道这些还是不够的，我们还可以借助一定的比率分析，例如通过计算各种费用占收入的比率，得出各种费用的费用率，然后再通过对几期费用率进行比较，判断公司资源配置的力度、效率的变动趋势。如果我们将相关数据进一步与同业公司或标杆公司进行比较，还可以发现公司的各项指标是否正常、是否有提升空间、存在什么问题、以后的改善空间在哪里。

可以直接通过利润表数据计算的指标如下：

毛利率＝（营业收入－营业成本）/营业收入×100%

营业利润率＝营业利润/营业收入×100%

净利率＝净利润/营业收入×100%

销售费用率＝销售费用/营业收入×100%

管理费用率＝管理费用/营业收入×100%

研发费用率＝研发费用/营业收入×100%

财务费用率＝财务费用/营业收入×100%

营业收入增长率＝（本期营业收入－上期营业收入）/

上期营业收入×100%

费用增长率＝（本期费用－上期费用）/

上期费用×100%，如销售费用增长率

＝（本期销售费用－上期销售费用）/

上期销售费用×100%

以上指标对于利润表的分析非常有用，它们是对利润表各维度进行分析的基本指标。后续我们将专门说明如何将这些指标归入合适的分析维度，从而清晰地呈现给公司管理层。

现金流量表是反映企业在一定时期内（如月度、季度、半年度或年度）的经营活动、投资活动和筹资活动对其现金及现金等价物所产生的影响的财务报表。现金流量表可以包括合并现金流量表、母公司现金流量表。我们来看亿纬锂能 2020 年度合并现金流量表简表，见表 2-3。

表 2-3　亿纬锂能 2020 年度合并现金流量表简表　　　　（单位：元）

项目	2020 年度	2019 年度
经营活动产生的现金流量：		
销售商品、提供劳务收到的现金	6 893 462 957.30	5 000 881 011.05
收到的税费返还	566 754 302.99	99 761 597.96
收到其他与经营活动有关的现金	271 112 739.83	163 670 664.55
经营活动现金流入小计	7 731 330 000.12	5 264 313 273.56
购买商品、接受劳务支付的现金	4 248 636 539.01	2 740 645 421.02
支付给职工以及为职工支付的现金	994 334 115.45	910 886 380.60
支付的各项税费	478 993 378.26	173 452 470.33
支付其他与经营活动有关的现金	461 749 152.99	300 696 505.74
经营活动现金流出小计	6 183 713 185.71	4 125 680 777.69
经营活动产生的现金流量净额	1 547 616 814.41	1 138 632 495.87
投资活动产生的现金流量：		
收回投资收到的现金	4 365 000.00	411 301 329.38
取得投资收益收到的现金	31 936 310.17	446 325 720.38
处置固定资产、无形资产和其他长期资产收回的现金净额	12 403 585.62	5 039 499.84
处置子公司及其他营业单位收到的现金净额		
收到其他与投资活动有关的现金	70 000 000.00	
投资活动现金流入小计	118 704 895.79	862 666 549.60
购建固定资产、无形资产和其他长期资产支付的现金	2 037 868 195.75	2 619 057 383.21

（续）

项目	2020 年度	2019 年度
投资支付的现金	339 425 000.00	31 500 000.00
取得子公司及其他营业单位支付的现金净额		
支付其他与投资活动有关的现金		1 140 000 000.00
投资活动现金流出小计	2 377 293 195.95	3 790 557 383.21
投资活动产生的现金流量净额	−2 258 588 300.16	−2 927 890 833.61
筹资活动产生的现金流量：		
吸收投资收到的现金	2 476 149 961.02	2 468 199 996.05
其中：子公司吸收少数股东投资收到的现金		
取得借款收到的现金	1 654 263 158.26	1 866 501 617.46
收到其他与筹资活动有关的现金		179 990 000.00
筹资活动现金流入小计	4 130 413 119.28	4 514 691 613.51
偿还债务支付的现金	1 203 131 124.40	1 141 967 000.28
分配股利、利润或偿付利息支付的现金	212 986 503.79	82 659 462.20
支付其他与筹资活动有关的现金	420 964 963.75	571 684 048.29
筹资活动现金流出小计	1 837 082 591.94	1 796 310 510.77
筹资活动产生的现金流量净额	2 293 330 527.34	2 718 381 102.74
汇率变动对现金及现金等价物的影响	−66 516 370.27	11 729 085.86
现金及现金等价物净增加额	1 515 842 671.32	940 851 850.86
加：期初现金及现金等价物余额	1 910 124 993.18	969 273 142.32
期末现金及现金等价物余额	3 425 967 664.50	1 910 124 993.18

从结构上看，现金流量表分为经营活动产生的现金流量、投资活动产生的现金流量、筹资活动产生的现金流量三类。我们通过现金流量表可以看出公司的资金是从哪里来的（来自经营活动？股权筹资？还是银行贷款？），流向了哪里（用于支付货款？缴纳税费？兴建厂房？还是投资并购？）。我们习惯于把现金流量比喻为企业的"血液"，因此，现金流量表对企业非常重要。

一个公司可以阶段性地不盈利甚至亏损，却不能没有现金流。特别是现在很多新兴业态的公司在成立之初往往用烧钱的模式来打开市场，它们在这个阶段一般是不盈利的。但是公司在该阶段仍然可以不断发展壮大，前提是它们能找到源源不断的资金来源，如引入新的投资者、上市，典型的如京东、滴滴。但长期来看，公司必须要找到合适的盈利模式并能突破盈亏临界点，只有这样公司才能长期生存下去，不然就可能只是昙花一现，例如某些 P2P 公司、共享单车公司的经营失败。

2.1.2 财务报表勾稽关系

财务报表体系是一套非常严密的科学工具，其中的三大报表不是孤立的，它们之间有着很严谨的勾稽关系。财务报表的勾稽关系又可以分为表内勾稽关系、表间勾稽关系。

表内勾稽关系是指同一张报表内部科目间的勾稽，如利润表中的"净利润＝利润总额－所得税费用"，资产负债表中的"资产＝负债＋所有者权益"。表内勾稽关系是比较容易理解的。

表间勾稽是指不同类型的报表之间所呈现出来的勾稽关系。举一个简单的例子，资产负债表中的"货币资金"期末余额通常要与现金流量表中的"期末现金及现金等价物余额"本期金额一致，如果不一致，则说明报表编制有问题或存在不可随时变现的款项。表间勾稽相比表内勾稽要复杂得多，但是弄懂财务会计三大报表间的勾稽逻辑是对一名财务人员的专业要求。常见的财务报表表间勾稽见表 2-4。

表 2-4 常见的财务报表表间勾稽

资产负债表和利润表	资产负债表"未分配利润"期末余额－"未分配利润"上年年末余额＝利润表"净利润"本期金额

（续）

资产负债表和现金流量表	资产负债表"货币资金"期末余额 = 现金流量表"期末现金及现金等价物余额"本期金额
	现金流量表"现金及现金等价物净增加额"本期金额 = 资产负债表"货币资金"期末余额 – "货币资金"上年年末余额
	现金流量表"支付给职工及为职工支付的现金"本期金额 = 资产负债表"应付职工薪酬"期末余额 – 上年年末余额 + 本期为职工支付的工资和福利总额
	现金流量表中"处置或购建固定资产、无形资产和其他长期资产收回或支付的现金"本期金额 = 资产负债表"固定资产""在建工程""无形资产"等长期资产期末余额 – 上年年末余额
利润表和现金流量表	现金流量表"销售商品、提供劳务收到的现金"本期金额 = 利润表"营业收入"本期金额 + "应交税费——应交增值税（销项税额）"本期发生额 + 资产负债表"应收票据及应收账款""预收款项"期末余额 – 上年年末余额
	现金流量表"购买商品、接受劳务支付的现金"本期金额 = 利润表"营业成本"本期金额 + "应交税费——应交增值税（进项税额）"本期发生额 + 资产负债表"存货""应付票据及应付账款""预付款项"期末余额 – 上年年末余额
	现金流量表"经营活动产生的现金流量净额"本期金额与利润表"净利润"本期金额亦存在一定的勾稽，因折旧及摊销为非付现费用，前者一般应大于或等于后者

　　财务报表勾稽关系对财务分析非常重要，它们既可以帮助我们理解报表的结构，还可以引导财务分析人员快速定位到财务报表中的关键信息。对于从事基金、证券分析的人员来说，用财务报表勾稽关系来评估报表质量、盈利质量、筛选优质标的也非常有效。

　　资产负债表、利润表、现金流量表可以反映企业经营活动的全部会计科目和一些常见的财务指标，但是有些财务指标仅仅通过这三张报表中的任何一张是无法计算出来的，为此，我们需要把这几张报表综合起来看。例如，净资产收益率、应收账款周转率指标综合运用了资产负债表和利润表两张报表的数据。我们要想全面计算和掌握所有重要的财务指标，就要在独立计算三张报表指标的基础上做进一步深入的计算。

我们可以把这些重要的财务指标进一步归纳为五个财务分析维度，以全面且准确地反映企业的经营状况。

2.2 财务报表的五力分析

如果说认识财务报表及其勾稽关系是财务分析的开始，那么理解和掌握财务报表分析的维度及指标则是财务分析的关键一步。我们一般从成长能力、盈利能力、偿债能力、营运能力、现金流能力五个维度来开展企业的财务分析工作。这五个维度在不同的教材中有不同的叫法，如有些教材把成长能力称为发展能力，但本质都大同小异。下面我们来具体看看这五个分析维度各自的含义及分别有哪些关键指标可以应用于财务分析工作之中。

2.2.1 成长能力分析

成长能力反映一家企业的增长速度和增长潜力，顾名思义它考察一家企业的成长性。外部投资者都希望自己投资的公司是有增长潜力的公司，最好公司能够持续稳定地增长，这样他们可以获得源源不断的分红收益，如果是上市公司还可以获得股价上涨的增值收益。企业的经营管理者认为企业的增长速度越快，说明公司的经营能力越突出，企业管理者和员工越有可能获得较好的收入，同时管理者越有可能获得董事会的认可，继而带领公司走向成功。

成长能力分析相关指标包括"同比增长率""相比年初增长率"等。

同比增长率又分为营业收入同比增长率、营业利润同比增长率、利润总额同比增长率、净利润同比增长率、经营活动产生的现金流量净额同比增长率、净资产收益率同比增长率、基本每股收益同比增长率。

公司一般以资产总计增长率、股东权益（又称净资产）增长率来分析总资产、净资产成长能力。

接下来通过两个案例来说明以上指标如何体现公司的成长能力。

1. 同比增长率

首先通过表2-5来看一下如何借助同比增长率进行报表分析。

■ 案例2-1

某锂电池制造企业的成长能力及关键指标分析（1）

惠州亿纬锂能股份有限公司专注于锂电池的创新发展。经过多年的努力，公司锂亚硫酰氯电池发展水平居世界前列，锂原电池发展水平居国内领先地位。亿纬锂能主要指标五年同比增长率见表2-5。

表2-5　亿纬锂能主要指标五年同比增长率　　　　　　　　　　　　（%）

指标	年报				
	2020-12-31	2019-12-31	2018-12-31	2017-12-31	2016-12-31
营业收入同比增长率	27.30	47.35	45.90	27.46	73.45
营业利润同比增长率	18.07	170.20	24.96	42.58	152.85
利润总额同比增长率	17.94	168.54	25.63	34.30	98.39
归属母公司股东的净利润同比增长率	8.54	166.69	41.49	60.18	66.43
经营活动产生的现金流量净额同比增长率	35.92	162.06	436.48	71.47	-17.14
净资产收益率（摊薄）同比增长率	-42.97	25.77	22.42	1.05	46.27
基本每股收益同比增长率	3.49	144.78	42.55	62.07	55.26

1）2020年营业收入同比增长率为27.3%，收入保持了较高的增速，近五年的平均营业收入同比增长率约为44%，可以看出公司仍然处于高速发展期。

2）2020年营业利润、利润总额、归属母公司股东的净利润同比增长率均为正数，但相比前几年增速明显放缓，并且2020年利润增速低于收入增速，一般来说是因为费用增速超过了收入增速，我们需要进一步分析具体原因。

3）2020年经营活动产生的现金流量净额同比增长率为35.92%，观察公司的利润表、现金流量表发现经营活动产生的现金流量净额与公司的净利润基本匹配，说明公司盈利质量还是比较高的。

4）净资产收益率 = 净利润／[（期初归属母公司股东权益 + 期末归属母公司股东权益）／2］×100%

= 总资产收益率（或总资产净利率）× 权益乘数

= 销售净利率 × 总资产周转率 × 权益乘数

上市公司特别关注净资产收益率指标，因为净资产收益率是企业经营水平的综合指标并与公司的股价直接关联，提升净资产收益率有益于公司股价的提升。

公司净资产收益率同比增长率在2020年出现了负增长，而各项利润指标在2020年是正增长的，进一步分析发现，这是因为公司2020年净资产的同比增速达到116.18%，远超净利润的同比增速。敏感的财务分析人员这个时候应该进一步观察公司的资产结构，找出净资产增长的具体原因。财务分析人员还可以从净资产收益率指标的构成上进行分析，找出到底是因为销售净利率的下降，还是总资产周转率的下降，又或者是权益乘数的下降，或者是几种因素综合作用的结果，导致公司净资产收益率同比负增长。

5）每股收益即每股盈利（EPS），又称每股税后利润，是指可分配给普通股股东的税后利润与流通在外普通股加权平均股数的比率，它反映普通股股东每持有一股股票享有的企业净利润或需要承担的企业净亏损。

2. 相比年初增长率

接下来再通过表 2-6 来看一下如何借助相比年初增长率进行报表分析。

■ 案例 2-2

某锂电池制造企业的成长能力及关键指标分析（2）

亿纬锂能主要指标五年相比年初增长率见表 2-6。

表 2-6　亿纬锂能主要指标五年相比年初增长率　　　　　　　　　（%）

指标	年报				
	2020-12-31	2019-12-31	2018-12-31	2017-12-31	2016-12-31
总资产相比年初增长率	57.72	62.43	34.47	70.03	76.35
归属母公司的股东权益相比年初增长率	90.33	112.05	15.57	58.51	13.78

1）总资产相比年初增长率能够说明总资产的变动情况，从而反映出公司资产规模的扩张速度，也能从另一方面说明公司的成长性。从 2016—2020 年公司的总资产增速来看，亿纬锂能保持了资产规模的快速扩张，有利于抢占市场先机。

2）归属母公司的股东权益相比年初增长率可以反映公司净资产的增长速度，以及反映公司股权融资及利润留置情况。

不同的公司由于所在行业不同、发展阶段不同，成长能力指标往往呈现出不同的财务特征。我们再看一下天能电池集团股份有限公司（简称天能股份）的成长能力指标（见表 2-7）。

天能股份是一家以电动轻型车绿色动力蓄电池业务为主，集电动特种车绿色动力蓄电池、新能源汽车动力电池、汽车起动启停电池、储能电池、3C 电池、备用电池等多品类电池的研发、生产、销售为一体的国内绿色电池行业领先企业。公司成立于 2003 年 3 月 13 日，于 2021 年 1 月 18 日在上交所上市。

天能股份主要指标五年同比增长率和相比年初增长率见表2-7与表2-8。

表2-7 天能股份主要指标五年同比增长率 （%）

指标	年报				
	2020-12-31	2019-12-31	2018-12-31	2017-12-31	2016-12-31
营业收入同比增长率	−17.88	19.19	28.48	26.18	25.30
营业利润同比增长率	44.37	18.91	12.02	44.31	18.53
利润总额同比增长率	45.61	23.26	8.04	19.83	22.85
归属母公司股东的净利润同比增长率	52.83	22.55	1.95	33.36	19.61
经营活动产生的现金流量净额同比增长率	46.65	−12.76	−18.56	25.67	15.21
净资产收益率（摊薄）同比增长率	12.15	−4.62	20.19	15.56	12.14
基本每股收益同比增长率	47.78	17.65	8.51	45.36	

表2-8 天能股份主要指标五年相比年初增长率 （%）

指标	年报				
	2020-12-31	2019-12-31	2018-12-31	2017-12-31	2016-12-31
总资产相比年初增长率	9.38	7.59	17.76	22.09	19.03
归属母公司的股东权益相比年初增长率	36.27	28.48	−15.18	15.41	6.67

虽然天能股份与亿纬锂能都从事电池相关业务，但两家公司的成长能力指标呈现出较大的差异性。通过对两家公司的财务指标进行对比，我们可以进一步发现它们各自成长能力的优势和劣势。大家可以参考亿纬锂能自行对指标进行分析。

2.2.2 盈利能力分析

企业经营的目标是股东价值最大化，如何实现股东价值最大化呢？企业需要持续创造出丰厚利润并给股东分红，这关系到企业的盈利能力。盈利能力表现为企业创造利润的能力，也表现为企业的资本增值能力。常见的盈利能力指标有净资产收益率、总资产收益率、销售净利率、销售毛利率、销售成本率、期间费用率、营业利润率等。下面通过一个案例来说明这些盈利能力指标。

■ 案例 2-3

某领先医疗企业财务五力及同业公司对比分析（1）

乐普（北京）医疗器械股份有限公司（简称乐普医疗）是一家专业从事冠脉支架、PTCA 球囊导管、中心静脉导管及压力传感器的研发、生产和销售的企业。乐普医疗 2016—2020 年盈利能力指标见表 2-9。

表 2-9 乐普医疗 2016—2020 年盈利能力指标　　　　　　　　　（%）

指标	年报				
	2020-12-31	2019-12-31	2018-12-31	2017-12-31	2016-12-31
净资产收益率（平均）	20.76	24.92	19.05	15.03	13.14
总资产收益率	14.25	15.08	12.20	11.47	11.05
总资产净利率	11.01	11.11	8.99	8.92	8.67
销售净利率	23.35	22.11	19.74	21.90	21.53
销售毛利率	66.99	72.23	72.75	67.23	60.95
销售成本率	33.01	27.77	27.25	32.77	39.05
期间费用率	42.90	45.94	47.19	39.27	33.80
营业利润/营业总收入×100%	26.74	25.16	22.69	25.47	24.92
息税前利润/营业总收入×100%	30.22	30.02	26.77	28.18	27.44

(续)

指标	年报				
	2020-12-31	2019-12-31	2018-12-31	2017-12-31	2016-12-31
EBITDA/营业总收入 ×100%	35.73	34.19	30.97	33.22	32.56
营业总成本/营业总收入 ×100%	77.76	79.83	79.37	74.84	75.01
销售费用/营业总收入 ×100%	22.87	27.86	29.40	23.40	18.40
管理费用/营业总收入 ×100%	16.70	14.49	14.23	13.51	13.74
财务费用/营业总收入 ×100%	3.32	3.59	3.55	2.36	1.66
研发费用/营业总收入 ×100%	9.16	6.98	5.92		

1）净资产收益率：是净利润与净资产的比值，是用以衡量企业经营管理水平的一个综合指标，用公式表示为

净资产收益率 = 净利润/净资产 ×100%

= 总资产收益率（或总资产净利率）× 权益乘数

= 销售净利率 × 总资产周转率 × 权益乘数

净资产收益率作为对企业财务绩效综合评价的一个指标，当然可以用来评价企业的盈利能力，而且它往往是投资者最为关注的盈利指标之一。净资产收益率指标值越大，说明企业的综合经营水平越高，盈利能力也就越强。一家优秀的公司的净资产收益率往往可以连续多年达到20%以上，这也是筛选优秀公司的重要参考标准。关于该指标，本书将在第4章"企业财务绩效综合评价方法"中和大家具体探讨。乐普医疗2018—2020年的净资产收益率接近或超过20%，反映了公司这三年不错的盈利能力。

2）销售净利率：也称为净利润率，是净利润与销售收入的比值，反映每一元销售收入可以带来的净利润。销售净利率也是衡量一家公司盈利能力的关键指标之一。一家公司即使有很高的销售收入，也不一定有很高的销售净利率。可以说，销售净利率反映了一家公司的经营最终是否有效率，是否可以为股东带来价值。乐普医疗2016—2020年5年间销售净利率基本维持在20%以上，反映了公司持续且稳定的盈利能力。

3）销售毛利率：销售毛利率＝毛利/营业收入×100%＝（销售收入－销售成本）/营业收入×100%。销售毛利率是一家公司维持较高净利率的第一道防线，即如果公司销售毛利率不高，则也不可能有很高的销售净利率。销售毛利率是一家公司产品竞争力的体现，对于同类公司来说，销售毛利率越高，产品的竞争力越强，在市场上越容易有较好的形象，公司越容易实施差异化战略，客户和消费者越愿意为公司的高价产品买单。但是销售毛利率与销售费用率、研发费用率是孪生姐妹，公司要维持较高的销售毛利率，往往需要强大的营销和市场推广，也需要持续高强度的研发投入，所以毛利率较高的公司，它的销售费用率、研发费用率往往也比较高。

销售毛利率也不是越高越好，除非公司产品具有独特的优势，否则公司产品可能脱离了市场定价。公司的毛利率再高，如果产品卖不出去也是徒劳。有时候公司会采取某些销售策略，例如适当降低部分产品的毛利率以此来获得收入的更快增长，最终获得更多的利润，这样的销售策略就是成功的。还有的时候公司不赚钱甚至亏钱出售部分产品，甚至赠送给客户，目的是通过这种方式带动其他高毛利产品的销售，例如充话费送手机、医疗耗材公司送设备但是通过耗材赚钱等。不同销售模式下的毛利率具有不同的特征，但是无论公司采取何种销售策略，其最终目的都是满足盈利的需要。

乐普医疗属于生物医药行业，该行业的一个典型特征就是销售毛利率高。我们发现乐普医疗公司2016—2020年的销售毛利率都超过了60%，部分年份甚至超过了70%。我们通过对各项费用率指标的分析可以更好地发现公司高毛利的特征及影响因素。

4）销售成本率：表示销售成本占销售收入的比率。销售成本率＝1－销售毛利率，销售成本率越低，则销售毛利率越高。我们通常更多地用销售毛利率来反映公司的产品获利能力和竞争性，将销售成本率作为一个辅助分析指标。但是如果我们发现公司销售成本率有异常变动，这说明公司营业成本的增速可能超过营业收入的增速，这时候我们就要具体分析到底是什么原因导致营业成本的异常增长，是材料涨价？人工成本上涨？还是制造费用上涨？然后进一步分析原因，寻找解决方案。

5）期间费用率：是指销售费用、研发费用、管理费用、财务费用合计与营业总收入的比值。期间费用率＝销售费用率＋研发费用率＋管理费用率＋财务费用率。期间费用率可以反映企业期间费用的整体水平及费用管控能力。对于同行业的不同公司来说，通常期间费用率越低，公司的费用控制就越好，公司就越可能具备一定的规模优势。对于不同类型的公司来说，对技术要求越高的公司，期间费用率水平往往越高，而劳动密集型公司的期间费用率往往会更低。因为技术密集型企业对技术、市场、管理的要求更高，人力成本更高，对应的研发费用、销售费用、管理费用也更多。

下面将富士康工业互联网股份有限公司（简称工业富联）、杭州海康威视数字技术股份有限公司（简称海康威视）两家公司的期间费用率进行对比，见表 2-10。

■ 案例 2-4

技术和资本不同驱动下企业的期间费用特征分析

表 2-10　工业富联、海康威视期间费用率对比

期间费用率	2018 年	2019 年	2020 年
工业富联	5.73%	5.72%	6.13%
海康威视	31.72%	33.66%	35.15%

工业富联与海康威视两家公司有着显著的行业差异。工业富联为通信网络设备、云服务设备、精密工具及工业机器人专业设计制造服务商。海康威视为视频产品和内容服务提供商，面向全球提供领先的视频产品、专业的行业解决方案与内容服务。从图 2-1、图 2-2 中可以看出，工业富联以生产人员为主，海康威视以技术人员为主。两家公司的期间费用率有着显著差别，2018—2020 年海康威视的期间费用率超过 30%，而工业富联一直在 6% 左右。这是因为工业富联是劳动密集型公司，其主要的成本是生产成本，公司的毛利率极低（2018—2020 年平均不足 9%）。为了维持正常的经营利润，工业富联不得不进行严格的费用控制，将期间费用率控制在较低水平。

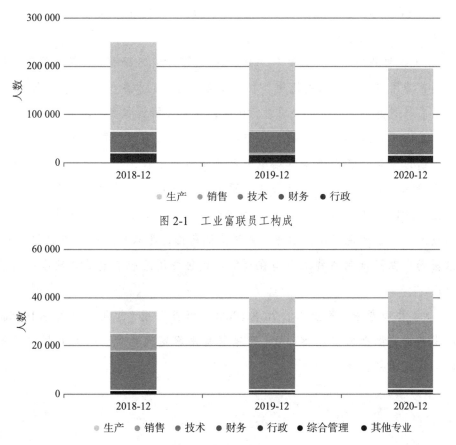

图 2-1 工业富联员工构成

图 2-2 海康威视员工构成

6）营业利润/营业总收入×100%、息税前利润/营业总收入×100%、EBITDA/营业总收入×100%：分别表示企业的营业利润率、息税前利润率、息税折旧及摊销前利润率，也是企业盈利能力的重要反映指标。

营业利润包括主营业务利润和其他业务利润。营业利润率越高，企业的盈利能力越强；该比率越低，企业的盈利能力越弱。

息税前利润是不扣除利息也不扣除所得税的利润，是支付利息和所得税之前的利润。之所以计算息税前利润，是因为息税前利润属于企业可控的部分，而利息和所得税往往是企业的不可控成本，故息税前利润是衡量企业业绩的重要指标。

EBITDA即息税折旧及摊销前利润，这个指标在美股市场常用于企业估值，在我国该指标使用频率比较低。

7）销售费用/营业总收入×100%：也称为销售费用率、销售费率，反映销售费用占营业收入的比重。我们通常通过横向和纵向两个维度来分析，并横向与同类公司或标杆公司进行比较，观察公司销售费用率水平及控制目标，从而更好地制订公司的市场与销售计划；纵向与公司以前年度进行比较，通过分析销售费用率的增减来反映销售费用投入力度大小，检验销售费用投入的效果，为公司销售费用预算提供支持。乐普医疗属于生物医药行业，2018—2020年的销售费用率都超过了20%，说明生物医疗行业在市场投入上做了大量工作，因此，要想降低药价，不只要从医院方面下功夫，给医药厂商降低销售费用也迫在眉睫。销售费用率也有着非常典型的行业特征。

8）管理费用/营业总收入×100%、财务费用/营业总收入×100%、研发费用/营业总收入×100%与销售费用率定义类似，只是费用类型不同，在此不再赘述。

2.2.3 偿债能力分析

企业的偿债能力可以分为短期偿债能力和长期偿债能力。我们常常通过偿债能力分析企业的财务风险，偿债能力越强的企业，财务风险往往就越低；反之如果企业的偿债能力指标很弱，那么企业的抗风险能力就会偏低。

常见的短期偿债能力指标有流动比率、速动比率、现金比率、营运资本。

最常见的长期偿债能力指标是资产负债率，此外还有权益乘数、产权比率、利息保障倍数等。

我们通过乐普医疗的相关指标对偿债能力进行具体解释说明，见表 2-11。

■ 案例 2-5

某领先医疗企业财务五力及同业公司对比分析（2）

表 2-11 乐普医疗偿债能力指标

指标	年报				
	2020-12-31	2019-12-31	2018-12-31	2017-12-31	2016-12-31
流动比率	1.37	1.10	1.13	1.60	2.04
速动比率	1.07	0.91	0.97	1.39	1.75
现金比率	0.51	0.39	0.47	0.73	0.97
资产负债率（%）	41.96	49.74	56.41	45.06	36.70

1）流动比率＝流动资产/流动负债，它表示流动资产满足流动负债需要的能力，该比率越高，流动资产支付流动负债能力越强。流动资产包括货币资金、短期投资、应收票据、应收账款和存货等，流动负债包括短期借款、应付账款、应付票据、应付工资等。对于传统制造业公司来说，一般认为其流动比率应大于 2，这是一个比较可取的水平。但该比率并不是一个绝对的标准，不同行业的公司在流动比率上表现出了较大的差异性。

乐普医疗2016至2019年流动比率呈现逐年下滑趋势，在2019年只有1.1，这是一个比较低的水平，说明公司存在一定的流动性风险。乐普医疗在2020年通过资本结构调整将流动比率提升到了1.37。

2）速动比率（酸性测试比率）=速动资产/流动负债，它从一个较流动比率更为短期的角度考察流动性。速动资产扣除了存货的价值，因为从可变现角度来说，存货流动性不及应收账款、有价证券，故速动比率应低于流动比率。

3）现金比率=（现金+有价证券）/流动负债，它在考察公司流动性上较前两种比率更加保守。乐普医疗2020年的现金比率为0.51，说明公司的现金不能满足偿还流动负债的需要。如果一家公司的流动比率太高，表明公司在营运中未能有效利用其资源；如果一家公司的现金比率非常低，表明公司在偿付流动负债上存在问题。

4）营运资本=流动资产−流动负债，人们通过营运资本可以量度企业的短期偿债能力和短期财务健康状况。

5）资产负债率=负债总额/资产总额×100%，它是一个量度公司长期偿债能力的财务指标。我们通过资产负债率可以看出公司融资结构中债务所占的比重，该比率越大，说明债务融资比重越大。我们可以将公司的资产负债率与同行业公司的进行比较，如果高于同行业公司，则说明公司财务风险较大，财务实力较弱。通常认为，资产负债率在55%~65%是合理的，70%以上属于预警信号，提示我们需要关注公司的财务风险，50%以下则表明公司财务政策相对保守。乐普医疗的资产负债率除2018年超过50%外，其他年份均低于50%，说明公司执行的是相对稳健保守的财务政策。

如果资产负债率小于50%，公司在盈利时可以适度增加借款用以实施新的经营项目或者进行新产品的推广，以便获取额外的利润。但这样做的前提是要确保新的项目可以盈利，这样才能增强企业的盈利能力。

■ 案例 2-6

房地产企业的债务特征及风险分析

如果大家关注房地产企业的负债状况就可以发现，房地产企业的资产负债率普遍达到甚至超过了 80%。这说明房地产企业的自有资金较少，其主要通过债务融资的方式进行扩张。一旦房地产企业遇到银行贷款政策收紧或者购房政策收紧，就会缺乏持续的资金来源，从而面临很高的财务风险。我们来看一下几家大的房地产企业的资产负债率（见表 2-12）。

表 2-12 房地产企业的资产负债率

资产负债率（%）	2020 年	2019 年	2018 年
中国恒大	84.77	83.75	83.58
碧桂园	87.25	88.54	89.36
万科 A	81.28	84.36	84.59
保利发展	78.69	77.79	77.97
招商蛇口	65.63	63.19	74.28

2.2.4 营运能力分析

营运能力反映企业资产营运的效率和效果，往往通过各项资产周转率、周转天数等指标来体现。各项资产的营运能力越突出，则资产运行的效率越高、效益越好。常用的营运能力指标有应收账款周转率、应收账款周转天数、存货周转率、存货周转天数、应付账款周转率、应付账款周转天数、总资产周转率。

我们通过乐普医疗的相关指标来对营运能力进行具体解释说明（见表 2-13）。

■ 案例 2-7

某领先医疗企业财务五力及同业公司对比分析（3）

表 2-13 乐普医疗营运能力指标

指标	年报				
	2020-12-31	2019-12-31	2018-12-31	2017-12-31	2016-12-31
应收账款周转率（次）	3.77	3.77	3.53	3.18	2.89
应收账款周转天数（天）	95.55	95.50	102.00	113.11	124.68
存货周转率（次）	2.19	2.42	2.33	2.33	2.48
存货周转天数（天）	164.72	148.85	154.63	154.53	145.25
应付账款周转率（次）	3.56	3.12	3.11	3.80	4.56
应付账款周转天数（天）	101.22	115.35	115.82	94.84	79.01
总资产周转率（次）	0.47	0.50	0.46	0.41	0.40

1）应收账款周转率、应收账款周转天数：应收账款周转率是应收账款在一年内周转的次数，应收账款周转率＝主营业务收入净额/应收账款平均余额，其中应收账款平均余额＝（应收账款余额年初数＋应收账款余额年末数）/2。应收账款周转天数＝365/应收账款周转率，它表示应收账款从形成到最终转化为现金所需要的时间。

公司的应收账款周转率越高表明应收账款周转速度越快，同时应收账款周转天数就越少。应收账款周转率高说明公司回款比较及时，客户的账期较短，有利于管控销售回款风险。我们在分析工作中经常将该指标与过去年度的进行比较，以便发现应收账款的管理是否存在异常情形，然后进一步查找原因，看看是否因为公司的销售政策、销售模式发生了改变。例如直销和分销这两种模式下货款回收速度会有所不同；另外如果客户通过中国出口信用保险收款，公司往往也会给客户一定的账期；公司为了鼓励客户拿货会给客户放宽账期，等等。这些都可能令公司的客户信用政策发生改变，从而影响应收账款周转率。公司还可以将这两个指标与同类公司的进行比较，发现在应收账款管理上的优势和不足，这也是一个改进管理的比较有效的方法。

从乐普医疗 2016—2020 年的营运能力指标情况可以看出，该公司平均应收账款周转天数大致呈现逐年下降趋势，回款期由 2016 年 4 个月左右到 2020 年大概 3 个月，这说明公司在应收账款管理上是越来越好的。但如果和另一家医疗器械公司深圳迈瑞生物医疗电子股份有限公司（简称迈瑞医疗）进行比较，迈瑞医疗 2020 年应收账款周转天数只需 27 天，见图 2-3，这说明迈瑞医疗销售回款较乐普医疗更快。

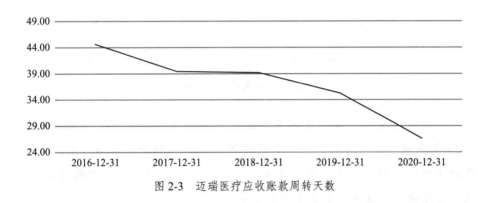

图 2-3　迈瑞医疗应收账款周转天数

2）存货周转率、存货周转天数：存货周转率反映存货在一年内可以周转的次数，用公式表示为存货周转率 = 营业成本 / 存货平均余额，其中存货平均余额 =（存货期初余额 + 存货期末余额）/2。存货周转天数 =365/ 存货周转率，存货周转天数表示存货周转一次所需要的时间，即存货从取得开始至消耗、销售为止所经历的天数。

存货周转率越高说明公司的存货管理水平越高，存货对资金的占用就越少，存货转化为现金的速度就越快，因此我们常常用这个指标来考核公司的供应链管理与运作水平。与之相对应，存货周转率越高，则公司的存货周转天数也就越小。公司往往会对存货周转率指标进一步细分，对比不同行业或产品线的存货周转率情况，同时将其与外部同业公司进行比较，从而判断公司的存货管理水平高低。

乐普医疗 2016—2020 年存货周转率大致呈现下滑趋势，2020 年的存货周转率为 2.19，表明该公司存货 2020 年只周转了 2.19 次。迈瑞医疗存货周转率见图 2-4。

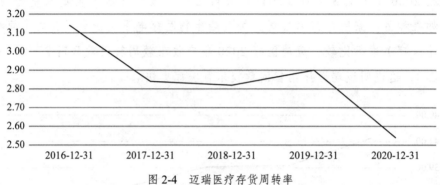

图 2-4　迈瑞医疗存货周转率

对比迈瑞医疗，我们发现迈瑞医疗也存在类似的趋势，即在 2016—2020 年存货周转率逐年下滑，说明这可能是一个行业共性的问题。另外，迈瑞医疗存货周转率水平整体在乐普医疗之上，乐普医疗可以将迈瑞医疗的存货周转水平作为标杆来分析和对标。

3）应付账款周转率、应付账款周转天数：应付账款周转率反映的是公司支付供应商货款及时性的指标，用公式表示为应付账款周转率 = 销售成本 / 平均应付账款，平均应付账款 =（应付账款期初余额 + 应付账款期末余额）/2。应付账款周转天数 =365/ 应付账款周转率。

应付账款周转率和周转天数可以用于衡量公司对供应商货款的占用程度。如果应付账款周转率低、应付账款周转天数大，说明公司平均付款周期较长，其较大限度地利用了供应链融资。在财务分析中，公司通常可以将应付账款周转率、应付账款周转天数与其历史数据或同类公司进行比较，从而发现其对商业信誉的利用情况。

观察乐普医疗 2016—2020 年的应付账款周转天数可以发现，该公司从 2018 年开始大幅延长了对供应商货款的支付周期，平均付款天数由不到 3 个月延长到了接近 4 个月。2020 年虽然较上年有所下降，但是也达到了 101 天。迈瑞医疗 2020 年应付账款周转天数为不到 70 天（见图 2-5），这反映出迈瑞医疗对供应商的付款更加及时。

应付账款周转天数并不是越大越好，如果太大说明公司对供应商付款的及时性太差，这种情况要么是因为公司有着较高的市场地位和议价能力，要么则是因为公司对供应商货款存在拖欠现象，长期来看这对公司的声誉也会造成负面影响。

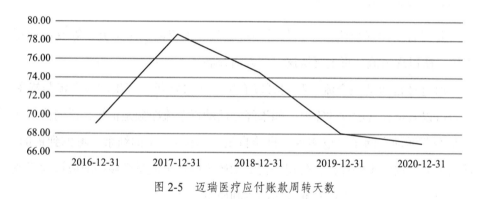

图 2-5　迈瑞医疗应付账款周转天数

4）总资产周转率用公式表示为总资产周转率＝营业收入/平均资产总额，其中平均资产总额＝（资产总额年初余额＋资产总额年末余额）/2。总资产周转率表示每一元资产创造收入的能力，是考察公司资产运行情况的重要指标，反映了公司全部资产的管理质量和利用效率。

总资产周转率越高，说明公司资产的管理质量和利用效率也越高。

由表 2-13 可知，乐普医疗 2016—2019 年总资产周转率逐年提升，但在 2020 年有所下降。对比来看，迈瑞医疗的总资产周转率更高，该指标 2017 年超过了 0.8，最低的 2019 年也有 0.7，见图 2-6。

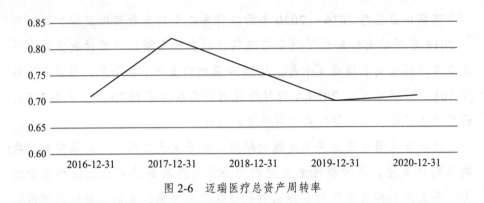

图 2-6　迈瑞医疗总资产周转率

2.2.5　现金流能力分析

公司有三类现金流，即经营活动现金流、投资活动现金流、筹资活动现金流，所以现金流分析主要从这三个方面开展。

通过经营活动现金流，我们可以看出公司日常经营产生的现金流量净额是否可以满足日常运营的需要。如果经营活动现金流净额是正数，说明公司在日常经营活动中除了可以实现"自给自足"，还有一定的结余。考虑到折旧、摊销等非付现成本的存在，公司经营活动产生的现金流量净额一般应该大于或等于净利润，我们常以此判断公司的盈利质量高低。

2020 年亿纬锂能净利润与经营活动产生的现金流量净额比较接近，2019 年两者存在一定的差距，我们需要进一步分析产生差距的原因，具体数据见表 2-14。

表 2-14　亿纬锂能 2019 年、2020 年净利润与经营活动产生的现金流量净额　　　　　　　　　　　　　　　　（单位：元）

项目	2020 年	2019 年
净利润	1 681 314 606.49	1 548 823 575.13
经营活动产生的现金流量净额	1 547 616 814.41	1 138 632 495.87

■ 案例 2-8

显示器件集团现金流及利润质量分析

我们再来看看京东方科技集团股份有限公司（简称京东方）的现金流情况。京东方是一家为信息交互和人类健康提供智慧端口产品和专业服务的物联网公司，核心业务包括显示器、智慧系统、健康服务，其产品广泛应用于手机、平板电脑、笔记本电脑、显示器、电视、车载显示屏、数字信息显示屏、健康医疗、金融应用显示产品、可穿戴设备等领域。京东方2019年、2020年净利润与经营活动产生的现金流量净额见表 2-15。

表 2-15　京东方 2019 年、2020 年净利润与经营活动产生的现金流量净额　（单位：元）

项目	2020 年	2019 年
净利润	4 528 270 416.00	–476 241 403.00
经营活动产生的现金流量净额	39 251 773 458.00	26 083 079 194.00

从表 2-15 中可以看出，公司 2019 年、2020 年的经营活动产生的现金流量净额是远远大于净利润的，这是因为京东方作为国内少有的几家自主研发、制造显示器的厂商之一，其技术迭代快、固定资产投入大。例如该公司 2020 年 12 月 31 日固定资产、在建工程、无形资产余额合计达到 2 793 亿元，见表 2-16。

表 2-16　京东方 2018—2020 年固定资产、在建工程、无形资产余额　（单位：元）

项目	2020-12-31	2019-12-31	2018-12-31
固定资产	224 866 586 069.00	125 786 241 938.00	128 157 730 995.00
在建工程	42 575 849 952.00	87 376 782 527.00	56 423 354 887.00
无形资产	11 875 926 448.00	7 416 416 829.00	5 937 679 394.00

京东方2020年固定资产、无形资产等长期资产的折旧、摊销金额合计为224亿元，2019年为189亿元（见表2-17），其固定资产、无形资产等的折旧、摊销金额需要计入利润表中的当期费用。但由于折旧、摊销在计提当期并不需要支付现金，也就不会发生现金流出，因此京东方2020年经营活动产生的现金流量净额远远超过净利润，即使2019年该公司发生了亏损，其经营活动产生的现金流量净额也是正数，见表2-15。

表2-17 京东方2018—2020年长期资产折旧、摊销金额 （单位：元）

项目	2020-12-31	2019-12-31	2018-12-31
固定资产折旧、油气资产折耗、生产性生物资产折旧	21 680 555 167.00	18 357 209 097.00	13 335 938 485.00
无形资产摊销	758 817 609.00	505 881 147.00	439 474 291.00

通过投资活动现金流，我们可以分析公司在固定资产投资、收购、理财等方面的资金投入和收回情况。公司要成长必须进行相应的投资，如果公司固定资产投资比重大，说明公司重视内生式增长，倾向于投资建厂；如果公司在投资支付或取得子公司方面投入资金多，说明公司注重外延式并购。内生式增长与外延式并购并重可以推动公司不断发展壮大。优秀的公司一定是非常重视投资的，它们会将资金用在合适的地方而不是盲目扩张。通过投资活动现金流，我们还可以看出公司的理财情况。

通过筹资活动现金流，我们可以分析公司筹措资金的来源和规模，如吸收投资、取得银行借款、发行债券等；还可以看出公司在当期是否偿还了债务、给股东分红等。筹资活动保证了公司有源源不断的资金来源，为公司经营、扩张提供了资金保障。

一家公司可以在短期内出现亏损，但是不能没有现金流，不然其资金池储备终有被耗尽的一天。由此可见现金流对一家公司来说何等重要，甚至其在一些公司的发展壮大中起决定性作用。我们来看看京东集团股份有限公司(简称京东)2016—2020年的净利润与现金流相关的财务指标,见表2-18。

表2-18 京东的净利润与现金流相关财务指标 (单位:亿元)

项目	2020年	2019年	2018年	2017年	2016年
净利润	493.37	118.90	−28.01	−2.88	−34.14
筹资活动产生的现金流量净额	710.72	25.72	112.20	192.35	406.99
现金及现金等价物净增加额	507.23	24.10	77.04	59.17	19.08

从表2-18中我们发现,京东在2016—2018年是亏损的。实际上京东在2016年之前都是亏损的,但公司不但没有倒闭,反而仍然在持续成长和壮大,这得益于融资为其提供了源源不断的现金流。尽管京东在2016—2018年持续亏损,但其2016—2020年筹资活动产生的现金流量净额都是正数,并且其账上资金也在增加,所以京东并没有发生资金危机。

在对互联网公司进行财务分析时,我们必须改变传统的财务分析方法,理解互联网公司在不同发展阶段现金流与净利润的关系。暂时的亏损不一定代表公司经营不善,但我们必须充分重视和关注这一现象。每个公司最终都必须找到合理的盈利模式来为股东创造价值,不然只靠"烧钱"模式来维持经营,必然最后竹篮打水一场空。

现金流对公司非常重要,尤其是经营性现金流,其与净利润、企业经营情况之间存在着较强的相关性,现借用一张图来具体说明,见图2-7。

1)净利润、经营性现金流同为正:这种情况下企业的发展往往较为健康,其自身的现金流可以满足日常经营所需,可以形成资金储备。

2)净利润为正、经营性现金流为负,或者经营性现金流为正、净利润为负:这两种情况下公司都会面临经营困难,但是其面临的问题会有所不同。净利润为正、经营性现金流为负时,公司应重点提升维持现金流的能力,提高资金周转率，降低库存，增强融资能力；经营性现金流为正、净利润为负时，公司虽面临经营困难，但尚有现金余量维持运营，公司应重点提升产品的盈利能力和公司的经营效率，降本增效或者找到新的盈利增长点，为长期健康发展打下基础。

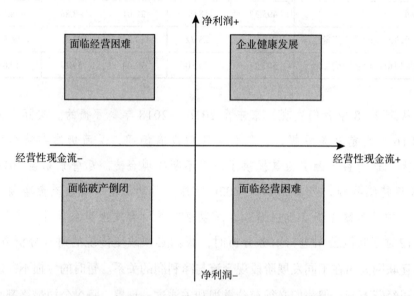

图 2-7　净利润、经营性现金流与企业经营情况的关系

3）净利润为负、经营性现金流为负：这种情况下往往已经到了积重难返的地步，既没有稳定的现金流，也没有利润可言，如果得不到资金补充或者无法改变亏损局面，将面临较高的破产清算风险。

这段时间通过对财务报表知识的学习，李茜对于财务报表分析已经有了更加深刻的认识。她这才意识到，原来有这么多的财务报表分析指标可以为自己所用，同时这些分析指标还可以分成四个维度：成长能力分析、盈利能力分析、偿债能力分析、营运能力分析。另外再加上现金流能力分析，这五个指标可以全面地反映企业的盈利能力和经营状况。李茜迫不及待地要向财务经理王小静汇报自己的学习成果和分析思路。

第 3 章

财务报表分析五法

情景
现场

　　李茜这一天早早地来到办公室，认真地整理着自己的思路。针对财务经理王小静安排的半年度财务分析报告的任务，李茜已经有了一个大概的构思，但她需要就自己的分析思路进一步征求王小静的意见。

　　李茜来到王小静的桌前："静姐，谢谢您前一段时间的指导。根据您的建议，我回去后加强了财务分析方面的学习。我想就半年度财务分析报告的撰写向您做进一步请教，请问您是否方便呢？"

　　王小静抬头看了一眼李茜，用食指轻轻地向上推了一下自己的眼镜，她对于李茜主动来向自己汇报工作还是比较满意的，"好啊，正好我也想知道你最近的进展如何。"

　　"静姐，说来非常惭愧，其实我还没有正式开始半年度财务分析报告的撰写工作。虽然如此，但是前一段时间我熟悉了公司的相关制度、流程、产品,参加了新员工培训,加强了对财务报表和财务分析知识的学习,因此我对半年度财务分析工作已经有了一点思路。"李茜还是有点紧张,因为她知道自己的工作目前有些滞后,这会直接影响到她在试用期的表现和领导对她的评价。

"已经有了思路,那很好啊!"王小静鼓励道,"那你对半年度财务分析报告有什么具体的想法?"

看到王小静不但没有责备自己,反而给予自己鼓励,这让李茜觉得很感动,她继续说道:"我已经从巨潮资讯网下载了公司近5年的财务报表数据,并对利润表、资产负债表、现金流量表的主要财务指标进行了整理。我准备将这些财务指标从成长能力、盈利能力、偿债能力、营运能力、现金流能力五个维度进行分析,并将这些指标同上年度的进行比较,从而对公司今年上半年的经营情况提出问题和建议。"

"你的思路没有问题,但是你得把这些财务指标通过一定的分析方法联系起来。例如你刚才说到的和上年度进行比较,这是一种分析方法。我们可能还要采用另外一些对比分析的方法,如与标杆公司进行比较。"王小静继续补充道,"单纯的财务指标分析是没有多大意义的,对经营管理的指导也非常有限,这是因为财务数据本身具有一定的滞后性。因此,除了报表层面的分析,希望你可以针对业务进行深入分析,弄清楚财务数据背后的故事和前因后果。"

"静姐说得好极了,这是我之前没有想到的,我还是想得简单了。我会去继续学习财务分析的方法。"李茜听了王小静的一番提点,觉得自己想得不够深入。她顿时有了新的目标,就是要加强对财务分析方法的学习。

"这就对了!经过这段时间的学习、培训,相信你已经对公司有了一定的认识。你可以一边学习财务分析的方法,一边尝试撰写报告,在这个过程中优化思路、发现问题、解决问题。我们终究要迈出财务分析工作的第一步,只学习不实践就只能停留在理论层面。"王小静再次鼓励李茜。

"好的，静姐，那我试试看！"李茜欣然应允。然而，她真正的挑战才刚刚开始。

思考：

1. 如何出具一份令管理层满意的财务报表分析报告？
2. 在进行比较分析时，可以选取哪些比较数据？
3. 应该如何进行财务报表分析？

财务分析工作的最终目的是为公司管理层提供决策建议和支持，它可以分析过去、指引未来，因此一份高质量的财务分析报告本身就自带价值。为了让财务分析报告亮点突出、内容完善，我们有必要在正式撰写财务分析报告之前系统掌握几种财务分析的基本方法。常见的财务分析方法有以下五种。

3.1 对比分析法

对比分析法是指把当期的财务数据与一定的参照标准进行比较，从而分析差异、发现问题、给出建议。财务分析中常用的几种参照标准包括历史数据、预算数据、同业公司。

3.1.1 以历史数据为参考

以历史数据为参考是指公司将当期的财务数据与以前年度的财务数据进行比较，从而发现相关数据或指标是增长的还是下降的；也可以将其和历史最高水平、平均水平进行比较，从而找出差距。以历史数据为参考是财务分析中最常用的、也是最基础的一种分析方法。在选取历史参考数据时，我们可以只选取上一年的数据，也可以选取过去 3~5 年甚至更长的时间的数据。这里选择徐工集团工程机械股份有限公司（简称徐工机械）2019年、2020年利润表数据进行比较，见表3-1。

■ 案例 3-1

工程机械公司对比及结构分析（1）

表 3-1　徐工机械 2019 年、2020 年利润表数据比较

项目	2019 年（万元）	2020 年（万元）	变动率
营业收入	5 917 599.89	7 396 814.86	25.00%
营业成本	4 884 789.84	6 134 112.67	25.58%
销售费用	285 978.10	309 496.48	8.22%
管理费用	88 281.45	102 460.33	16.06%
研发费用	212 656.74	241 710.47	13.66%
财务费用	-1 459.11	83 613.35	5 830.43%
营业利润	408 314.68	427 484.58	4.69%
净利润	364 537.67	374 568.34	2.75%

为了对徐工机械2020年利润表相关数据进行分析，我们以2019年数据为参考可以看出，该公司2020年营业收入保持了较快增长，营业成本的增速略高于营业收入，因此毛利率有所下滑；销售费用、管理费用、研发费用的增速均小于收入增速，说明公司在这三大费用的控制上做得较好；财务费用大幅增长，其原因有待进一步分析；受营业收入较快增长、期间费用增速低于收入增速，同时毛利率下滑的影响，公司2020年营业利润较2019年小幅增长，同时净利润略有增长。

通过与历史数据做比较，我们可以发现徐工机械明显异常的财务报表项目，如营业成本增速超过收入增速导致毛利率下滑、财务费用大幅增长等。针对这些异常项目，我们往往需要进一步深入分析其原因。仅看财务报表项目的

变动趋势是没有太大意义的,我们需要分析出数据变动的具体原因,这样财务分析才是有价值的。

3.1.2 以预算数据为参考

我们对财务数据是否满意不是仅看其增长率的高低。以上述徐工机械的收入为例,收入2020年较2019年增长了25%不能说明增速一定是令人满意的,还要看是否完成公司的预算目标。如果徐工机械2020年的收入预算目标是较2019年增长30%,或者收入要达到750亿元,则公司显然是没有完成预算目标的,即25%的收入增长率是不理想的。这也体现了预算对一个公司的重要性。

对于传统的制造业公司来说,20%的增长率已经是一个比较令人满意的水平,但是对于电商公司来说,50%的增长率可能都不一定令人满意。在2020年新冠疫情期间,如果一家生产监护仪的公司的收入增长率没有超过100%,那么它也是不能令人满意的。因此看一个指标是否合理,既要结合历史数据,也要结合预算数据,还要考虑特定的情形。假设某公司2020年利润表的实际数、预算数及变动率如表3-2所示。

表3-2 某公司2020年利润表实际数、预算数及变动率

项目	2020年实际数	2020年预算数	变动率
营业收入	7 396 814.86 万元	7 000 000.00 万元	5.67%
营业成本	6 134 112.67 万元	5 700 000.00 万元	7.62%
毛利率	17.07%	18.57%	−1.50%
销售费用	309 496.48 万元	300 000.00 万元	3.17%
管理费用	102 460.33 万元	120 000.00 万元	−14.62%
研发费用	241 710.47 万元	280 000.00 万元	−13.67%
财务费用	83 613.35 万元	20 000.00 万元	318.07%

（续）

项目	2020年实际数	2020年预算数	变动率
营业利润	427 484.58 万元	400 000.00 万元	6.87%
净利润	374 568.34 万元	370 000.00 万元	1.23%

假设该公司在 2019 年年末制定了 2020 年的全面预算并对利润表的各项财务数据给出了预算值，我们通过将 2020 年实际数与预算数对比发现，该公司营业收入实际数超过了预算目标；营业成本超出预算，毛利率没有达到预算目标，应进一步分析原因；销售费用、财务费用超出预算；管理费用、研发费用控制在预算内；营业利润、净利润完成了预算目标。

由于该公司毛利率没有达到预算目标，销售费用、财务费用超出预算，我们应该进一步深入分析原因。我们可以结合财务部每月的预算执行分析报告来分析，该报告可以帮助我们快速找到差异及其产生原因，进而提出管理建议。

3.1.3 以同业公司为参考

以同业公司为参考是指把公司的主要财务数据与同类公司的进行比较，从而发现公司的优势和不足。用于比较的财务数据范围很广，既可以是利润表数据，也可以是资产负债表数据；既可以是数据，例如可以比较目标公司与同业公司的收入、资产规模，也可以是比率数据，例如可以比较目标公司与同业公司的各类增长率指标、人均产出指标、营运能力指标等。总之，只要是有比较意义的数据都可以用来比较。

假设我们将徐工机械 2020 年的总收入、净利润、总资产、总负债、股东权益、现金净流量等财务指标与同业对比，进而分析公司目前在行业中所处的位置，我们可以选取具有代表性的同业公司。这里选取中国中车股份有限公司（简称中国中车）、中国国际海运集装箱（集团）股份有限公司（简称中集集团)、三一重工股份有限公司(简称三一重工)、中联重科股份有限公司(简称中联重科)四家同业公司(见表3-3)。

■ 案例3-2

工程机械公司对比及结构分析(2)

表3-3 徐工机械与同业公司2020年主要财务数据对比 (单位:亿元)

证券简称	总收入	净利润	总资产	总负债	股东权益	现金净流量
徐工机械	736.95	37.29	917.97	576.27	341.71	21.51
中国中车	2 268.41	113.31	3 923.80	2 232.39	1 691.42	−59.79
中集集团	935.06	53.50	1 462.12	923.58	538.54	25.50
三一重工	996.47	154.31	1 262.55	680.67	581.88	−3.59
中联重科	651.09	72.96	1 162.43	683.93	478.50	50.13

与同业公司对比,徐工机械的总收入位居同业公司的第四位,净利润、总资产、总负债、股东权益是几家公司中最低的,但公司的现金净流量排第三位。

我们再来看这几家公司2020年部分财务指标情况(见表3-4)。

表3-4 徐工机械与同业公司2020年主要财务指标对比

证券简称	ROE(%)	销售毛利率(%)	营业利润率(%)	资产负债率(%)	总资产周转率(次)
徐工机械	11.15	16.76	4.63	62.78	0.87
中国中车	8.13	21.67	6.07	56.89	0.58
中集集团	12.85	13.63	3.81	63.17	0.59
三一重工	30.56	29.53	16.44	53.91	0.92
中联重科	17.06	28.59	10.90	58.84	0.63

与同业公司相比，徐工机械的 ROE（净资产收益率）、销售毛利率处于中等偏下水平，营业利润率较低，资产负债率、总资产周转率较高。

考虑到市场上几乎没有两家产品、规模完全相同的公司，因此我们在选择同业公司的时候，要综合考虑产品结构、营收规模、内外销占比等因素，保证选取的公司具备较强的可比性。只有这样我们得出的分析结论才能让管理层信服。

3.2 结构分析法

结构分析法是指通过计算财务报表各项目所占的比重来分析公司资产、负债结构的合理性，或了解成本、费用占比情况，以判断公司未来发展趋势。我们在此运用结构分析法对徐工机械的资产负债表、利润表进行分析。徐工机械 2018—2020 年合并资产负债表、利润表简表见表 3-5、表 3-6。

■ 案例 3-3

工程机械公司对比及结构分析（3）

表 3-5 徐工机械 2018—2020 年合并资产负债表简表 （单位：万元）

	2020-12-31	2019-12-31	2018-12-31
流动资产：			
货币资金	1 702 133.17	1 577 686.01	1 129 531.77
应收票据及应收账款	3 576 887.18	3 043 788.87	2 203 166.40
预付款项	120 621.62	103 324.66	127 494.33
存货	1 306 070.03	1 049 197.52	1 019 645.93
流动资产合计	7 012 691.01	6 042 184.46	4 565 518.76
非流动资产：			
长期应收款	359 802.65		
长期股权投资	267 599.90	243 371.55	233 569.56

（续）

	2020-12-31	2019-12-31	2018-12-31
固定资产（合计）	797 209.22	759 617.65	717 890.88
无形资产	249 351.14	239 698.94	220 225.86
非流动资产合计	2 167 026.66	1 686 981.25	1 559 469.47
资产总计	9 179 717.67	7 729 165.71	6 124 988.23
流动负债：			
短期借款	231 426.12	304 355.09	348 689.17
应付票据及应付账款	3 262 172.40	2 743 320.58	1 793 146.69
一年内到期的非流动负债	567 732.24	47 905.55	131 875.06
其他流动负债	438 850.28	130 707.85	
流动负债合计	5 083 244.16	3 690 236.57	2 700 679.79
非流动负债：			
长期借款	364 460.42	276 296.14	82 524.24
应付债券	202 168.26	297 989.64	299 299.06
非流动负债合计	679 407.93	674 310.31	390 257.34
负债总计	5 762 652.09	4 364 546.88	3 090 937.13
所有者权益（或股东权益）：			
实收资本（或股本）	783 366.84	783 366.84	783 366.84
其他权益工具	199 031.13	467 659.62	467 659.62
资本公积	515 902.82	513 522.89	501 190.78
未分配利润	1 726 814.86	1 446 100.43	1 160 649.93
所有者权益合计	3 417 065.58	3 364 618.83	3 034 051.09
负债和所有者权益总计	9 179 717.67	7 729 165.71	6 124 988.23

表 3-6　徐工机械 2018—2020 年合并利润表简表　　（单位：万元）

	2020 年	2019 年	2018 年
营业总收入	7 396 814.86	5 917 599.89	4 441 000.56
营业成本	6 134 112.67	4 884 789.84	3 699 844.67

（续）

	2020 年	2019 年	2018 年
销售费用	309 496.48	285 978.10	227 155.54
管理费用	102 460.33	88 281.45	78 273.53
研发费用	241 710.47	212 656.74	177 893.47
财务费用	83 613.35	−1 459.11	−1 827.16
信用减值损失	−163 887.57	−110 300.24	
营业利润	427 484.58	408 314.68	210 946.76
加：营业外收入	6 428.92	3 488.58	11 404.71
减：营业外支出	4 322.59	1 575.09	868.43
利润总额	429 590.91	410 228.17	221 483.03
减：所得税	55 022.57	45 690.50	15 917.91
净利润	374 568.34	364 537.67	205 565.12

1）通过结构分析，计算各项目占总资产、营业总收入的比重。徐工机械 2020 年 12 月 31 日合并资产负债表各项目占总资产百分比、2020 年合并利润表各项目占营业总收入百分比分别见表 3-7、表 3-8。

表 3-7　徐工机械 2020 年 12 月 31 日合并资产负债表各项目占总资产百分比

项目	金额（万元）	占总资产百分比
流动资产：		
货币资金	1 702 133.17	18.54%
应收票据及应收账款	3 576 887.18	38.97%
预付款项	120 621.62	1.31%
存货	1 306 070.03	14.23%
流动资产合计	7 012 691.01	76.39%
非流动资产：		
长期应收款	359 802.65	3.92%
长期股权投资	267 599.90	2.92%

（续）

项目	金额（万元）	占总资产百分比
固定资产（合计）	797 209.22	8.68%
无形资产	249 351.14	2.72%
非流动资产合计	2 167 026.66	23.61%
资产总计	9 179 717.67	100%
流动负债：		
短期借款	231 426.12	2.52%
应付票据及应付账款	3 262 172.40	35.54%
一年内到期的非流动负债	567 732.24	6.18%
其他流动负债	438 850.28	4.78%
流动负债合计	5 083 244.16	55.37%
非流动负债：		
长期借款	364 460.42	3.97%
应付债券	202 168.26	2.20%
非流动负债合计	679 407.93	7.40%
负债总计	5 762 652.09	62.78%
所有者权益（或股东权益）：		
实收资本（或股本）	783 366.84	8.53%
其他权益工具	199 031.13	2.17%
资本公积	515 902.82	5.62%
未分配利润	1 726 814.86	18.81%
所有者权益合计	3 417 065.58	37.22%
负债和所有者权益总计	9 179 717.67	100%

表 3-8　徐工机械 2020 年合并利润表各项目占营业总收入百分比

项目	金额（万元）	占营业总收入百分比
营业总收入	7 396 814.86	100%
营业成本	6 134 112.67	82.93%

(续)

项目	金额（万元）	占营业总收入百分比
销售费用	309 496.48	4.18%
管理费用	102 460.33	1.39%
研发费用	241 710.47	3.27%
财务费用	83 613.35	1.13%
信用减值损失	−163 887.57	−2.22%
营业利润	427 484.58	5.78%
加：营业外收入	6 428.92	0.09%
减：营业外支出	4 322.59	0.06%
利润总额	429 590.91	5.81%
减：所得税	55 022.57	0.74%
净利润	374 568.34	5.06%

我们通过计算资产负债表各项目占总资产的比重对资产负债表进行结构分析，可以判断资产负债表结构是否健康、合理。例如我们通过计算总资产中股东投入资本和负债融资的比重可以分析出公司的资本结构状况。

计算利润表各项目占营业总收入的比率对财务分析非常有用，这是因为各成本、费用项目总是随着收入变动而变动。我们将该比率与历史数据、同业公司的进行比较，可以分析出公司的各项成本、费用控制情况和特征，说明公司成本管理是更好还是更差了。

2）通过结构分析，分析公司的发展趋势。徐工机械2018—2020年利润表结构分析见表3-9。

表3-9 徐工机械2018—2020年利润表结构分析

项目	2020年	2019年	2018年
营业总收入	100.00%	100.00%	100.00%
营业成本	82.93%	82.55%	83.31%

（续）

项目	2020 年	2019 年	2018 年
销售费用	4.18%	4.83%	5.11%
管理费用	1.39%	1.49%	1.76%
研发费用	3.27%	3.59%	4.01%
财务费用	1.13%	−0.02%	−0.04%
信用减值损失	−2.22%	−1.86%	0.00%
营业利润	5.78%	6.90%	4.75%
加：营业外收入	0.09%	0.06%	0.26%
减：营业外支出	0.06%	0.03%	0.02%
利润总额	5.81%	6.93%	4.99%
减：所得税	0.74%	0.77%	0.36%
净利润	5.06%	6.16%	4.63%

我们通过计算利润表不同年份各项目占总收入的比重来分析各项成本、费用及利润的发展趋势。例如，徐工机械 2020 年营业成本占总收入比重较 2019 年略有提升，故毛利率有所下滑，但该比重较 2018 年相比又是下降的，这反映出毛利率的不稳定性，也反映出该类公司毛利率普遍较低的特征。徐工机械销售费用、管理费用、研发费用占总收入的比重呈现逐年下降趋势，这是一个好的现象，说明公司注重费用控制，有利于提高公司利润；但受到财务费用、信用减值损失占比大幅提升的影响，公司 2020 年利润率较 2019 年有所下降。

3）与同业公司进行利润表结构比较。徐工机械与同业公司 2020 年利润表结构比较见表 3-10。

表 3-10　徐工机械与同业公司 2020 年利润表结构比较

项目	徐工机械	中国中车	中集集团	三一重工	中联重科
营业总收入	100.00%	100.00%	100.00%	100.00%	100.00%
营业成本	82.93%	77.73%	85.72%	69.68%	71.41%

（续）

项目	徐工机械	中国中车	中集集团	三一重工	中联重科
销售费用	4.18%	3.81%	2.11%	5.33%	6.21%
管理费用	1.39%	6.05%	5.20%	2.20%	3.00%
研发费用	3.27%	5.86%	1.71%	4.99%	5.14%
财务费用	1.13%	0.36%	2.23%	0.28%	0.28%
信用减值损失	−2.22%	−0.17%	−0.42%	−0.66%	−2.58%
营业利润	5.78%	6.73%	7.90%	18.54%	13.11%
加：营业外收入	0.09%	0.57%	0.26%	0.16%	0.34%
减：营业外支出	0.06%	0.28%	0.42%	0.17%	0.17%
利润总额	5.81%	7.02%	7.74%	18.52%	13.29%
减：所得税	0.74%	0.95%	1.36%	2.67%	1.99%
净利润	5.06%	6.07%	6.38%	15.85%	11.30%

通过与同业公司的利润表结构比较，我们可以看出与同业公司、标杆公司、行业平均水平相比，公司各项成本、费用、利润水平所处的位置及是否有进一步挖掘提升的潜力。我们还可以通过结构分析观察不同行业的指标特征，例如毛利率特征、研发费用率特征、净利率特征。

3.3 趋势分析法

趋势分析法也称为水平百分比财务报表分析法，是指在连续数年的财务报表中，以某一年为基期，将其他年份的项目同基期进行比较，以反映其变动趋势的分析方法。趋势分析法把基期的项目值定为100%，分析其他年份与基期的比率关系。在运用趋势分析法对财务报表进行分析时，我们选择基期应考虑剔除特殊年份的影响，如防疫物资出口公司不宜选择以2020年为基期。这是因为受新冠疫情的影响，部分防疫物资出口公司2020年业绩呈现爆发式增长。

下面我们运用趋势分析法对徐工机械2016—2020年资产负债表和利润表项目进行分析，见表3-11、表3-12。

在运用趋势分析法对徐工机械进行报表分析的时候，我们首先选择将2016年项目值作为基期并将2016年报表数据列示在表格右边，以方便观察基期数据的大小。这一点很重要，因为有一些异常的增减变动可能是基期数据太小所致，这种情况下分析变动趋势就没有太大意义，反而可能误导财务分析报告的使用者。

接下来我们将各个期间的报表数据与基期（即2016年）报表数据进行比较，确定各期间相对于2016年的百分比。

从表中可以看出，徐工机械2016年总资产约440亿元，2017年、2018年、2019年、2020年总资产分别为2016年的113%、139%、176%、209%。公司2020年总资产较2016年已翻番，说明公司规模在快速扩张，特别是在2019年扩张较快。我们进一步对2019年增长情况进行分析，可以发现2019年公司流动资产增长较快，而流动资产主要受到货币资金、应收账款增长影响。公司2019年货币资金达到了158亿元，较2016年增长了320%，较2018年也有约40%的增长。我们查看公司的现金流量表项目会进一步发现，公司2019年筹资活动现金流入为81亿元，其中取得借款收到的现金为69亿元，同年公司经营活动产生的现金流量净额为51亿元。这说明公司货币资金的增长主要是受到筹资活动及经营活动的影响。我们还可以进一步通过研读公司年报来确认分析结论，例如我们可以在公司2019年年报"主要资产重大变化情况"章节中找到关于货币资金变化的说明，里面做了如下解释："公司发行永续债、非公开发行股票获得的尚未使用完毕的资金及经营性营运资金剩余，导致了货币资金的重大变动"。这说明我们的分析结论是正确的。

徐工机械应收票据及应收账款基期数据较大，2016年约为180亿元，其中应收账款金额为154亿元。2019年应收票据及应收账款为261亿元，是

表 3-11 徐工机械 2016—2020 年资产负债表项目趋势分析

项目	2020-12-31	2019-12-31	2018-12-31	2017-12-31	2016-12-31	绝对值（万元）
流动资产：						
货币资金	345%	320%	229%	141%	100%	493 648
应收票据及应收账款	199%	169%	122%	101%	100%	1 799 034
预付款项	392%	335%	414%	295%	100%	30 807
存货	197%	158%	153%	141%	100%	664 373
流动资产合计	230%	198%	150%	119%	100%	3 049 205
非流动资产：						
长期应收款	316%	288%	276%	113%	100%	84 612
长期股权投资	106%	101%	95%	95%	100%	754 698
固定资产	884%	702%	674%	316%	100%	10 893
在建工程	137%	132%	121%	109%	100%	182 053
无形资产	161%	125%	116%	101%	100%	1 348 501
非流动资产合计	209%	176%	139%	113%	100%	4 397 705
资产总计	52%	69%	79%	58%	100%	
流动负债：						
短期借款						441 746

项目						
应付票据及应付账款	346%	291%	190%	139%	100%	942 964
一年内到期的非流动负债	168%	14%	39%	40%	100%	338 538
流动负债合计	260%	189%	138%	107%	100%	1 952 925
非流动负债:						
长期借款	376%	285%	85%	186%	100%	96 992
应付债券	68%	100%	100%	100%	100%	298 716
非流动负债合计	171%	170%	98%	121%	100%	396 622
负债总计	245%	186%	132%	109%	100%	2 349 547
所有者权益（或股东权益）：						
实收资本（或股本）	112%	112%	112%	100%	100%	700 773
资本公积	154%	154%	150%	100%	100%	334 410
盈余公积	164%	133%	122%	108%	100%	83 477
未分配利润	186%	156%	125%	109%	100%	929 562
所有者权益合计	167%	164%	148%	117%	100%	2 048 158
负债和所有者权益总计	209%	176%	139%	113%	100%	4 397 705

表 3-12　徐工机械 2016—2020 年利润表项目趋势分析

项目	2020 年	2019 年	2018 年	2017 年	2016 年	绝对值（万元）
营业总收入	438%	350%	263%	172%	100%	1 689 123
营业总成本	406%	324%	252%	167%	100%	1 697 113
营业成本	451%	359%	272%	174%	100%	1 360 717
销售费用	242%	224%	178%	129%	100%	127 748
管理费用	68%	59%	52%	144%	100%	150 250
财务费用	-1 525%	27%	33%	-581%	100%	-5 483
投资收益	405%	328%	191%	143%	100%	19 906
信用减值损失						
营业利润	3 588%	3 427%	1 770%	957%	100%	11 916
加：营业外收入	47%	26%	84%	20%	100%	13 600
减：营业外支出	283%	103%	57%	83%	100%	1 527
利润总额	1 791%	1 710%	923%	481%	100%	23 989
减：所得税	2 361%	1 961%	683%	538%	100%	2 330
净利润	1 729%	1 683%	949%	475%	100%	21 659

2016年的169%，较2018年增长了44%。应收票据及应收账款和销售收入挂钩，公司2019年营业总收入是2016年的350%，收入的增速超过了应收票据及应收账款的增速。这是一个良好的信号，说明公司收入规模虽然在快速扩大，但应收账款的回款工作反而做得更好了，发生坏账的风险也变小了。但是公司在一段期间内应收票据及应收账款管理工作做得好，并不说明没有改善的空间。如果对比看2019年与2018年应收票据及应收账款情况会发现，公司2019年应收票据及应收账款增速超过了当年营业总收入的增速，这说明公司可能在当年放宽了信用政策使得信用销售规模扩大。但这种信用销售规模的扩大是一个有利还是不利信号，还需要对公司做进一步分析。

对于其他项目，读者朋友们可以运用类似的方法进行具体分析。

借助于趋势分析，我们可以迅速锁定异常变动项目，并对这些项目进行重点分析。以上趋势分析中我们选取了5年的数据，往往数据期间越长越可以反映出变动的总体趋势，也越容易反映数据真实的变动情况，避免受到某一年数据异常波动的影响。但数据期间也不是越长越好，由于公司内、外部环境总是在不断变化的，太长期间的数据分析没有太大的参考意义。我们不是专业的机构分析师，不需要对企业5~10年的财务情况进行详细分析并估值，而是利用最有价值的数据发现公司当前存在的问题、风险，并对未来进行更好的预测。因此，我们运用趋势分析法对公司进行两年的数据对比分析是十分有价值的。

通过趋势分析，我们可以完成以下工作。

1）分析不同财务报表项目的变动趋势和增长百分比情况，快速发现异常变动的项目，进一步判断其合理性。

2）考察关联财务报表项目变动的合理性，这有利于分析公司的政策是否发生变化。例如将营业收入增长幅度与应收账款增长幅度进行比较，观察公司信用政策是否发生变化。

3）将利润表各项目的变动幅度与收入变动幅度比较，判断成本、费用的增长幅度是否超过收入的增长幅度，以便更好地进行成本管控。

3.4　比率分析法

在进行财务报表分析的时候，除了看各项目金额的大小、相比以前年度的增减变动趋势，我们还要运用相关的比率指标进行比率分析。通过比率指标进行财务分析的方法叫作比率分析法。

第 2 章"认识财务三大报表及分析指标"中介绍了财务报表的五力分析。比率分析中涉及的各类财务指标也可以归类为成长能力指标、盈利能力指标、偿债能力指标、营运能力指标等几个维度。通过比率分析，我们可以分析公司的成长情况、财务风险情况、营运能力情况、盈利能力情况。另外还有一些比率指标可以综合反映公司的财务状况，如净资产收益率等。比率分析可以帮助我们完成以下工作。

1）反映公司的财务状况，如短期、长期偿债能力，市场占有率，资产周转情况等。

2）和历史数据相比，反映公司的营运能力、盈利能力、成长能力、偿债能力等方面的变化。

3）和同业公司、标杆公司相比，反映公司的优势和劣势，有利于设定目标。

3.5　标杆分析法

有时候我们在对一家公司进行财务报表分析的时候，管理层希望看到行业标杆公司的情况。这个时候我们就要与标杆公司进行深度对标，甚至需要对标杆公司进行分析。标杆公司是指行业中具有代表性的公司，这类公司具有技术先进、知名度高、综合实力强的特征，如IBM、京东、比亚迪。标杆分析法已经成为一项重要的管理工具，财务人员在进行财务报表分析的时候也要用到标杆分析法。标杆分析法可以分析相关的财务数据、财务比率，也可以分析经营战略、管理效率、人均产出、市场策略、研发能力等我们通过标杆分析法往往能够更加准确、可靠地对公司的经营情况、产品和市场策略进行反思和优化，树立目标，改善经营。

■ 案例 3-4

标杆分析法在财务报表分析中的应用

我们选取三一重工作为徐工机械的标杆公司，对徐工机械2020年的主要盈利能力指标进行标杆分析（见表3-13）。

表 3-13　徐工机械与三一重工 2020 年主要盈利能力指标比较

证券简称	销售毛利率（%）	销售净利率（%）	销售费用率（%）	管理费用率（%）	研发费用率（%）	人均创收（万元）	人均创利（万元）	人均薪酬（万元）
徐工机械	17.07	5.06	4.18	4.65	3.27	486.92	24.55	20.38
三一重工	29.82	15.97	5.33	7.19	5.02	406.96	62.77	30.56

从表 3-13 中可以看出，徐工机械 2020 年的销售毛利率与三一重工相比仍然有较大差距；但是徐工机械的销售费用率、管理费用率、研发费用率指标均较三一重工要低，说明徐工机械比较重视费用控制；另外徐工机械人员销售能力比较强，人均创收超过三一重工，但是人均创利远远低于三一重工；徐工机械的人均薪酬也不及三一重工。

通过与标杆公司进行对标，徐工机械可以审视自身的经营策略，例如在制订下一年经营计划时可以将提升销售毛利率和销售净利率作为目标，以优化经营效率；制定各种费用率管控目标，如加大研发投入强度，争取将研发费用率提高到4%；提高人均薪酬，增强对人才的吸引力等。

我们要选择合适的分析维度及需要重点关注的分析指标。以下指标可以不用选取和对标：

1）金额很小或者对公司来说不重要的指标。

2）管理层不关注的指标。

3）表现一直很突出的指标。

通过将公司的相关指标与标杆公司对标，我们可以对发现的问题做进一步分析并给出管理建议。

■ 案例 3-5

股份公司半年度财务与上市公司对比分析实操

李茜已经系统学习和掌握了财务报表分析的五力和五法，她现在对完成领导布置的半年度财务分析报告充满信心。

"纸上得来终觉浅，绝知此事要躬行！"李茜一边暗自得意，一边迫切地想将自己的经验和理论应用到实际工作中，而半年度财务分析报告就将是她的得意之作。李茜决定从公司自身、同业对比、标杆对比分析三个主要的方面开展本次分析工作。半年度财务分析报告主要包括下列内容。

➢ ××公司财务指标变动分析

➢ 同业对比分析

➢ 标杆对比分析

➢ 总结及建议

（一）××公司财务指标变动分析

1. 主要财务指标变动分析

李茜运用 Excel 柱状图和折线图对公司近五年收入、净利润、净利率进行对比，以反映主要财务指标的变动趋势及波动情况，同时配合文字进行分析和说明。

李茜将上半年营业成本、销售费用、管理费用、研发费用、财务费用、其他收益等主要财务指标与上年同期对比，以反映其变动情况。此处也可以通过图表及文字分析的形式进行呈现。对于重要财务报表项目的变动，应该有解释和原因说明。例如销售费用同比增长超过25%，李茜通过分析发现上半年销售人员的增加导致其薪酬出现同比增长。另外受存货出货量增加的影响，上半年运费同比增幅达到30%。对于其他变动也应进行分析说明。

2. 成长能力分析

考虑到公司的成长能力主要驱动指标是营业收入，李茜选择重点对收入进行分析来反映公司的成长能力情况。

1）分析近两年境内收入、境外收入增长幅度及占比的变动情况，并说明原因。

2）分析境内、境外各区域、办事处近两年收入的变动情况。例如境外区域分析美洲区、欧洲区、非洲区、亚洲区等的情况，境内办事处分析杭州办、南京办、上海办等的情况。还可以进一步分析境内、境外各区域收入在总收入中的占比情况来说明该区域的重要程度及成长能力。

3）分产品线进行营业收入分析。分析近两年各产品线收入变动及占比变动情况，进而分析产品线的成长情况、发展潜力及对公司的重要程度，并进一步将分析细分到一级产品线下的二级产品线上。

3. 盈利能力分析

根据公司特点，李茜选取毛利率作为盈利能力分析的指标。

1）毛利率分区域分析。通过图表和文字分析相结合的方式，将毛利率细分到境外区域、境内区域，再细分到二级区域、办事处，进而分析近两年各大区、办事处的毛利率变动，并对毛利率异常变动的区域进行深入分析。

例如，李茜在分析过程中发现欧洲区上半年毛利率同比下降幅度较大，她将欧洲区的收入、成本、毛利率进一步分解到各产品线，分析哪一条产品线毛利率出现了异常，再在该产品线中找到毛利率变动的主要产品和客户，最后发现是由于大客户进行价格调整，从而影响了整个区域的毛利率，而这样的价格调整并不在公司的价格政策及市场策略中，属于大区总监根据市场变化临时做的营销决策。但这样的决策不利于公司价格的稳定及盈利的实现，李茜将该情况在报告中进行详细说明并反馈给管理层，管理层最终决定调整该区域的价格策略，并对李茜的分析建议给予了肯定。

2）毛利率分产品线分析。通过分析不同区域的毛利额、毛利率、毛利贡献及其变动，反映不同产品线的毛利情况。对于异常的毛利变动应进行深入分析，找到问题产生的原因，提出切实可行的建议。毛利率分产品线分析应具体到何种程度，可以由分析者根据公司情况和领导的关注点自由掌握。

4. 偿债能力分析

由于公司实施稳健的财务策略，负债率极低，几乎没有银行贷款，因此公司财务风险极低。在此仅简要说明即可，不做深入分析。

5. 营运能力分析

根据公司历史表现、领导关注点等情况，选取存货周转率、应收账款周转天数、应付账款周转天数、总资产周转率作为分析重点。通过营运能力分析，可以看出公司的存货管理情况、信用账期管理及供应链融资情况。

6. 现金流能力分析

从经营活动产生的现金流量、投资活动产生的现金流量、筹资活动产生的现金流量三个方面总体说明现金流情况，并主要对经营活动产生的现金流量进行分析，反映公司持续创造现金流的能力及经营活动产生的现金流量对经营需要的满足，从而判断公司是否需要进行融资。

（二）同业对比分析

1. 同业公司选取及其基本情况

财务分析报告可以说明选择的同业公司的名称、成立日期、所在城市、主要产品、上市日期、市值等关键信息；对公司成长能力、盈利能力、偿债能力、营运能力几个方面的指标进行整体对比，从而反映公司在这些方面的优势和不足，并将其作为下一步分析的重点。对于公司来说，成长能力、盈利能力是同业公司对比分析的重点，其他能力则可以简略分析或者不分析。在选择同业公司的时候尽量选择上市公司，因为上市公司的财务数据都是公开的，在证券交易所网站、股票交易软件上很容易获取，甚至还可以参考机构的行业研究报告，而非上市公司的财务数据几乎无法获取。

2. 同业成长能力对比分析

我们在此选择收入增长率、净利润增长率、总资产增长率作为同业成长能力对比分析的财务指标。建议每一个指标用一页PPT来分析说明其异常变动即可。例如，同业公司中某一家或几家公司的收入增长异常迅速，应当重点分析原因，是因为打开了国际市场？新产品收入增长迅速？还是因为获取了大客户？同业公司总资产增长快是否因为其收购其他公司、非公开发行股票募集资金等。在同业对比分析时，要重点展示公司在成长能力方面所处的位置，如净利润增长率是突出？适中？还是滞后？

3. 同业盈利能力对比分析

在进行同业盈利能力对比分析时应当选取销售毛利率、总费用率、销售费用率、研发费用率、管理费用率、财务费用率、销售净利率等指标。

销售毛利率分析重点在于分析同业可比公司近两年毛利率变动情况及原因。另外可将最具代表性的几家同类可比公司的毛利率进一步细分到产品线，观察产品线毛利率的变动情况。这种对比相比公司整体毛利率对比更有参照意义，这是因为很难有产品完全相同的两家公司。在对比整体毛利率的基础上，把公司产品线毛利率的波动情况与同业可比公司对应产品线的毛利率进行比较，对于公司来说更具参考意义。另外，毛利率是一家公司产品竞争力的体现，与同业公司比较毛利率可以看出公司产品的竞争性、毛利率在行业中的位置、公司毛利率是否具备继续提升的空间，以及公司是否要通过价格战占领市场。

总费用率、销售费用率、研发费用率、管理费用率、财务费用率可以放在一起进行对比分析。同业公司费用率对比具有重要的参考意义，它可以反映公司不同费用的控制水平及提升空间，同时也说明了公司在费用管控上的优势和不足，为成本费用管控策略的制定提供参考依据。

销售净利率是反映一家公司运营情况综合效能的指标，净利率越高表示公司运行得越有效率。通过近两年净利率的比较，既可以看出公司的净利率水平在同业公司中的位置，还可以看出公司的净利率变动情况相较于同业公司的水平。净利率的变动都是有原因的，需要进一步分析同业公司净利率变动的原因，例如该变动是经营不善所致，还是获得政府补助、计提减值准备、商誉减值等原因所致，要具体问题具体分析。

在进行同业盈利能力分析时，除了使用上述指标之外，还可以计算人均指标数据，如集团人均收入、人均获利、销售人员人均收入、销售人员人均销售费用、销售人员人均工资、研发人员人均收入、研发人员人均研发投入、研发人员人均工资等。这些指标对于分析公司及同业公司情况非常有参考价值。

在同业对比分析中，除了上述分析要点外，还可以根据不同公司的需要补充相关分析内容。例如有的公司非常关注可比公司的资本市场动态，那么我们可以在"同业对比分析"中增加投资并购章节。如果某公司是上市公司，则公司市值分析也是必要的。

（三）标杆对比分析

在进行同业对比分析时，也可以加入标杆公司的相关财务指标进行对比分析。由于李茜所做的同业对比分析已经包括了标杆公司，因此她决定不再重复反映已经分析过的指标，而是在标杆对比分析中重点反映某几个管理层关注的点，如标杆公司的财务与经营战略、产品线布局及收入、近五年投资并购情况。

（四）总结及建议

总结及建议部分是整个分析报告的画龙点睛之处。总结及建议得当可以给分析报告增色不少，反之会令分析报告大打折扣。李茜在这部分反复推敲和修改，不仅总结了本次财务报表分析中发现的重要问题，而且从财务与管理的角度提出了相应的对策和建议。同时李茜也明白，财务分析的目的不仅仅是为了发现问题，也是为了提升管理水平、预测未来，所以在总结及建议章节，李茜在分析公司财务、业务情况的基础上，提出了下半年的主要财务预测指标及管理层需要重点关注的方面，对重要的财务和经营风险进行了提示和预警。

至此，李茜已经基本完成领导布置的半年度财务分析报告的任务，她心中一颗悬着的石头终于落地。李茜将财务分析报告匆匆检查一遍之后便满怀期待地发给了财务经理王小静，同时抄送财务总监向东明。

财务经理、财务总监会有什么意见呢？

■ 案例 3-6

CFO 视角下的财务报表分析报告

一天之后，财务总监给出了邮件回复：

财务分析报告的分析维度很全面，重点突出，整体思路挺好！但问题也有一些，主要如下：

1. 标杆对比分析中缺少对标杆公司业务模式的分析，特别是家用仪器销售模式，这是管理层的关注重点，建议进行补充分析。

2. 财务分析报告中的一部分数据用的是合并数，还有一部分用的是母公司数据，能不能统一使用同一个数据源？合并数和母公司数据的交叉使用连我都看不懂，上面的领导又如何看明白呢？

3. 财务数据是在财务记账规则下计算出来的，但是公司业务数据和财务数据并不总是一致的，例如境外销售型子公司的费用在财务部区分为销售费用、管理费用，而在业务部全部记为销售费用。针对这样的差异，由于财务部门与业务部门之间没有统一的数据计算口径，因此在进行报表分析时需要对这部分口径差异做出特别说明，否则管理层会质疑财务数据的准确性。另外，这样呈现的数据和公司经营也会脱节。

4. 同业对比分析中的人均数据异常，公司营销团队人员在今年5月份的时候有较大规模扩充，你的人数取数规则是什么？是取去年年底销售人员数量、今年6月底销售人员数量，还是取平均值？这会直接影响到计算结果。另外，由于业务模式调整导致一些费用出现下降，这使得财务数据不再具有可比性，我们应该在财务数据的基础上进行必要调整。你可以问问负责费用的同事是否还有其他费用存在这种情况。另外财务报表披露规则的改变会影响费用归集科目，如果数据异常是这种情况导致的，我们必须调整。

5. 财务分析报告对一些数据变动分析得不够深入。例如报告中提到××产品线收入下降，需要具体分析哪个产品收入下降？下降的原因是什么？希望这一部分能做单独分析。

6. 财务分析报告最后的总结及建议中，你发表了许多个人的观点，但在我看来这些观点不一定都是准确、严谨的。我们的财务分析结论应该基于客观数据和分析，不应该加入过多的个人主观判断和猜测。建议你斟酌修改，除保留特别确定的结论外，其他部分多做事实阐述。

几乎与此同时，财务经理王小静也给出了自己的意见：请尽快安排一场讨论会议，邀请合并报表、费用、成本、预算相关岗位的同事参加，我们先对报告进行内部讲解。

李茜第二天就安排了财务内部会议，把财务分析报告从头至尾向财务总监、经理及相关岗位的同事详细讲解了一遍。大家站在各自岗位的角度，一方面对报告中的数据进行了核实和确认，另一方面发挥岗位优势提出了很多实际的问题和建议。

不汇报不知道，汇报了李茜才知道，原来她思考得还是不够深入，对有些问题考虑得不够全面，对业务和数据的理解也不够深刻。财务总监和各岗位同事的建议提得既准确又符合实际。经过数轮的修改及与财务经理、财务总监的沟通，财务分析报告终于定稿。在一个阳光明媚的上午，李茜小心翼翼地把精心设计的"××公司半年度财务分析报告"PPT发送给集团管理层，她终于长舒了一口气。

第 4 章

企业财务绩效综合评价方法

情景
现场

近年来,全球复杂多变的政治、经济环境给很多行业带来了前所未有的挑战,但同时又给一些行业带来了不同寻常的发展机遇。新大地生物公司是在这种变化中最早受益的公司之一,其国内外业务迅猛发展,一方面迅速占领国内市场,另一方面在打开国际市场方面也做得非常不错,对于以前无法进入的顶级医院,也快速打开了局面,这得益于公司在前几年大力推进境外本地化公司建设及团队培养。新大地生物公司的境外子公司遍布全球各地,分布在德国、英国、法国、意大利、美国、日本、尼日利亚、俄罗斯等国家及中国香港地区,有销售型子公司,也有服务型子公司,还有研发型子公司。每一家销售型子公司均设置子公司负责人一名,向集团区域销售总监汇报,各区域销售总监向集团销售总经理卢总汇报,卢总则向集团总裁邵总汇报。

2020年新大地生物公司国际、国内业务双双翻倍增长,这无疑是一个令人满意的成绩。在年度股东大会上，总裁邵总一改以前严肃的面孔，侃侃而谈。

进入 2021 年，随着各个国家陆续进行疫苗接种及抗疫策略的调整，新大地生物公司的国际销售业务趋于稳定。邵总又开始苦恼了，除了因为不可预知的销售业绩，也因为国际营销团队的水平和能力并不能支撑集团飞速发展的需求；另外，随着公司日渐发展壮大，他无法全面掌握和判断境外子公司当前的经营状况是否健康。当前对子公司仅通过月度子公司报表来考核显然是不够的，对子公司负责人仅通过收入、毛利率的指标来考核也是不够的。

邵总希望继续加大国际投入，将现有的国际业务水平提升一个新的高度。但不得不说，2020 年公司在国际市场取得了非常不错的销售业绩，主要还是受益于偶然因素，其境外本地化团队的力量还是很弱的，包括销售、客服、行政、财务等部门。邵总希望每一个境外子公司都能成为一个独立的作战单元，在国际市场上"攻城略地"，为集团做出业绩贡献，因此公司需要培养具有国际视野、全局视野和商业思维的大区总监和境外子公司负责人。

为此，邵总要求所有销售型境外子公司负责人要从全局的角度，对各自所负责的公司进行市场、增长潜力、存货管控、资金使用等方面的分析、诊断和汇报。在这个过程中，各子公司负责人可以向集团财务中心子公司对接人员索要相关财务数据。

不久后，邵总收到了各子公司的分析报告。由于各子公司的规模、经营阶段、产品、销售模式、定价方式并不完全相同，大家分析的维度、深度、广度也各不相同、各有特点，因此从各子公司的分析报告中看不出其经营管理水平的高低。于是邵总给财务总监向总布置了一个任务，要求财务中心对子公司的运营状况进行监测和分析，并以一定数量的合理指标呈现经营成果。向总又把这个任务交给了集团的财务分析师李茜，那么李茜是否可以完成这项任务呢？

思考：

1. 如何对公司进行综合财务绩效的评估？
2. 如何设计子公司的考核指标？
3. 如何运用杜邦分析法进行财务分析？

要回答上述问题，我们需要了解企业财务绩效综合评价的几种方法。

4.1 杜邦分析法

杜邦分析法是对公司财务业绩进行综合评价的最常用的方法之一。杜邦分析法以净资产收益率（Return on Equity，ROE）为核心财务指标，通过将财务指标层层分解，可以系统、综合地分析企业的盈利水平。净资产收益率及其分解指标见图4-1。

净资产收益率用公式表示为

$$净资产收益率 = 总资产收益率（或总资产净利率）\times 权益乘数$$
$$= 销售净利率 \times 总资产周转率 \times 权益乘数$$

我们可以对净资产收益率指标进行层层拆解。

销售净利率=净利润/销售收入，该指标用于反映公司的盈利能力。通常来说，销售净利率越高，公司的盈利能力和盈利质量就越好。

总资产周转率=销售收入/总资产，该指标用于反映公司全部资产的周转效率。通俗地讲，总资产周转率就是每1元的资产可以创造多少销售收入。这个指标越高，表明公司资产的创收能力就越强，运营能力也就越突出。

权益乘数=资产总额/股东权益总额=1/（1−资产负债率）。它是一个用于反映公司资本结构的指标，通常来说，权益乘数越大代表股东投入的资本在资产中所占的比重越小，公司财务杠杆越大，负债程度和财务风险就越高。

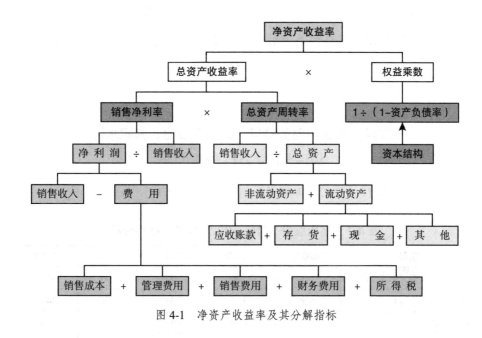

图 4-1　净资产收益率及其分解指标

上市公司特别关注净资产收益率指标，因为该指标与公司的股价直接关联，提升净资产收益率有利于公司股价的提升。一家优秀公司的净资产收益率可以常年超过 20%。净资产收益率指标也是反映上市公司财务绩效的一个综合财务指标。

4.1.1　不同类型企业在杜邦分析中所呈现的财务指标特征

根据资源、技术、资本的不同特点，企业可以分成劳动密集型、资本密集型、技术密集型、资源密集型四种。不同类型的企业净资产收益率特征大不相同，财务风险水平也各不相同，企业可以通过调整经营和财务政策来提升净资产收益率。

（1）劳动密集型。劳动密集型企业需要大量的劳动力投入，其技术程度往往较低,包括农业企业、服装企业、消费品企业、原材料加工企业。这类企业的毛利率、净利率较低,资产周转较快,总资产周转率较高,权益乘数较高。它们往往通过提高权益乘数的方式来提高净资产收益率,从而提高企业价值。

■ 案例 4-1

不同类型企业的财务特征,以温氏股份、海螺水泥、迈瑞医疗、万科为例(1)

温氏股份 2016—2020 年年报杜邦分析见表 4-1。

表 4-1 温氏股份 2016—2020 年年报杜邦分析

项目	2020 年	2019 年	2018 年	2017 年	2016 年
净资产收益率(ROE)(%)	16.34	35.06	11.78	21.41	44.72
销售净利率(%)	9.99	19.75	7.43	12.58	20.62
权益乘数	1.61	1.50	1.53	1.43	1.41
总资产周转率	1.03	1.22	1.11	1.23	1.60
销售毛利率(%)	19.61	27.66	16.85	20.06	28.22

温氏食品集团股份有限公司(简称温氏股份)创立于 1983 年,现已发展成一家以畜禽养殖为主业、配套相关业务的跨地区现代农牧业企业集团。公司现为农业产业化国家重点龙头企业、国家级创新型企业,组建有国家生猪种业工程技术研究中心、国家企业技术中心、博士后科研工作站、农业部重点实验室等重要科研平台。公司研发掌握了畜禽育种、饲料营养、疫病防治等方面的一系列关键核心技术,成立了"广东省畜禽废弃物处理与资源化工程中心",获批枯草芽孢杆菌饲料添加剂生产许可证,构建了完善的饲料品控体系,保障了饲料的质量安全和畜禽产品的安全,建立了完善的疫病防控管理体系(摘自公司介绍)。温氏股份员工构成情况见表 4-2。

表 4-2　温氏股份员工构成情况　　　　　　　　（单位：人）

专业构成	2020-12-31	2019-12-31	2018-12-31
生产人员	41 697	39 517	38 563
销售人员	1 972	1 868	1 817
技术人员	3 112	2 901	2 778
财务人员	1 731	1 638	1 493
行政人员	4 297	4 100	3 988

温氏股份以畜禽养殖为主业，从生产人员占比可以看出，公司需要大量的劳动力投入，符合劳动密集型企业的特征。由于行业具有较强的周期性特点，畜禽产品供需易发生错位，价格变化呈现明显的周期性波动，从表 4-1 可知公司五年间的毛利率均低于 30% 且呈现较大幅度的波动。同时公司的销售净利率不稳定且数值不高，尤其 2018 年、2020 年不到 10%。公司资产周转率相比其他行业还是比较高的，基本都超过了 1，这与畜禽养殖的周期性特点也是匹配的。但本案例中的权益乘数并不高，这说明公司有通过提高权益乘数的方式来提高净资产收益率，从而提升企业价值的空间。

（2）资本密集型。资本密集型企业需要较多的资本投入，在汽车制造、冶金化工、机械制造行业中比较多见。这类企业往往固定资产占总资产比重较大，经营风险较高，具有毛利率、净利率较高，而权益乘数、总资产周转率相对较低的财务特征。这类企业容易形成规模效应，获得较高的净资产收益率。

■ 案例 4-2

不同类型企业的财务特征，以温氏股份、海螺水泥、迈瑞医疗、万科为例（2）

海螺水泥 2016—2020 年年报杜邦分析见表 4-3。

表 4-3 海螺水泥 2016—2020 年年报杜邦分析

项目	2020 年	2019 年	2018 年	2017 年	2016 年
净资产收益率（ROE）（%）	23.48	26.87	29.51	19.10	11.60
销售净利率（%）	20.64	21.88	23.86	21.81	16.00
权益乘数	1.27	1.31	1.34	1.40	1.46
总资产周转率	0.93	0.96	0.95	0.65	0.52
销售毛利率（%）	29.16	33.29	36.74	35.09	32.47

安徽海螺水泥股份有限公司（简称海螺水泥）主要从事水泥及商品熟料的生产和销售。公司生产线全部采用先进的新型干法水泥工艺技术，具有产量高、能耗低、自动化程度高、劳动生产率高、环境保护好等特点。公司在华东、华南地区拥有丰富的优质石灰石矿山资源，含碱度低，碳酸钙含量高，为生产高品质低碱水泥提供了优质的原材料；公司生产线全部采用新型干法旋窑工艺技术，装备先进，实现了从矿石开采到码头装运的全程自动化控制，按照 ISO9001 国际质量管理认证体系进行质量管理和监控；公司拥有完备的铁路、公路及水路运输系统，并且形成了专业化生产体系和庞大的市场营销网络。"海螺"牌高等级水泥和商品熟料是公司的主导产品。海螺水泥的"CONCH"商标被国家商标局认定为驰名商标，"海螺"牌水泥被国家质量监督检验检疫总局批准为免检产品，长期、广泛地被应用于举世瞩目的标志性工程（摘自公司介绍）。海螺水泥固定资产与在建工程占总资产的百分比见表 4-4。

表 4-4 海螺水泥固定资产与在建工程占总资产的百分比 （%）

项目	2020-12-31	2019-12-31	2018-12-31	2017-12-31	2016-12-31
固定资产	31.21	32.92	40.34	48.85	56.87
在建工程	2.33	3.49	2.31	3.02	2.35

公司固定资产占总资产的比重超过 30%，2016 年甚至超过 50%，属

于典型的资本密集型企业。由表 4-3 可知，公司的毛利率在 30% 左右，销售净利率大部分年份超过 20%，公司权益乘数较低，资产周转率相较温氏股份明显低一些。2018—2020 年公司净资产收益率还是很不错的，都超过了 20%。

（3）技术密集型。技术密集型企业对技术和智力的依赖大大超过对其他生产要素的依赖，如航空航天、生物医药、新材料等行业。这类企业对技术的要求较高，需要大量的研发投入，因此新产品迭代风险及企业的经营风险均较高。技术密集型企业通常有较高的准入门槛，先进入者具有先发优势。这类企业的毛利率、净利率一般均较高，期初存货、固定资产、应收账款金额较小，因此资产周转率较高。

■ 案例 4-3

不同类型企业的财务特征，以温氏股份、海螺水泥、迈瑞医疗、万科为例（3）

迈瑞医疗 2016—2020 年年报杜邦分析见表 4-5。

表 4-5　迈瑞医疗 2016—2020 年年报杜邦分析

项目	2020 年	2019 年	2018 年	2017 年	2016 年
净资产收益率（ROE）(%)	31.80	27.74	34.16	46.48	29.38
销售净利率（%）	31.67	28.30	27.09	23.28	17.85
权益乘数	1.41	1.40	1.66	2.46	2.33
总资产周转率	0.71	0.70	0.76	0.82	0.71
销售毛利率（%）	64.97	65.24	66.57	67.03	64.62

深圳迈瑞生物医疗电子股份有限公司（简称迈瑞医疗）是中国领先的高科技医疗设备研发制造厂商，为全球市场提供医疗器械产品。公司的主营业务涵盖生命信息与支持、体外诊断、医学影像三大领域，通过前沿技

术创新,提供完善的产品解决方案,帮助全球市场改善医疗条件、提高诊疗效率。公司始终致力于临床医疗设备的研发和制造,医疗设备产品涵盖生命信息与支持、临床检验及试剂、数字超声、放射影像四大领域,致力于将性能与价格完美平衡的医疗电子产品带到世界每一角落(摘自公司介绍)。迈瑞医疗员工构成情况见表 4-6。

表 4-6 迈瑞医疗员工构成情况

项目		2020-12-31	2019-12-31	2018-12-31
专业构成	生产人员(人)	2 413	1 574	1 530
	销售人员(人)	3 440	3 163	2 994
	客服人员(人)	1 546	1 316	1 269
	技术人员(人)	3 070	2 508	2 258
	财务人员(人)	242	221	222
	行政人员(人)	547	507	496
	其他专业人员(人)	575	530	465
学历构成	本科学历人员(人)	9 395	8 171	7 510
	专科学历人员(人)	1 024	894	885
	高中及以下学历人员(人)	1 414	754	839
员工总人数(人)		11 833	9 819	9 234
员工薪酬(万元)		422 616.15	376 751.27	312 580.28
人均薪酬(万元)		35.72	38.37	33.85

迈瑞医疗属于典型的技术密集型企业,产品差异化程度较大,具有较强的护城河效应。2020 年公司技术人员占比超过 20%,本科以上学历占比接近 80%,人均薪酬超过 35 万元。公司每年投入大量的费用进行技术研发,研发费用率(研发费用占收入的比率)接近 10%。由表 4-5 可知,公司维持了较高的毛利率(接近 65%),2020 年销售净利率超过了 30%,权益乘数在 2018 年公司上市募资后大幅下降,财务风险降低。公司资产周

转率相较温氏股份、海螺水泥要低，这是由医疗器械行业比较重视资产的特有行业特性决定的。公司的净资产收益率一直维持在比较优秀的水平，年均超过30%，其盈利能力之强令公司获得了"小华为"的称号。

（4）资源密集型。资源密集型企业亦称"土地密集型"企业，是指依靠资源的稀缺性获益，需要使用较多的土地等自然资源才能进行生产的产业，如采矿业、地产业。由于占有稀缺资源，这类企业的毛利率一般较高，销售净利率也较高，但其资产占比高，总资产周转率较低，经营风险也较大。

■ 案例 4-4

不同类型企业的财务特征，以温氏股份、海螺水泥、迈瑞医疗、万科为例（4）

万科 2016—2020 年年报杜邦分析见表 4-7。

表 4-7　万科 2016—2020 年年报杜邦分析

项目	2020 年	2019 年	2018 年	2017 年	2016 年
净资产收益率（ROE）（%）	20.13	22.61	23.42	22.80	19.68
销售净利率（%）	14.15	14.99	16.55	15.32	11.79
权益乘数	8.72	9.48	9.34	8.11	6.75
总资产周转率	0.23	0.23	0.22	0.24	0.33
销售毛利率（%）	29.25	36.25	37.48	34.10	29.41

万科企业股份有限公司（简称万科）成立于1984年，1988年进入房地产行业。经过三十余年的发展，万科已成为国内领先的城市配套服务商，其业务聚焦全国经济最具活力的三大经济圈及中西部重点城市。2014年万科的第四个十年发展规划已经把"三好住宅供应商"的定位拓展为"城市配套服务商"。2018年万科将这一定位进一步升级为"城乡建设与生活服务商"，并具体细化为四个角色：美好生活场景师、实体经济生力军、

创新探索试验田、和谐生态建设者。公司核心业务包括住宅开发、物业服务、长租公寓出租，其所搭建的生态体系已初具规模，公司在保持住宅开发和物业服务固有优势的基础上，将业务延伸至商业开发和运营、物流仓储服务、租赁住宅、产业城镇、冰雪度假、养老、教育等领域，为更好地满足人民美好生活需要、实现可持续发展奠定了良好基础（摘自公司介绍）。

万科是房地产开发企业的典型代表，其营业周期长，对土地资源高度依赖，必须储备更多的土地以进行后续开发。同时房地产企业对银行资金也高度依赖，前几年房地产企业的资产负债率多超过90%，这几年在政策"红线"的影响下，房地产企业的资产负债率水平有所下降，但是仍然远超传统生产制造型企业。以万科为例，其2020年的资产负债率是81%。高负债模式导致公司权益乘数在2018—2020年平均高于9.0，这是一个很高的比率。房地产企业对政策的依赖性强，近年来随着房地产调控政策的深入开展，以房地产开发为主业的企业的生存会越来越困难。这些房地产企业也在积极寻求转型以维持长期发展，如"万达"的断臂求生等。万科销售毛利率平均超过30%，销售净利率平均接近15%，权益乘数较高，总资产周转率极低，净资产收益率常年平均在20%以上。

4.1.2 通过净资产收益率筛选优秀企业

净资产收益率是沃伦·巴菲特最为推崇的财务指标之一。他曾说过，他选股标准之一就是选择净资产收益率（ROE）达标的企业，可见这个指标的分量。正因为净资产收益率这个指标对于企业如此重要，优秀的企业总是通过提升或维持较高的净资产收益率来提升企业价值及市场形象。下面我们筛选各行业内具有代表性的几家上市公司，来观察它们的净资产收益率、权益乘数、总资产周转率、销售毛利率、销售净利率及市盈率指标。

■ 案例 4-5

通过 ROE 筛选优秀企业并提升企业价值

说明：1. 佛山市海天调味食品股份有限公司（简称海天味业）是中国调味品行业的龙头企业，是专业的调味品生产和营销企业。

2. 招商银行股份有限公司（简称招商银行）是中国境内第一家完全由企业法人持股的股份制商业银行，是国家从体制外推动银行业改革的第一家试点银行，也是一家拥有商业银行、金融租赁、基金管理、人寿保险、境外投行等金融牌照的银行集团。经过多年创新发展，公司连续多年获得境内外权威媒体评选的"中国最佳零售银行""中国最佳私人银行""中国最佳交易银行"等称号。

3. 贵州茅台酒股份有限公司（简称贵州茅台）是国内白酒行业的标志性企业，主要生产和销售世界三大名酒之一的茅台酒，同时进行饮料、食品、包装材料的生产和销售，防伪技术开发，信息产业相关产品的研制开发。

4. 杭州海康威视数字技术股份有限公司（简称海康威视）是领先的视频产品和内容服务提供商，面向全球提供先进的视频产品、专业的行业解决方案与内容服务。

5. 江苏恒瑞医药股份有限公司（简称恒瑞医药）是一家从事医药创新和高品质药品研发、生产及推广的医药健康企业，致力于在抗肿瘤药、手术用药、内分泌治疗药、心血管药及抗感染药等领域的创新发展，并逐步形成品牌优势。恒瑞医药连续多年被国家统计局列为全国化学制药行业十佳效益企业。

优秀企业的净资产收益率及其分解指标见表 4-8 至表 4-12。

表 4-8　优秀企业的净资产收益率指标　　　　　　　　　　（%）

净资产收益率	2016 年	2017 年	2018 年	2019 年	2020 年
海天味业	30.30	32.45	34.06	35.15	34.94

（续）

净资产收益率	2016 年	2017 年	2018 年	2019 年	2020 年
招商银行	16.27	15.90	15.79	16.13	14.58
贵州茅台	24.44	32.95	34.46	33.12	31.41
海康威视	34.09	34.44	33.42	30.10	27.12
恒瑞医药	23.20	23.18	23.17	23.94	22.90

表 4-9　优秀企业的权益乘数指标

权益乘数	2016 年	2017 年	2018 年	2019 年	2020 年
海天味业	1.33	1.37	1.42	1.47	1.48
招商银行	14.96	13.87	12.78	12.30	11.82
贵州茅台	1.46	1.51	1.44	1.38	1.33
海康威视	1.65	1.70	1.69	1.68	1.66
恒瑞医药	1.16	1.17	1.15	1.12	1.13

表 4-10　优秀企业的总资产周转率指标　　　　　　　　　　（单位：次）

总资产周转率	2016 年	2017 年	2018 年	2019 年	2020 年
海天味业	1.00	0.98	0.93	0.88	0.84
招商银行	0.04	0.04	0.04	0.04	0.04
贵州茅台	0.40	0.49	0.52	0.52	0.49
海康威视	0.89	0.90	0.87	0.83	0.77
恒瑞医药	0.86	0.85	0.86	0.93	0.89

表 4-11　优秀企业的销售毛利率指标　　　　　　　　　　　　（%）

销售毛利率	2016 年	2017 年	2018 年	2019 年	2020 年
海天味业	43.95	45.69	46.47	45.44	42.17
招商银行					
贵州茅台	91.23	89.80	91.14	91.30	91.41
海康威视	41.58	44.00	44.85	45.99	46.53
恒瑞医药	87.07	86.63	86.60	87.49	87.93

表 4-12 优秀企业的销售净利率指标 （%）

销售净利率	2016 年	2017 年	2018 年	2019 年	2020 年
海天味业	22.82	24.21	25.63	27.06	28.12
招商银行	29.84	31.98	32.52	34.64	33.72
贵州茅台	46.14	49.82	51.37	51.47	52.18
海康威视	23.24	22.38	22.84	21.62	21.54
恒瑞医药	23.74	23.80	23.32	22.87	22.75

我们分析和拆解这些优秀企业的净资产收益率指标可以看出，它们的净资产收益率长期维持在较高水平，除招商银行外的其他公司连续五年均超过了 20%，其中海天味业、贵州茅台、海康威视某些年份的净资产收益率甚至超过了 30%，可见这些企业的盈利能力之强。

由于行业的差异，不同企业的净资产收益率的拆解指标有较大差异。以招商银行为代表的银行类上市公司拥有较高的权益乘数，这是由银行的行业特征所决定的，其资产负债率水平常年超过 90%，属于借用投资者的资金获取收益；以海康威视为代表的高科技企业有较大的资金需求，它们常常通过维持较高的财务杠杆来满足其持续扩张和投资的需求。

海天味业拥有较高的总资产周转率，而以贵州茅台为代表的酒类企业因固定资产、存货占比较高，资产周转速度较慢。

贵州茅台的销售净利率最高，平均接近 50%，招商银行的销售净利率也比较高，海天味业、海康威视、恒瑞医药的销售净利率也都超过了 20%。

通过上述分析我们可以发现，海天味业通过维持较高的销售净利率，适当利用财务杠杆，加快资产周转带来了较高的净资产收益率；招商银行的净资产收益率则主要受到较高的权益乘数、销售净利率的驱动；贵州茅台充分利用其极高的品牌溢价优势获得较高的销售净利率，适当利用财务杠杆，维持其净资产收益率在 30% 左右；海康威视充分利用财务杠杆，通过维持较高的销售净利率，使得净资产收益率在高位运转，但该公司的总资产周转率有下滑的趋势，需要改善；恒瑞医药由于资金充裕较少利用财务杠杆，从其近年来维持在 10% 左右的资产负债率可以看出，该公司负债率极低，同时公司维持了较高的销售净利率和总资产周转率。

由于行业的不同、未来发展潜力存在差异，不同公司在估值上也会有显著差异，它们的市盈率会有明显不同。不同公司的市盈率水平如图 4-2 所示。

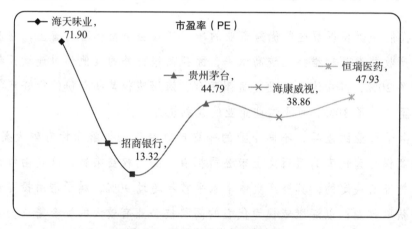

图 4-2　不同公司的市盈率水平

4.1.3　杜邦分析的局限性

杜邦分析作为一种评估企业综合绩效的方法，解决了如何利用一个综合的财务指标对企业经营绩效进行评价的问题。但由于杜邦分析使用的是历史财务信息，因此其也有一定的局限性，读者在使用过程中应该仔细甄别并运用其他的分析方法加以补充。杜邦分析的局限性如下。

1）企业的经营是一个持续的过程，而历史财务信息仅代表企业过去的经营成绩，其未来是否仍然适用具有较大的不确定性，因此基于历史财务信息所做的决策可能并非最优决策。

2）杜邦分析更多地关注财务指标信息，而忽视了对非财务指标的关注，例如企业的管理模式、战略、赛道、无形资产价值等。这些非财务指标往往是一家企业的核心竞争力，对企业经营起到至关重要的作用。

3）杜邦分析没有关注到现金流信息。杜邦分析中运用的财务信息主要是利润表、资产负债表数据，具有容易计算的特点，但是现金流是一家企业的"血液"，如果没有健康的现金流，企业的经营也必然会不健康。

4）管理层可能会由于过分关注净资产收益率指标而做出短期决策，从而忽视了企业的长期利益。例如企业通过降低市场费用、研发费用的方式提高净资产收益率，但这样的做法显然不利于企业长远的市场占有率、竞争力的提升。

4.2 沃尔评分法

亚历山大·沃尔在 1928 年出版的《信用晴雨表研究》和《财务报表比率分析》中提出了信用能力指数的概念，即通过对 7 个财务比率分别打分，最后得出总评分的方式来评价企业的财务状况。

沃尔评分法的操作步骤如下：

1）选择 10 个评价指标并分配指标权重。代表盈利能力的指标有三个：资产净利率、销售净利率、净值报酬率；代表偿债能力的指标有：自有资本比率、流动比率、应收账款周转率、存货周转率；代表发展能力的指标有：销售增长率、净利增长率、资产增长率。

2）确定各项比率指标的标准值，即各该指标在企业现时条件下的最优值。

3）计算企业在一定时期各项比率指标的实际值。

4）形成评价结果。沃尔比重评分法的公式：实际分数 = 实际值 ÷ 标准值 × 权重。

我们一起来看一下李茜是如何借鉴沃尔评分法的思路对子公司财务绩效进行综合评价的。

■ 案例 4-6

集团内子公司评价考核指标设置并建立模型对子公司和区域进行评价

在本章开始的情景现场案例中，集团财务分析师李茜接到任务后，先对集团的情况进行了梳理。目前集团下属子公司都配置了全职财务人员或聘请了当地代理记账机构，主要子公司均设置集团区域BP进行财务工作对接。区域BP除了每月对境外子公司的报表进行审核外，还要按照中国会计准则的要求进行报表转化，同时在每月5日前向集团合并报表岗位报送子公司报表，并在每月15日前按照之前已经制定的子公司财务分析报告模板对子公司财务报表进行分析，出具"月度报表及分析报告"并发送给集团总裁、副总裁、财务总监、子公司负责人等。"月度报表及分析报告"的编制及汇报工作已经持续了5年多，其包括子公司基本信息、子公司报表、子公司关键财务指标分析（如资金、收入、存货、毛利率、费用等）、预算执行情况、问题反馈等。这项工作开始进行时效果不错，但是随着时间的推移领导逐渐不再关注这项分析工作，于是有的子公司干脆一个季度才向领导发送一次报告，还有的索性就不发了，只有个别业务规模较大的子公司还在坚持每月发送，但几乎收不到领导的反馈意见，因此财务分析报告的使用率不高、效果也不佳。

梳理完基本情况后，李茜组织各境外子公司的区域BP召开了一个会议，大家各抒己见，提出对子公司考察和评价的方向。有人建议选取几个关键的财务指标如收入、利润、毛利率、应收账款周转率、存货周转率等进行计算，还有人建议运用平衡计分卡的考核方式，从财务、客户、运营、流程、学习与成长的角度选取相应指标对境外子公司的运行情况进行考核。在会议最后，财务中心内部形成了统一认识，明确了对境外子公司考察和评价的关键指标并反馈给负责管理境外子公司的国际商务部。

过了几天,集团总裁邵总指示国际商务部召集集团总经办、财务中心召开了一个跨部门讨论会。总经办是公司的战略制定部门,国际商务部代表业务单位并负责各境外子公司负责人的考核和人事管理,财务中心是公司的数据中心。此次会议上,国际商务部代表传达了之前和邵总沟通的情况,明确了需评价的子公司的范围及主要的评价维度。李茜代表财务中心介绍了关键评价指标的定义、取数规则、数据口径。

但会议之后,李茜发现由于子公司数据众多,这些关键指标计算起来非常烦琐,而且财务数据与公司业务部门的考核数据不一致,业务单位有自己考核数据的算法和口径,因此这注定会是一项艰巨的工作任务。经过多方沟通及调研,并经财务中心内部讨论,大家一致认为沃尔评分法是当前用来对各子公司的财务状况进行评估的最优方法。

一、确定评价范围。选取销售型境外子公司作为本次财务状况评价的对象。

二、选择评价指标。选择盈利能力、偿债能力、发展能力作为评价维度,同时结合公司的实际情况及领导关注的方面,增加对营运能力、风险控制方面的考察。针对每一个评价维度,设置关键评价指标。

三、设定指标比重、标准比率,并定义指标计算方法。将五个维度的指标分均设置为 20 分,再根据每个维度中指标的具体数量计算相应分值。标准比率的设定要结合行业特征、集团要求、财务管理的基本要求、子公司之间的对比而定。财务评价指标体系见表 4-13。

表 4-13 财务评价指标体系

维度	财务指标	比重	标准比率	实际比率	相对比率	评分
成长能力	收入增长率	10	30%	40.00%	1.33	13.33
	利润增长率	10	30%	60.00%	2.00	20.00
盈利能力	净利润	10	0	256		10.00
	毛利率	10	20%	25%	0.80	12.00

（续）

维度	财务指标	比重	标准比率	实际比率	相对比率	评分
营运能力	收入规模	6.7	MAX（A\B\C\D）	3 514	1.00	6.67
	应收账款周转率	6.7	15.00	3.80	0.25	1.69
	存货周转率	6.7	3.30	2.50	1.00	6.67
偿债能力	资金存量/月均开支	10	6	8.80	0.68	6.82
	资产负债率	10	50%	65%	0.77	7.69
风险控制	税务风险-净资产	5	0	86	0.80	4.00
	转移定价风险-咨询报告	5	1	1	1.00	5.00
	报表风险-全职会计	5	1	1	1.00	5.00
	存货风险-存货收入比	5	30%	40%	0.75	3.75
合计		100				98.62

评分规则：

总分 100 分，成长能力、盈利能力、营运能力、偿债能力、风险控制各占 20 分。

最终得分 = 分项得分 × 对应权重 ×100%。

1. 成长能力，20 分

1) 收入增长率：以 30% 为基准，实际比率超过 30% 则用实际收入增长率/30% 为最后得分，但单项得分不超过 2；实际收入增长率小于 0 不得分。

2) 利润增长率：以 30% 为基准，实际比率超过 30% 则用实际利润增长率/30% 为最后得分，但单项得分不超过 2；实际利润增长率小于 0 不得分。

2. 盈利能力，20 分

1) 净利润：以 0 为基准，大于 0 得 1 分，否则不得分。

2) 毛利率：以 20% 为基准，实际比率超过 20% 则用实际毛利率/20% 为最后得分，否则用 20%/实际毛利率为最后得分。

3. 营运能力，20 分

1) 收入规模：6 家公司中收入规模最大者得 1 分，否则得分为实际收入/最大收入。

2）应收账款周转率：6家公司中周转率最大者得1分，否则得分为实际周转率/标准周转率。

3）存货周转率：6家公司中周转率最大者得1分，否则得分为实际周转率/标准周转率。

4. 偿债能力，20分

1）资金存量/月均开支：以6为基准，实际比率超过6则用6/实际比率为最后得分，否则用实际比率/6为最后得分。

2）资产负债率：以50%为基准，实际比率超过50%用50%/实际资产负债率为最后得分，否则用实际资产负债率/50%为最后得分。

5. 风险控制，20分

1）税务风险：净资产>0，得0.8分；否则不得分。

2）转移定价风险：开展过专业的转移定价咨询可以得1分，否则得0.8分。

3）报表风险：有全职财务得1分，否则得0.8分。

4）存货风险：以母公司存货占收入比为基准，用基准值/实际存货占收入比为最后得分。

四、建立评价模型。确定了评价范围、评价指标、指标比重、标准比率，并定义指标计算方法之后还要建立评价模型，即把非标准化的工作系统化和流程化。模型中设置了子公司基本情况介绍、评分规则、评分结果、子公司报表等，并在报表之间设置了勾稽关系和公式，以保证导入每个月报表数据后，模型可以自动计算出所有的评分结果。如果选择不同的月份，模型还可以实时反映不同月份子公司的财务运营状况。这个模型通过Excel表格即可建立。

五、财务状况评价。分别从成长能力、盈利能力、营运能力、偿债能力、风险控制维度进行指标计算并评分，形成可视化的评分结果。图中可以清晰地显示出每家子公司综合财务状况及各项打分情况，便于我们发现每家子公司各自的优点和缺点。子公司财务运营综合评分、子公司财务运营各维度评分分别见图4-3、图4-4。

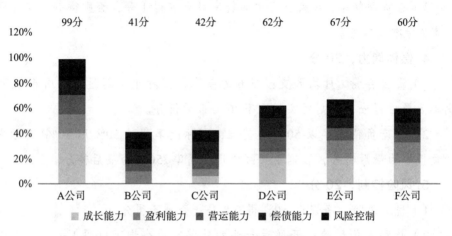

图4-3 子公司财务运营综合评分

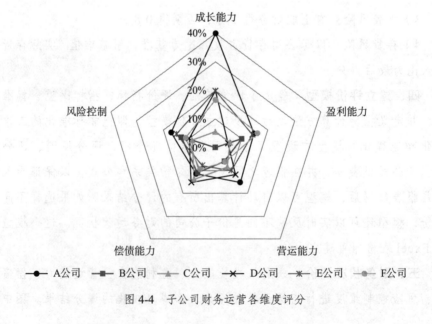

图4-4 子公司财务运营各维度评分

偿债能力指标打分举例如表 4-14 所示（其他略）。

表 4-14 偿债能力指标打分

	资金存量/月均开支	资产负债率	资金存量/月均开支评分	资产负债率评分	评分合计
A 公司	13.00	70%	0.46	0.71	1.18
B 公司	12.00	78%	0.50	0.64	1.14
C 公司	6.45	120%	0.93	0.42	1.35
D 公司	8.50	45%	0.71	0.90	1.61
E 公司	9.90	40%	0.61	0.80	1.41
F 公司	14.24	98%	0.42	0.51	0.93

六、结果沟通。完成子公司评估后，李茜将评估结果分别发送给集团总裁邵总、财务总监向总及子公司负责人。部分子公司负责人对个别指标的设定提出了不同意见，例如在收入增长率指标设定上，B 公司 2020 年由于受各种因素影响收入大规模增长，因此 B 公司负责人认为应该把 2019 年的数据作为该指标的计算基础。李茜和财务总监向总讨论后认为这个建议是合理的，遂予以采纳。与此同时，各子公司负责人纷纷主动来找李茜讨论子公司的评分结果，针对评分较低的项目向财务请教，并制订了下一步的改善计划。用 B、C 子公司负责人的话来说，他们会争取早日将子公司评分提升到合格线以上。

在财务对子公司的财务状况进行评价之后，各子公司负责人逐渐树立了经营意识，由以前只关注收入、毛利率等考核指标到开始关注公司运营中的各类财务指标。他们通过各种途径改善公司运营，实现了由"吃大锅饭"到基本做到自主经营、自担风险、自负盈亏。子公司负责人的经营意识、财务意识在这个过程中得到极大提升。

然而，子公司财务状况评价模型在运行一段时间之后又遇到了新的问题。有些非销售型境外子公司虽然没有开展境外销售业务，但是中国母公司直接向子公司所在区域客户销售货物。子公司负责人参与了这部分销售业务，同时这部分销售收入也是该区域和子公司负责人的业绩。目前的财务状况评价模型中没有对这一类子公司的评价，邵总和业务单位非常希望看到这部分评价。这个需求其实已经超出了对子公司财务状况进行分析和评价的范畴，因为在这种模式下子公司负责人的大部分业绩不是由其直接创造的，而是通过中国母公司创造的。这部分收入无论记到哪里，最终都归属于子公司负责人的业绩。归根到底，这是一个区域运营和管理的问题。

为了满足这一特殊需求并使分析报告更加贴近实际业务，李茜在了解业务单位和管理层的需求之后，在原子公司财务状况评价模型的基础上推出了区域管理分析报告模型。这一分析报告的收入、毛利率计算方式和业务考核匹配一致，同时报告中也增加了××区域情况、××区域报表、××区域指标分析等，增加了原来的报告中没有但是从运营角度看十分重要的定量指标，如新客户收入占比、老客户留存率、区域利润贡献、客户收入分层、单价变动、预算达成率、人均销售收入等，并设定了标准值（参考预算目标、行业水平等）。这一模型通过公式进行自动计算，每个月只需导入销售数据及财务数据，可以自动实现指标计算和数据分析，因此可以非常清楚地显示出每个月各个指标的实际完成情况及差异值。这个模型逐渐成为国际商务部管理境外子公司的一项重要工具，成为公司管理层了解区域状况、进行区域决策的重要依据。

4.3 经济附加值

经济附加值（Economic Value Added，EVA）又称经济增加值，是指税后净营业利润扣除包括股权和债务的全部资本成本后的所得。以可口可乐为代表的世界著名跨国公司大多使用 EVA 来评价企业业绩。

EVA 等于税后净营业利润减去债务和股本成本，是对真正"经济"利润的评价，它表示净营运利润与投资者用同样的资本投资于风险相近的有价证券的最低回报相比，超出或低于后者的量值。

EVA 的计算公式如下：

EVA＝税后净营业利润－（加权平均资本成本 × 投资资本总额）

其中，税后净营业利润＝营业利润＋财务费用＋投资收益－EVA 税收调整

EVA 税收调整＝利润表上所得税＋税率 ×

（财务费用＋营业外支出－营业外收入）

加权平均资本成本（WACC）＝债务资本成本率 ×

（债务资本市值/总市值）×

（1－税率）＋股本资本成本率 ×

（股本资本市值/总市值）

或者：

税后净营业利润＝销售额－营运费用－税收

或者：

税后净营业利润＝营业利润 ×（1－所得税税率）

经过推导后可得如下公式：

税后净营业利润＝息税前利润（EBIT）×

（1－所得税税率）＋

递延税款的增加

EVA 也有其局限性，主要体现在如下几个方面：

1）EVA 评价的重点是财务指标，对于非财务信息则不够重视，不能像平衡计分卡一样既反映财务信息，还能反映客户、产品、业务流程、学习与成长方面的非财务信息。

2）EVA 往往因为关注短期的业绩评价而忽视了企业的长期发展能力，特别是无法有效规避管理者任期内的短期行为，这将有损企业长期发展。例如管理层为了在任期内实现经营目标，可能会缩减固定资产投入、研发投入，或者在短期内实施严格的费用管控。

■ 案例 4-7

从财务视角解析企业价值并提供高层次的运营决策分析建议

如果你问我什么是财务价值？财务价值是指提升企业价值，为股东创造价值。

如果你再问我如何提升企业价值？如何为股东创造价值？答案是合理利用财务与经营战略、提升公司的经营效率、为公司创造更多的利润、改善关键财务指标、为公司树立良好的市场形象。

作为理性的投资者，大家普遍接受"价值投资"这样一个投资原则，即无论是投资公司还是投资股票，只有坚持价值投资才能获取长期超额投资回报。价值投资的核心包括估值和投资回报两个方面。

估值可以分为以市盈率、市净率、市销率为代表的相对估值法和以自由现金流为基础的绝对估值法。由于绝对估值法计算复杂，普通投资者习惯于用市盈率对公司进行简单估值，并将公司的市盈率与同类上市公司比较，从而判断公司的价值是被高估还是低估的。但公司市盈率高低的判断存在较强的主观性，与行业、投资者情绪也有较大关系，所以公司想通过提升市盈率来提升企业价值的道路是行不通的。

对于投资回报，衡量一家公司投资回报最直观和综合的指标就是"净资产收益率"，净资产收益率指标结构见图 4-5：

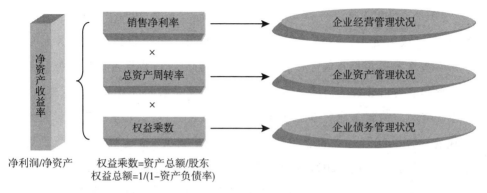

图 4-5　净资产收益率指标结构

$$净资产收益率 = 销售净利率 \times 总资产周转率 \times 权益乘数$$

曾经有人问巴菲特，如果只能用一个指标去衡量投资，会选什么？巴菲特回答说，如果非要他用一个指标去选股，他会选择 ROE（净资产收益率），那些 ROE 长期稳定保持在 20% 以上的公司都是好公司，投资者应当考虑买入。

为什么净资产收益率指标如此重要？因为它是公司盈利能力、营运能力、风险控制能力综合作用的结果。

从某公司情况来看，2020 年净资产收益率处于很高的水平，这是因为 2020 年公司的收入、利润爆发式增长，销售净利率、总资产周转率都创了新高。现在把时间轴拉长，看看公司近 5 年及 2021 年上半年的情况，并和行业内两家表现比较优秀的公司进行比较。通过对比可以看出，如果剔除 2020 年这一特殊年份，公司在其他年份的表现都是不及格的，而两家行业龙头公司 A、B 的净资产收益率常年维持在 30% 左右，甚至更高（B 公司 2020 年该指标出现下降是因为受到公司当年上市募资的影响）。从 2021 年情况来看，上半年公司净资产收益率在 12% 左右，考虑到下半年的情况，该指标年底预计将在 20% 以下。2021 年公司净资产收益率表现不突出，有以下三个原因：

1）公司 2021 年上半年销售净利率不高，只有 20%，虽然较 2016—2019 年有较大进步，但和同行业优秀公司比较，这个指标水平是偏低的。

销售净利率指标反映了一家公司的盈利能力。该指标可以反映公司在毛利率管理、费用管控上的综合运营成效，并能反映公司经营管理是否有效率。同业优秀公司的销售净利率常年维持在 25% 以上，如 A 公司、B 公司，而在表现最好的 2020 年，公司销售净利率也没能达到 A、B 这两家公司的平均水平。同其他公司比较，2021 年上半年公司的销售净利率表现也很不好。

在这里做一个简单测算，看看销售净利率如何影响公司的净资产收益率。

假设年底公司的销售净利率可以维持在 20%（这是很乐观的估计，实际只会比 20% 更低），总资产周转率取行业最高值 0.75，权益乘数取中报数 1.2，则计算的净资产收益率为 18%（=20%×0.75×1.2）。假设公司可以通过优化管理效率提高盈利能力，下一年预计将销售净利率提升到 25%，则公司的净资产收益率将达到 22.5%（=25%×0.75×1.2），较当前的 18% 提升了 4.5 个百分点，而且 22.5% 是一个相对比较理想的水平。

所以，提升经营效率，提高盈利能力，改善销售净利率指标对公司至关重要。

2）公司的总资产周转率在行业中表现良好，这是因为公司一直保持轻资产运营，这一部分暂不需改善。

3）权益乘数。权益乘数的计算公式：权益乘数 =1/（1- 资产负债率），也就是说资产负债率越高，权益乘数就越大。公司的权益乘数一直是同业公司中最低的，公司一直低负债运营。

低负债运营虽然是较为保险、稳健的经营策略，但同样存在问题，即可能会让公司丧失市场机会，在激烈的市场竞争中失去先发优势，同时拉低公司的净资产收益率，不利于维护公司在资本市场上的形象。同理，我们再次通过简单的测算来说明权益乘数如何影响净资产收益率。

按照前面的算法，假设年底公司的销售净利率可以维持在 20%（这是很乐观的估计，实际只会比20%更低），总资产周转率取行业最高值0.75，权益乘数取中报数1.2，则计算的净资产收益率为18%（=20%×0.75×1.2）。假设公司可以通过优化资本结构，将权益乘数提升到1.5，略超过行业的平均水平，此时计算的净资产收益率为22.5%（=20%×0.75×1.5）。也就是说，公司通过优化资本结构，增加举债，将净资产收益率提升了4.5个百分点。

公司目前的权益乘数1.2对应的资产负债率为15%，而将权益乘数提高到1.5，对应的资产负债率为33%，这对一家公司来说仍然是非常合理、稳健的资产负债结构。行业标杆A公司2020年底的资产负债率为30.1%，因此公司和A公司水平相当。

提高权益乘数和资产负债率，除了可以优化资本结构，提高净资产收益率，还可以测算公司的举债情况。按照公司中报的财务结构，截至6月底公司总负债为3亿元，总资产为20亿元，如资产负债率提高到33%，那么公司可以增加举债约5亿元。设公司增加举债X亿元，$(3+X)/(20+X)=33\%$，求出$X≈5$亿元。

如果当前有好的市场机会，公司可以进行项目投资，或者收购另外一家公司。5亿元大概可以收购一家净利润为2 000万元的公司（按照25倍的市盈率估值）。如此一来，既扩大了公司规模，提高了公司盈利水平，优化了公司资本结构，还增加了利润和股东回报。反映到资本市场上，2 000万元的净利润带来8亿元（按40倍市盈率进行二级市场估值）的市场价值，这也进一步增加了企业价值和股东回报。

综上，如果公司能够同时提升经营效率，提高盈利水平，改善销售净利率指标，优化公司资本结构并提高投资并购战略水平，则公司的内部管理水平、外部企业价值都会得到很大提升。具体如何提升公司内部管理水平、外部企业价值，有如下几点建议和思考。

一、划分责任中心，在集团实施产品线、事业部核算制

公司当前的责任中心及考核模式太过集中，当前组织划分及考核模式

在公司规模小的时候，有利于发挥效率优势，但是随着公司的发展壮大，不利于公司提升效率、改善盈利和成本控制，对人才的成长和培养也产生了抑制作用。为此，需要进行组织架构的调整和变革，推行以产品线为核心、以区域为单元的事业部制，匹配产品线核算及事业部核算。

具体来说，在产品线上，根据产品线划分事业部单元，建立以产品线为投资中心、利润中心的组织和考核体系。各产品线负责人对本产品线的投资回报率（ROI）、内部报酬率（IRR）、投资回收期、收入、毛利、税前利润、现金流负责。

在区域上，建立以外销区域、内销区域为主体的利润中心，同时在外销区域、内销区域中设置相关的大区利润中心或收入中心、区域产品线利润中心。对内销、外销区域利润中心完善相应的考核体系，内销总经理、外销总经理对本利润中心的利润表财务指标（收入、毛利、分摊前净利润、税前利润）、资产负债表财务指标（可控的资产负债和现金流指标，如应收账款、回款等）负责。收入中心的大区总监只对收入、直接费用负责。

其他各职能部门划分成本中心、费用中心，各负责人只对成本或费用负责。

在财务核算上，我们需要匹配新的组织划分，进行事业部核算、区域核算，出具管理用事业部资产负债表、利润表，协同人力资源部分别对产品线、各区域进行综合业绩考核。财务要深度融入业务，实施财务BP，帮助业务单位改善业绩。

二、强化战略与预算职能

2016年，我曾向公司领导提出组建集团战略投资发展部的建议，战略投资发展部应该在公司经营分析、绩效考核、预算管理、年度计划与投资战略制订中发挥作用。当时虽未被采用，但公司于2020年成立了战略规划部。

战略规划部服务于公司战略，同时起到公司价值引领的作用。战略规划不仅服务于集团的产品线战略、事业部战略、责任中心战略、全面预算战略等,还服务于有利于公司企业价值提升的财务战略。

三、不应该只关注研发、销售,而忽视了公司的财务战略和价值引领

经过这么多年的发展和深耕市场,公司的产品实力、研发实力和市场能力还是被认可的,但公司在财务战略制订及实施上存在短板,可能管理层过于关注研发和销售,忽视了公司的财务战略。有以下几个具体表现:

1)前些年财务部对某些项目的实施、收购提出了专业意见,但是财务部的意见被管理层否定了,理由是财务部不懂产品和市场。从这些投资项目或产品的最终结果来看,公司很多项目并未取得预期的成功,并且直接导致公司前些年的财务指标不理想。

2)公司管理层制定了未来数年清晰的收入战略,但是没有在公开场合公布公司的利润战略。一个公司的利润是比收入更可靠、更能衡量股东回报的指标,因此大家过于关注收入增长,不太关注利润的情况,会造成公司毛利率下滑、利润率不高。公司既要坚持发展战略,也要制订匹配的利润战略,利润、利润率才是一个公司最终经营成果和效能的综合体现。只有收入,没有利润的增长是无效的增长,不利于公司实施差异化战略。

3)公司关注研发能力、销售能力是有利的。只有基于这两种能力,公司才能加大内部研发投入、增加外部并购。但公司的产品品类众多,部分产品研发周期较长,没有对产品的投入、产出进行专业细致的分析,如研发形成的产品是赚钱还是亏钱的?产品对市场是有价值的还是无价值的?产品市场价值和财务价值是否匹配?公司陆续做了一些并购,但整体来说规模不大,延续了以服务于公司的研发能力、销售能力为主的并购策略。如前所述,公司在进行投资并购时,也要考虑资本结构和财务战略,管理层应该在提升企业价值上发挥引领作用,把公司做大、做强。

以上是财务部对公司财务价值管理、提升集团经营管理效率的一些建议。

PART 3

第三篇

经营分析
与
决策支持

第 5 章

投资项目分析

情景
现场

在不断的学习和工作实践中,李茜已经逐渐掌握了财务报表分析的方法和技巧,并能从财务的角度提出高质量的财务建议,财务总监向总对李茜的工作能力也更加认可,准备重点培养她。目前正好有一个非常棘手的项目需要财务部门的参与,向总想借此机会进一步考察李茜。公司将产品划分成了不同的产品线。公司非常重视研发投入,历年来研发费用率均在 10% 以上,高强度的研发投入让公司的产品拥有不错的品质和市场口碑。由于产品品质好,有的产品在客户手里已经使用了超过十年且依旧完好。但公司面临的问题也同样突出,公司的产品和市场存在一定程度的脱节,部分产品由于研发投入大、研发周期长,存在跟不上市场变化、缺乏竞争力的现象。由此可见,并不是所有的产品都是高投入高回报,有一些产品投入了很多资金却迟迟没有带来预期收益,反而会给公司的财务业绩带来压力。

为了解决这个问题，公司前几年效仿标杆公司华为建立了以总裁、研发副总监、营销副总监、财务总监等为决策层的 IPMT（集成组合管理团队）。该组织负责把握产品的战略方向，对各产品线的运作进行指导，推动各产品线研发、销售、市场、客服、供应链等部门的协作配合，对新产品投资进行决策。

另外，公司在 IPMT 下面还成立了 PMT（产品线管理团队），具体负责产品线的运营、研发、市场、销售、财务等规划，制定新产品研发及投资策略。PMT 的投资策略及规划报经 IPMT 决策和最终批准。PMT 主要由研发总监、市场总监／经理、营销总监、供应链总监等核心成员组成。

公司研发项目实施 IPD（集成产品开发）管理。IPD 产品开发流程被划分为概念、计划、开发、验证、发布、生命周期六个阶段，如图 5-1 所示，并定义决策评审点。

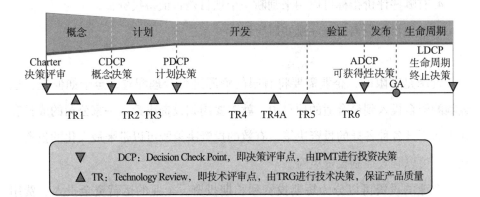

图 5-1　IPD 产品开发流程
注：该图片来自《华为 IPD 全流程管理》。

公司前期的评审主要是技术和市场评审，很少评审产品的盈利等财务指标，这也是公司的研发项目管理没有达到预期效果的原因。IPD、PMT、IPMT 运作几乎不关注财务信息，甚至在 PMT、IPD 中连财务人员都没有配置，这样最直接的结果就是公司的部分研发项目迟迟不能盈利，进而削弱了公司的盈利能力，导致公司股价低迷。

为了解决产品线的运营问题，公司总裁提出 PMT、IPD 管理团队中必须配置财务人员，同时进行必要的投入产出分析，从投资的角度对新研发项目进行投资可行性分析。

这个时候，向总首先想到了李茜。于是他给李茜安排了一个任务，要求李茜了解产品线的需求和管理层的要求，制定新产品开发项目的分析模板并对新产品开发项目的投资可行性进行具体分析，同时提供财务建议。

思考：

1. 财务如何参与新产品投资决策？
2. 如何对新产品研发项目的经济效益进行评估并决策？
3. 新项目投资分析的步骤有哪些？
4. 有哪些评价指标可以用来判断一个项目是否值得投资？
5. 新项目投资需要关注哪些风险？

资源是有限的，企业需要将有限的资源进行合理配置，至于如何把合适金额的资金投入到最合适的项目中，就需要用到投资决策。一家公司的成长和壮大离不开各种各样的投资决策，有效的投资决策既可以带来最大化的投资收益，又可以有效控制投资风险。

企业的投资可以分为短期投资和长期投资。企业的运营资金投入、费用投入、人员薪资投入属于短期投资。长期投资通常指资本投资，包括新购入或重置设备投资、土地和建筑物投资、新产品研发投资。

以新产品研发投资为例。研发费用在科技型公司的成本费用中占比通常较高，普遍能达到营业收入 10% 以上。由于新产品投资规模大、周期长，而且其未来市场往往不可预知，大规模投资意味着公司需要把大量的资金投入到新产品研发中，而公司的资金又是有限的，因此如何把有效的资源配置到最有利于提升公司核心竞争力、最有利于扩大公司规模的产品中，就需要公司管理层认真思考。新产品周期长意味着公司需要持续不断地进行投入，既需要在研发期投入，还需要在维护期投入，公司需要做好全过程投资预算和管理。投资周期长同时还意味着产品有研发失败的风险，或者产品有过时风险，这就需要公司在新产品立项前进行相应的技术评估，确保公司的技术能力可以完成对新产品的开发。同时为确保新产品具有技术先进性，企业还需要进行市场评估，确保新产品研发出来后仍然具备广阔的市场前景或者具有对现有产品的补充性。因此，新产品投资的风险是比较高的，这个风险甚至超过了直接进行公司或者技术收购。这就要求公司对研发项目进行良好的管控，这个管控不仅仅包括研发项目立项后的研发周期控制，还包括立项前的评估控制。

每一款新产品的开发都要经历概念、计划、开发、验证、试产、发布、量产和生命周期维护等阶段，每个阶段都需要不同的人员参与。研发、法规、制造、市场、财务等部门人员都是新产品开发不可或缺的一部分。

以计划阶段为例，项目经理需要进行项目计划和申请，研发部门分解项目需求，法规部门制订产品注册计划，采购部门制订合格供应商及合格物料的甄选计划，制造部门制订产品制造计划，市场部门根据市场需求制订销售预测和市场计划。

因为研发投入在科技型公司中占有重要的地位，财务部门自然不能游离于新产品开发流程之外，而是必须，也很有必要在其中发挥核心作用。公司财务部通常会设置专门的研发会计岗位进行研发项目的核算和管理，有的公司还会设置专门的财务BP岗位（研发方向）进行研发项目全过程管理。财务BP工作内容包括研发项目预算编制、研发项目投入产出评估、研发项目管理分析、研发费用核算、研发费用加计扣除等。

投资预算是公司投入产出分析的基础，也是公司投资决策的起点。投入产出分析和投资决策应该基于合理的投资预算。在实际工作中，为了让拟投资项目顺利通过投资委员会的审查，研发、供应链、市场销售人员往往会夸大其技术水平、议价能力、销售量，进而顺利通过项目评审。这个时候，财务人员可以结合历史数据和公司同类产品的研发销售情况对业务单位提供的数据进行审查，给出公正客观的评估意见，通过科学合理的财务评估模型进行投入产出分析，因此财务人员的参与显得尤为重要。

从财务人员参与新产品开发的流程节点和组织职责来说，其核心作用主要体现在如下方面：

1）对产品成本进行分析评估，制定各阶段成本目标。

2）通过建立投入产出模型，对新产品投资的效益进行评估分析，产出财务可行性分析报告。

3）进行产品生命周期管理，对已上市产品进行盈利能力测算和费用管控，以确保达成目标。

4）在产品生命周期终止阶段提供财务评估分析支持。

财务人员以上四个方面的核心作用可以进一步分解和细化如下（以"华润三九医药股份有限公司"研发财务的岗位职责为例）：

1）研发业务管理会计体系建设与优化：围绕研发活动，深化研发项目全流程财务管理，组织搭建完整的财务管理框架，实现整体价值创造；建立与新业务和管理模式相匹配的财务管理制度与流程，支持项目运营和管理。

研发财务要有必要的流程支持，以支持业务模式。

2）立项经济效益分析：优化和完善经济效益分析流程与模型，提升经济效益分析质量和效率；逐步建立经济效益分析财务评价标准与体系，支撑项目立项决策。

研发财务要参与立项经济效益分析。

具体来说，评估立项项目经济效益情况，协同生产、营销模块支持项目立项决策。收集和分析研发投入数据，为立项测算提供参考依据。

3）研发资源配置管理与分析：统筹整体的研发资源配置管理，开展研发投入中长期预测，为中长期战略决策提供支持；统筹开展公司各创新组织研发资源投入与项目分析，丰富现有管理分析报告体系。

研发财务要参与研发资源配置，即研发预算。

具体来说，统筹研发年度预算编制，组织事业部、研发单元等完成研发预算编制；对比历史数据与项目里程碑安排，保证项目在立项计划内执行，识别项目开展风险；出具研发投入管理分析报告，对项目的执行情况进行分析，并提供财务管理建议。

4）研发项目执行与风险管理：建立、完善研发项目执行管理体系，及时、全面控制风险；参与重大项目招投标、合同审核，对医药研发外包业务进行财务管理。

研发财务要参与重大项目招投标、合同审核。

具体来说，日常跟进研发项目实际执行进度，对比项目里程碑计划和合同支付节点，对存在重大差异的项目及时预警，推动业务立项变更决策和审批流程及时完成；参与研发项目公开评标、梳理分析招标文件条款合理性，优化研发项目招标采购流程；参与审核研发合同商务条款，规范业务合同商务内容，识别合同执行中财务风险，提供财务建议方案。

当然，还要有研发项目的回顾及预测工作，分析项目目标与执行、预测情况的偏差，提供财务分析和规划建议。

研发财务岗位在大型企业集团的成功经验都说明，财务需要参与到新产品研发投资项目的不同流程阶段中，每个流程阶段又有不同的工作要求和任务安排。当然，财务只要在关键流程节点发挥出其优势和作用即可，并不需要在所有的流程中都发挥核心作用。例如当新产品进入开发阶段之后，主要工作就会转移到研发人员身上，财务在这个阶段做好成本和费用监管即可。

5.1 资本投资预算编制与产品目标成本

5.1.1 资本投资预算编制方法

我们一起通过新大地生物公司的案例来说明资本投资预算编制的方法和重点。

■ 案例 5-1

新设备投资分析案例

由于近年来某血液产品的市场销量持续向好,新大地生物公司决定投资一台新设备用于提升该血液产品产能,其各期的数据资料如下:

新设备的成本为 100 万元,设备运输及安装费用为 10 万元,设备使用 4 年后的残值为 10 万元,预计该设备不需要额外的营运资本,也不存在机会成本,该公司的所得税税率为 25%。预估该设备未来营业利润(未扣除折旧费用和所得税费用)情况见表 5-1:

表 5-1 新大地生物公司新设备未来营业利润预估 (单位:元)

第 1 年	第 2 年	第 3 年	第 4 年
500 000.00	600 000.00	700 000.00	400 000.00

试分析新大地生物公司各期现金流。

对未来现金流的估计是资本投资预算编制中最重要的工作。资本投资预算项目的现金流可以分为初始期现金流、运营期现金流、处置期现金流。

初始期现金流包括初始现金投资、营运资本、替换资产的现金流。

运营期现金流包括运营支出、运营期额外净营运资本、追加投资现金流出、投资现金流入。

处置期现金流包括与投资处置相关的现金流、最后一年处置期净营运资本现金流入。

首先我们来分别计算一下新大地生物公司初始期、运营期、处置期的现金流情况，见表 5-2、表 5-3、表 5-4。

表 5-2　新大地生物公司新设备初始期现金流　　　　　　（单位：元）

项目	初始期现金流
新资产的成本	−1 000 000.00
运输和安装费	−100 000.00
合计	−1 100 000.00

表 5-3　新大地生物公司新设备运营期现金流　　　　　　（单位：元）

项目	第 1 年	第 2 年	第 3 年	第 4 年
营业利润（未扣除折旧费用）	500 000.00	600 000.00	700 000.00	400 000.00
折旧费用	−225 000.00	−225 000.00	−225 000.00	−225 000.00
税前利润	275 000.00	375 000.00	475 000.00	175 000.00
所得税费用	−68 750.00	−93 750.00	−118 750.00	−43 750.00
税后利润	206 250.00	281 250.00	356 250.00	131 250.00
折旧费用	225 000.00	225 000.00	225 000.00	225 000.00
合计	431 250.00	506 250.00	581 250.00	356 250.00

表 5-4　新大地生物公司新设备处置期现金流　　　　　　（单位：元）

项目	第 1 年	第 2 年	第 3 年	第 4 年
出售或处置资产的残值				100 000.00
出售或处置资产的纳税效应				−25 000.00
合计				75 000.00

其次，我们再来计算新大地生物公司新设备现金净流量情况，见表 5-5。

表 5-5 新大地生物公司新设备第 0 年至第 4 年现金净流量 （单位：元）

项目	第 0 年（初始期）	第 1 年	第 2 年	第 3 年	第 4 年
现金净流量	−1 100 000.00	431 250.00	506 250.00	581 250.00	431 250.00

到这里，我们已经知道从初始期到处置期各个阶段的现金流情况，接下来我们就可以运用资本投资项目的分析方法做进一步分析和审查。

总结一下，资本投资项目各期的现金流计算公式如下，大家可以和上面的案例进行对照：

初始期现金流 = − 新资产的成本 − 额外的资本性支出 ±

　　　　　净营运资本（非现金流项目的流动资产和流动负债）

　　　　　的增加或减少 +

　　　　　旧资产出售收入（若为重置性项目）±

　　　　　旧资产出售纳税效应（重置性项目）

运营期现金流 = ± 营业利润净增加或减少 ±

　　　　　营业费用（折旧除外）的净增加或减少 ±

　　　　　可税前扣除折旧费的净增加或净减少 ±

　　　　　税金变动 ∓ 可税前扣除折旧费的净增加或净减少

处置期现金流 = 处置资产残值 ±

　　　　　由于出售或处置资产而产生的净纳税效应

　　　　　（增加或节约税金）±

　　　　　重新收回后，净营运资本水平的增加或减少

投资项目现金流估计和预算可以为投资项目的分析和评估提供基础财务数据，是我们运用净现值法、内含报酬率等指标对投资项目进行评估的前提。可以说，投资项目现金流预估得是否准确会直接影响接下来的分析和评估工作。因此，财务部不能只进行简单的数据搜集，而应该打通前端的数据链条，对市场部和销售部提供的价格、销售额数据，对研发部提供的研发数据、工时数据，对供应链提供的 BOM（材料表）成本数据进行必要的验证。只有各个部门均提供了相对可靠的数据，财务部的投资项目分析才能有可靠性保障；如果缺乏必要的数据验证，销售部往往会夸大销量，研发部往往会少预算研发费用，从而导致基础数据失真和投资项目分析模型失效。

编制完资本投资预算之后，我们接下来就要进行现金流折现分析，并运用几种不同的分析与评价方法来判断投资项目的可行性。

5.1.2 产品目标成本设定与差异分析

新产品投资概念计划阶段的另一项重要工作是对产品目标成本进行设定，并在产品开发的不同阶段将实际成本与目标成本进行比较，提出优化措施和财务建议。财务部在此阶段的工作是协助项目经理进行研发费用、经营期费用以及预期产品单位目标成本的预算和计算。

研发费用包括开发期研发费用和经营期研发费用，应当根据研发费用的类别分别进行预算，如人工费、材料费、专利费、差旅费、注册费等。

经营期费用包括经营期发生的销售费用、管理费用、制造费用。

预期产品单位目标成本需要根据研发产品的不同型号进行预算，包括对物料成本、人工成本、制造费用进行的预算，并设定相应的目标成本。为了保证预算的准确性，我们需要根据产品 BOM 物料清单中的具体物料进行物料成本预算。预期产品单位目标成本预算完成后我们需将其与公司同类产品成本进行比较分析，另外还需与市场上同类产品的成本进行比较分析，以观察公司的预期产品单位目标成本是否具有竞争力。

进入产品开发阶段之后，在产品开发的验证机、原型机、定型（也叫 TR0、TR1……）阶段，财务部需要协同项目经理对研发费用各个阶段的实际支出与预算进行比较，分析研发费用预算的达成情况；同时需要就研发产品各阶段的实际单位成本与预期产品单位目标成本进行比较分析，从物料成本、人工成本、制造费用方面对比分析，从而发现预算执行问题、物料降本优化措施并提出整改措施和财务建议。

5.2 投资项目分析与评价方法

净现值法、内含报酬率法是两种最常见的对投资项目可行性进行分析和评价的方法。此外静态投资回收期、折现投资回收期是两种比较常用的辅助评价方法。投资项目分析和评价方法可以用于分析和评价投资项目是否具备投资价值，或者从几种备选的投资项目中挑选出最优项目。

5.2.1 净现值法

净现值（NPV）是项目未来现金流的现值与初始投资的差额，用公式表示：

$$NPV = 未来现金流的现值 - 初始投资额$$

■ 案例 5-2

运用净现值法、IRR、回收期法对某企业
投资项目进行分析评估（1）

仍然以新大地生物公司的新设备为例，假设公司要求的必要报酬率（最低报酬率或资本成本）为10%，用净现值法进行投资项目评估。新大地生物公司新设备第 1 年至第 4 年净现值计算表见表 5-6。

表 5-6　新大地生物公司新设备第 1 年至第 4 年净现值计算表　　（单位：元）

年数	现金流	折现系数（P/F, 10%, n）	现值
1	431 250.00	0.909	392 006.25
2	506 250.00	0.826	418 162.50
3	581 250.00	0.751	436 518.75
4	431 250.00	0.683	294 543.75
未来现金流入的现值			1 541 231.25
减去：初始投资额			-1 100 000.00
净现值			441 231.25

注：利率为 10% 的折现系数可以通过"复利现值系数表"（见表 5-7）进行查询。

表 5-7　复利现值系数表（部分）

n	1%	2%	3%	4%	5%	6%	7%
1	0.990	0.980	0.971	0.962	0.952	0.943	0.935
2	0.980	0.961	0.943	0.925	0.907	0.890	0.873
3	0.971	0.942	0.915	0.889	0.864	0.840	0.816
4	0.961	0.924	0.889	0.855	0.823	0.792	0.763
5	0.952	0.906	0.863	0.822	0.784	0.747	0.713
6	0.942	0.888	0.838	0.790	0.746	0.705	0.666
7	0.933	0.871	0.813	0.760	0.711	0.665	0.623
8	0.924	0.854	0.789	0.731	0.677	0.627	0.582
9	0.914	0.837	0.766	0.703	0.645	0.592	0.544
10	0.905	0.820	0.744	0.676	0.614	0.558	0.508
n	8%	9%	10%	11%	12%	13%	14%
1	0.926	0.917	0.909	0.901	0.893	0.885	0.877
2	0.857	0.842	0.826	0.812	0.797	0.783	0.770
3	0.794	0.772	0.751	0.731	0.712	0.693	0.675
4	0.735	0.708	0.683	0.659	0.636	0.613	0.592

（续）

n	8%	9%	10%	11%	12%	13%	14%
5	0.681	0.650	0.621	0.594	0.567	0.543	0.519
6	0.630	0.596	0.565	0.535	0.507	0.480	0.456
7	0.584	0.547	0.513	0.482	0.452	0.425	0.400
8	0.540	0.502	0.467	0.434	0.404	0.376	0.351
9	0.500	0.460	0.424	0.391	0.361	0.333	0.308
10	0.463	0.422	0.386	0.352	0.322	0.295	0.270

计算净现值时，我们要按预定的折现率对投资项目的未来现金流进行折现，预定折现率是投资者所期望的最低投资报酬率。

净现值为正，方案可行，说明方案的实际投资报酬率高于企业所要求的报酬率；净现值为负，方案不可行，说明方案的实际投资报酬率低于企业所要求的报酬率。但需要注意的是，净现值为正并不表示该方案就是最优的，只是表示该方案的报酬率高于企业要求的报酬率，但企业可能还会有更好的投资项目。

净现值为零说明方案的投资报酬率刚好达到企业所要求的投资报酬率，即投资报酬率等于必要报酬率。所以，净现值的实质是投资方案报酬率超过基本报酬率后的剩余收益。

在上述案例中，我们计算该投资项目的净现值为441 231.25大于0，说明该投资项目可行，企业按照10%的必要报酬率投资后将产生441 231.25元的剩余收益。

运用净现值法进行投资项目评估具有显著的优点，其考虑了资金的时间价值，即对未来现金流进行了折现；考虑了项目所有期间的现金流以及初始投资额；净现值法可以将单个项目的净现值相加从而得出投资组合的净现值；可以反映剩余收益情况。但净现值法计算较为复杂，测算结果受折现率的影响比较大,如果使用了不当的折现率可能导致结果失真,从而导致错误的决策;另外由于用到了大量预算和预测数据,净现金流的测量较为困难并且可能失准,这就要求企业保证数据质量。

5.2.2 内含报酬率法

内含报酬率(IRR)也叫内部收益率,是使项目未来现金净流入的现值等于初始投资额的折现率,即内含报酬率是使净现值为零的折现率。内含报酬率的意义在于,当一个投资项目的内含报酬率超过我们所要求的基准报酬率时,说明该投资项目可行;当一个投资项目的内含报酬率小于我们所要求的基准报酬率时,说明这个投资项目不可行。

内含报酬率的计算过程较为复杂,需要使用插值法,下面举例说明:

■ 案例 5-3

运用净现值法、IRR、回收期法对某企业投资项目进行分析评估(2)

某投资项目初始投资额为 1 000 万元,必要报酬率为 10%,5 年内每年的现金净流入均为 300 万元,请计算该项目的内含报酬率。

首先我们来估算内含报酬率 ≈1 000 /300≈3.33。

然后我们通过查找年金现值系数表(见表 5-8),找出 5 年期年金现值系数最接近 3.33 的利率为 15%,其系数为 3.352,也就是说该项目的收益率非常接近 15%。因此,该项目内含报酬率估计值为 15%。

表 5-8 年金现值系数表(部分)

n	1%	2%	3%	4%	5%	6%	8%
1	0.990	0.980	0.970	0.961	0.952	0.943	0.925
2	1.970	1.941	1.913	1.886	1.859	1.833	1.783
3	2.940	2.883	2.828	2.775	2.723	2.673	2.577

（续）

n	1%	2%	3%	4%	5%	6%	8%
4	3.901	3.807	3.717	3.629	3.545	3.465	3.312
5	4.853	4.713	4.579	4.451	4.329	4.212	3.992
6	5.795	5.601	5.417	5.242	5.075	4.917	4.622
7	6.728	6.471	6.230	6.002	5.786	5.582	5.206
8	7.651	7.325	7.019	6.732	6.463	6.209	5.746
9	8.566	8.162	7.786	7.435	7.107	6.801	6.246
10	9.471	8.982	8.530	8.110	7.721	7.360	6.710
n	10%	12%	14%	15%	16%	18%	20%
1	0.909	0.892	0.877	0.869	0.862	0.847	0.833
2	1.735	1.690	1.646	1.625	1.605	1.565	1.527
3	2.486	2.401	2.321	2.283	2.245	2.174	2.106
4	3.169	3.037	2.913	2.854	2.798	2.690	2.588
5	3.790	3.604	3.433	3.352	3.274	3.127	2.990
6	4.355	4.111	3.888	3.784	3.684	3.497	3.325
7	4.868	4.563	4.288	4.160	4.038	3.811	3.604
8	5.334	4.967	4.638	4.487	4.343	4.077	3.837
9	5.759	5.328	4.946	4.771	4.606	4.303	4.030
10	6.144	5.650	5.216	5.018	4.833	4.494	4.192

最后将内含报酬率估计值15%与必要报酬率10%进行比较，15%大于10%，说明项目是可行的。

以上适用于每年的现金净流量都是均匀的情形（本质上是一种年金，可以参考"年金现值系数表"），计算相对简单。如果每年的现金净流量不是均匀的，则需要用到更加复杂的插值法，这个时候不可以使用"年金现值系数表"，而应该使用"复利现值系数表"。

■ 案例 5-4

运用净现值法、IRR、回收期法对某企业投资项目进行分析评估（3）

我们继续使用上一节的案例来说明对于不均匀的现金净流量应该如何计算 IRR。新大地生物公司新设备第 0 年至第 4 年的现金净流量见表 5-9。

表 5-9　新大地生物公司新设备第 0 年至第 4 年现金净流量 （单位：元）

项目	第 0 年（初始期）	第 1 年	第 2 年	第 3 年	第 4 年
现金净流量	−1 100 000.00	431 250.00	506 250.00	581 250.00	431 250.00

查阅复利现值系数表，见表 5-10：

表 5-10　复利现值系数表（部分）

n	10%	20%	25%	26%	27%	28%	29%	30%
1	0.909	0.833	0.800	0.794	0.787	0.781	0.775	0.769
2	0.826	0.694	0.640	0.630	0.620	0.610	0.601	0.592
3	0.751	0.579	0.512	0.500	0.488	0.477	0.466	0.455
4	0.683	0.482	0.410	0.397	0.384	0.373	0.361	0.350
5	0.621	0.402	0.328	0.315	0.303	0.291	0.280	0.269
6	0.565	0.335	0.262	0.250	0.238	0.227	0.217	0.207
7	0.513	0.279	0.210	0.198	0.188	0.178	0.168	0.159
8	0.467	0.233	0.168	0.157	0.148	0.139	0.130	0.123
9	0.424	0.194	0.134	0.125	0.116	0.108	0.101	0.094
10	0.386	0.162	0.107	0.099	0.092	0.085	0.078	0.073

当折现率是 10% 时，净现值计算结果见表 5-11：

表 5-11　新大地生物公司新设备第 1 年至第 4 年净现值计算表（1） （单位：元）

年数	现金流	折现系数（P/F, 10%, n）	现值
1	431 250.00	0.909	392 006.25

（续）

年数	现金流	折现系数（P/F, 10%, n）	现值
2	506 250.00	0.826	418 162.50
3	581 250.00	0.751	436 518.75
4	431 250.00	0.683	294 543.75
未来现金流量现值			1 541 231.25
减去：初始投资额			-1 100 000.00
净现值			441 231.25

NPV>0，说明该项目的 IRR 大于 10%，所以应该用更高的报酬率计算。我们使用 20% 的折现率的计算结果见表 5-12：

表 5-12　新大地生物公司新设备第 1 年至第 4 年净现值计算表（2）（单位：元）

年数	现金流	折现系数（P/F, 20%, n）	现值
1	431 250.00	0.833	359 360.63
2	506 250.00	0.694	351 540.00
3	581 250.00	0.579	336 369.38
4	431 250.00	0.482	207 991.88
未来现金流量现值			1 255 261.88
减去：初始投资额			-1 100 000.00
净现值			155 261.88

NPV>0，说明该项目的 IRR 大于 20%，接下来我们使用 27% 的折现率的计算结果见表 5-13：

表 5-13　新大地生物公司新设备第 1 年至第 4 年净现值计算表（3）（单位：元）

年数	现金流	折现系数（P/F, 27%, n）	现值
1	431 250.00	0.787	339 566.25

（续）

年数	现金流	折现系数（P/F, 27%, n）	现值
2	506 250.00	0.620	313 875.00
3	581 250.00	0.488	283 766.25
4	431 250.00	0.384	165 772.50
未来现金流量现值			1 102 980.00
减去：初始投资额			−1 100 000.00
净现值			2 980.00

NPV 为 2 980，接近于 0，说明该项目的 IRR 非常接近于 27%，我们接下来使用 28% 的折现率的计算结果见表 5-14：

表 5-14　新大地生物公司新设备第 1 年至第 4 年净现值计算表（4）（单位：元）

年数	现金流	折现系数（P/F, 28%, n）	现值
1	431 250.00	0.781	336 935.63
2	506 250.00	0.610	309 015.00
3	581 250.00	0.477	277 140.00
4	431 250.00	0.373	160 640.63
未来现金流量现值			1 083 731.25
减去：初始投资额			−1 100 000.00
净现值			−16 268.75

NPV 小于 0，由于折现率为 27% 时 NPV 大于 0，因此该项目的内含报酬率 IRR 介于 27% 与 28% 之间。项目内含报酬率大于公司要求的必要报酬率 10%，说明这个项目可以接受。但如果公司要求的必要报酬率为 30%，则这个项目不可以接受。

运用内含报酬率法对投资项目进行评估和分析同时考虑了资金的时间价值、初始投资额及所有期间的现金流情况，以报酬率为评估指标易于被管理层理解，便于与管理层的预期报酬率或公司的资金成本率进行比较，从而判断项目是否可以接受。但对于多个项目组成的项目组，每个项目的 NPV 可以直接相加得出项目组的 NPV，IRR 则不能直接相加，因此无法评价项目组的内含报酬率。

通常来说，如果一个项目的 IRR 比较高，应该进一步考察该项目的现金流是否真的可以实现。

除了初始投资额外，如果项目在运营期或处置期出现任意一笔负数现金流，运用内含报酬率法就会产生多个不合理的计算结果，这时候只能使用净现值法进行评估。

5.2.3 静态投资回收期法

静态投资回收期是收回项目初始投资额所需的时间。静态投资回收期法没有考虑货币的时间价值，不需要对现金流进行折现。例如，一个项目初始投资额为 100 万元，从第 1 年起每年产生 30 万元的现金净流量，则该项目的静态投资回收期为 3.33（=100÷30）年。

■ 案例 5-5

运用净现值法、IRR、回收期法对某企业投资项目进行分析评估（4）

我们继续使用新大地生物公司新设备的案例来说明静态回收期法的运用，新大地生物公司新设备第 0 年至第 4 年现金净流量见表 5-15。

表 5-15　新大地生物公司新设备第 0 年至第 4 年现金净流量　　（单位：元）

项目	第 0 年（初始期）	第 1 年	第 2 年	第 3 年	第 4 年
现金净流量	−1 100 000.00	431 250.00	506 250.00	581 250.00	431 250.00

该项目投产后前两年的累计现金净流入为 937 500.00（=431 250.00+506 250.00）元，则：

投产后前两年累计现金净流量 = –1 100 000.00+937 500.00
$$= -162\ 500.00（元）$$

也就是说，第 2 年末公司尚有 162 500.00 元初始投资尚未收回，需要在第 3 年收回。

经计算，累计现金净流量出现正值的年份现金净流量为 581 250.00，则：

静态投资回收期 = 累计现金净流量开始出现正值的年份数 –1+
出现正值年份的上一年累计现金净流量的绝对值 /
出现正值的年份的现金净流量
$$= 3–1+162\ 500.00 \div 581\ 250.00$$
$$= 2.28（年）$$

因此，该投资项目的静态投资回收期为 2.28 年。

静态投资回收期法的优点是计算简单、易于理解，缺点是没有考虑资金的时间价值，其只是现金流量的简单加总；只考虑了投资回收期之前的现金流量对投资收益的贡献，没有考虑投资回收期之后的现金流量；没有考虑项目的盈利性，可能会促使公司接受短期项目；静态投资回收期的标准期（预期回收年限）的确定存在很强的主观性。

运用静态投资回收期法对投资项目进行评估和分析，需要将计算结果和预期回收年限进行比较。如果公司对项目的投资回收期要求是不超过 3 年，此案例计算出的回收期为 2.28 年，所以可以接受该项目；但如果公司对项目的投资回收期要求是不超过 2 年，则该项目不可行，应该被拒绝。

由于有的公司管理层对财务缺乏深刻认识，只是习惯于通过计算回收期来衡量投资项目是否达到心理预期，因此财务人员应该告知管理层静态投资回收期法的局限性,即仅通过静态投资回收期法考察项目是不够科学和严谨的,需要将其和其他投资项目评价方法结合使用。

5.2.4 折现投资回收期法

折现投资回收期也叫动态投资回收期,是通过对每年的现金流量折现,使得累计未来现金净流量现值等于初始投资额的时间。折现投资回收期与静态投资回收期的不同之处在于前者考虑了资金的时间价值。企业净现金流入的现值通过预期回报率进行估算。

■ 案例 5-6

运用净现值法、IRR、回收期法对某企业投资项目进行分析评估(5)

我们继续使用新大地生物公司新设备的案例来说明折现投资回收期法的运用,见表 5-16。

表 5-16 新大地生物公司新设备第 1 年至第 4 年净现值计算表　(单位:元)

年数	现金流	折现系数(P/F, 10%, n)	现值
1	431 250.00	0.909	392 006.25
2	506 250.00	0.826	418 162.50
3	581 250.00	0.751	436 518.75
4	431 250.00	0.683	294 543.75

项目的初始投资额为 110 万元,投产后第 1 年、第 2 年现金净流量的现值分别为 392 006.25 元、418 162.50 元,因此,在第 3 年,累计现金净流量现值才能等于初始投资额。

折现投资回收期 = 2 + (1 100 000.00 - 392 006.25 - 418 162.50)/436 518.75
　　　　　　　 = 2.66(年)

因此，该投资项目的折现投资回收期为 2.66 年，即考虑资金时间价值时的回收期超过了静态投资回收期。

虽然与静态投资回收期相比，折现投资回收期考虑了资金的时间价值，但它也有很大局限性，即折现投资回收期较短的项目也不一定是最优项目。因此，该评价方法也需要和其他投资项目评价方法结合使用。

5.3 敏感性分析

投资项目初始期、运营期、处置期的现金流量计算需要运用大量的财务预估，但对现金流的预估不一定是准确的，原因是市场环境瞬息万变，产品的销量具有相当大的不确定性，售价、费用投入、人工投入、设备投入等也都是动态变化的。为了使投资项目评价和分析的技术可靠，我们需要用敏感性分析进行投资风险的控制。

敏感性分析是评估投资项目不确定性常用的方法之一。它是指从多个不确定性因素中找出对投资项目经济效益指标有重要影响的敏感性因素，并分析、测算其对项目经济效益指标的影响程度和敏感性程度，进而判断项目承受风险能力的一种分析方法。

在对投资项目进行敏感性分析时，需要从投资项目现金净流量、折现率两个维度进行分析。

考虑以下情形，如果新大地生物公司新设备折现率由 10% 下降到 8% 或上升到 12%，净现值将如何变化呢？不同折现率下的净现值敏感性分析见表 5-17、表 5-18 与表 5-19。

表 5-17　折现率为 10% 时的净现值计算表　　　　　　　　（单位：元）

年数	现金流	折现系数（P/F, 10%, n）	现值
1	431 250.00	0.909	392 006.25
2	506 250.00	0.826	418 162.50
3	581 250.00	0.751	436 518.75
4	431 250.00	0.683	294 543.75
未来现金流量现值			1 541 231.25
减去：初始投资额			−1 100 000.00
净现值			441 231.25

表 5-18　折现率为 8% 时的净现值计算表　　　　　　　　（单位：元）

年数	现金流	折现系数（P/F, 8%, n）	现值
1	431 250.00	0.926	399 294.38
2	506 250.00	0.857	434 008.13
3	581 250.00	0.794	461 396.25
4	431 250.00	0.735	316 968.75
未来现金流量现值			1 611 667.50
减去：初始投资额			−1 100 000.00
净现值			511 667.50

表 5-19　折现率为 12% 时的净现值计算表　　　　　　　　（单位：元）

年数	现金流	折现系数（P/F, 12%, n）	现值
1	431 250.00	0.893	385 063.13
2	506 250.00	0.797	403 582.50
3	581 250.00	0.712	413 733.75
4	431 250.00	0.636	274 059.38
未来现金流量现值			1 476 438.75
减去：初始投资额			−1 100 000.00
净现值			376 438.75

也就是说，当使用不同的折现率时，净现值也随之变化。当折现率由 10% 下降到 8% 时，净现值由 441 231.25 元提高到 511 667.50 元，提高了 15.96%；当折现率由 10% 提高到 12% 时，净现值由 441 231.25 元下降到 376 438.75 元，下降了 14.68%。

通过分析和测试净现值对折现率的敏感性，一方面可以反映使用不同折现率，净现值的增减变动情况，帮助我们判断折现率发生变化后的项目是否仍然具有投资价值；另一方面，如果此时还有另外一个投资项目（B 项目），该项目的折现率也由 10% 提高到 12%，但净现值只下降了 10%，这说明 B 项目净现值对折现率的变化相对不太敏感。因此，当折现率发生变化时，B 项目的风险相对小一些。

我们再看看现金流的变化对净现值会造成何种影响。假设新大地生物公司新设备第 1 年至第 4 年每年的现金流分别增加 10% 和减少 10% 两种情形。现金流变动时的净现值敏感性分析见表 5-20 与表 5-21。

表 5-20　现金流增加 10% 的净现值计算表　　　　　　（单位：元）

年数	现金流	折现系数（P/F, 10%, n）	现值
1	474 375.00	0.909	431 206.88
2	556 875.00	0.826	459 978.75
3	639 375.00	0.751	480 170.63
4	474 375.00	0.683	323 998.13
未来现金流量现值			1 695 354.38
减去：初始投资额			−1 100 000.00
净现值			595 354.38

表 5-21　现金流减少 10% 的净现值计算表　　　　　　（单位：元）

年数	现金流	折现系数（P/F, 10%, n）	现值
1	388 125.00	0.909	352 805.63

（续）

年数	现金流	折现系数（P/F, 10%, n）	现值
2	455 625.00	0.826	376 346.25
3	523 125.00	0.751	392 866.88
4	388 125.00	0.683	265 089.38
未来现金流量现值			1 387 108.13
减去：初始投资额			–1 100 000.00
净现值			287 108.13

我们也可以参考折现率的变化对净现值的影响进行分析。值得注意的是，影响现金流的因素有很多，如营业收入的变化、单价的变化、毛利率的变化、产品研发投入的变化、市场费用的变化、设备投资金额的变化等，实际分析时，往往需要分析营业收入、费用的变化对净现值的影响，另外如果现金流入、流出出现提前或推迟的情形，也会影响到净现值。

敏感性分析可以为管理层的决策提供依据。如果管理层认为可以接受折现率、现金流等因素的变化对净现值的影响，就可以接受投资项目。

■ 案例 5-7

搭建新产品投入产出分析模型，进行投入产出效益分析，编制投资项目利润表及现金流量表，提供新产品研发决策的财务支持方案

在本章开始的情景现场中，财务总监向总向财务分析师李茜安排了一个任务，要求她了解产品线的需求和管理层的要求，制定新产品开发项目的分析模板并对新产品开发项目的投资可行性进行具体分析，同时提供财务建议。

经过学习，李茜已经系统掌握了资本投资可行性分析的方法和评价指标。新产品开发项目正是资本投资可行性分析的典型应用。基本上所有具备研发职能的公司都可以开展新产品开发项目的投资性分析。李茜主动叩开了集团研发中心的大门，向 PMT 学习具体的产品知识、研发项目管理知识，了解研发中心对财务的期望和要求。

经了解，针对某次会议中公司总裁提出新产品开发项目必须有投入产出分析的要求，研发中心提出了更加实际的要求，即由财务中心设计具体的财务分析模型，并对模型进行讲解。该模型最好可以套用案例模板，并由财务人员给出项目在财务上是否具备可行性的意见，以方便产品经理编制新产品研发项目预算，以及市场、销售、生产等各部门开展数据预测工作。

李茜找到 PMT 项目的研发流程负责人，说服其给财务部全体人员开展了一场关于产品线管理团队、PMT 决策机制、IPD 项目的培训。李茜会同研发部门对当前业务流程中缺失的环节进行了梳理，提出增设财务节点的建议。例如，在 IPD、PMT 流程中增设财务参与的节点；对产品全生命周期进行财务测算和控制；保证公司每一个 PMT 中有 1~2 名财务人员；加强财务部门与业务部门的合作，财务部门要对各环节数据进行复核并提供建议，对项目投入产出的经济效益进行分析并给出可行性建议等。

对于新产品开发项目，必要的市场分析、政策分析、技术分析都是必不可少的。但是公司往往忽略了投入产出分析。例如，由于新产品研发周期较长，如果研发完成后没有带来预期的经济效益，就会导致公司和股东利益受损。

在搭建新产品开发项目财务可行性分析模型时，以下内容必不可少：

1）项目情况介绍：包括对新产品名称、编号、基本情况、预计投资额、销售目标等内容的简要概括。

2）初始投入预测表：包含对厂房、设备、模具、无形资产、经营的投入预测。

3）研发投入预测表：对人工费、材料费、认证费等各类研发费用按归属于产品开发期还是经营期分别进行估算。

4）人工费预测表：对需要投入的人工数量、时间进行预估，并按照公司的人工工时工资测算人工费用。

5）营业收入、营业成本预测表：根据市场部门和销售部门提供的各期产品销售量、销售单价的预测数据测算营业收入；根据公司的单位材料、人工、制造费用测算营业成本数据。

6）期间费用预测表：分别对开发期、经营期的期间费用进行预测。这里主要结合了初始投入、研发投入、期间管理费用及销售费用投入预估等数据。有些新产品投资项目费用构成较简单，也可以简化计算，如按照费用占收入的比率估算销售费用、管理费用在各期的投入金额。

7）预测利润表：预测利润表的数据在第2项至第6项完成后可以自动生成。

8）预测现金流量表：反映新产品投资项目税后现金流入与税后现金流出。此处考虑了新产品投资项目初始期、运营期、处置期的所有现金流，同时考虑了付现现金流、非付现现金流、抵税效应对现金流量表的影响。

9）新产品投入产出财务可行性评价表：根据预测现金流量表对净现值、内含报酬率、静态投资回收期、折现投资回收期指标进行计算。

最后，还要对投资项目进行敏感性分析，即从投资项目现金净流量（营业收入、研发投入、营业成本、期间费用等具体维度）、折现率两个方面进行分析。

至此，李茜顺利完成了新产品开发项目财务可行性分析模板的搭建。

第 6 章

定期经营分析报告编制与经营分析会议

情景
现场

这天,财务总监向总把李茜叫到了办公室。

"小李啊,今天上午邵总把我叫到了他的办公室。他说准备从下个月开始在集团内召开经营分析会,询问我有什么意见。"

"向总,您是怎么回复的呢?"李茜很好奇。

"我说首先要明确经营分析会的机制是什么?谁应当参加会议?多长时间召开一次会议?会议的内容是什么?"向总说道。

"邵总又是怎么想的呢?"李茜越来越好奇。

"邵总只说参加会议的人不需要太多。他指定了几个部门负责人,但不是所有部门负责人都参加。邵总让我回来思考一下,给他一个方案。"向总似乎很苦恼。

"那有点难办哦。不过,邵总是怎么想到让您来做这个方案的呢?这难道不是运营部门负责的事吗？似乎负责供应链的万总更合适呢！"李茜不解地问。

"谁说不是呢！我还在想，这个事怎么就找上我了呢？我左思右想，可能和近期你发给领导们的那份集团财务分析报告有关，邵总之前不是组织你给大家做了讲解吗？邵总可能觉得需要确定一个集团层面的运营机制。但财务部在公司的地位不高，很可能没有那么大的影响力去组织吧。你倒是提醒了我，这件事我得向邵总建议让供应链的万总负责，让财务部配合。"向总微微点了一下头，转身就要出门。

"向总，您这是要去找邵总？"李茜赶紧朝着门口的方向迈了一步，刚好挡住了向总的去路。

"是啊，我得和邵总说这件事财务部干不了，也不应该由财务部来干。这件事只有万总可以胜任。"向总被李茜这样一拦，顿时停住了脚步，"怎么，你有什么建议？"

"建议谈不上，但针对这件事我想谈谈自己的看法，您听听看有没有道理。"李茜想了想，"根据我和邵总打交道的经验以及对他的了解，邵总一定是经过仔细思考后做出了决定。因此，他这么说自然有一定的道理。如果您现在就去回绝此事，可能会给邵总留下一种您不敢承担责任的印象。"

"那应该怎么办呢？邵总专门点名要你也参加经营分析会，所以我才把你叫过来商量此事。"向总感到迷茫。

"啊？我也被点名了？"李茜觉得有点受宠若惊。

"这说明我们之前提交给领导们的财务分析报告起作用了。不过你也不要有太大压力，至少还有我在。只不过这件事对我来说也不简单，毕竟牵涉很多部门的负责人，还有集团的领导们。这件事做得好是应该的，做不好的话，后果暂时还不敢想……"向总此时又是眉头紧锁。

"邵总不是让您制定经营分析会的方案嘛，反过来看，这也是一个机会。既然邵总已经指定了参会人员，我们何不顺着邵总的思路，先拟定一个初步方案。我们可以规定各个部门每个月需要提交的报告，报告内容可以先让他们自己确定，我们再逐步进行规范。另外，邵总指定的部门负责人和集团领导们都很忙，因此频繁开会肯定是行不通的，依我看可以考虑一个季度开一次经营分析会。我们最好制定一套经营分析会议的制度或指引，明确各参会部门及其职责、会议形式、会议组织、会议议程、会议后的追踪等事项。"李茜一边思考一边说，"我认为财务部负责建立经营分析会的机制和搜集各部门报告完全没问题，但经营分析会的组织和推动由供应链部门的万总来负责更合适。我们拿着这样一个初步方案再去找邵总可能会更好呢！"

"对，你和我想到一块儿去了！"向总此时也有了一个大致思路，"这样吧，你先按照这个思路拟出方案的初稿，然后发给我看一下。"

"好的，向总，我这就去写。"李茜说着走出了向总的办公室。

思考：

1. 财务如何参与公司经营分析会议？
2. 经营分析报告应该怎么写？
3. 经营分析会议上应该如何汇报？
4. 财务、业务数据口径不一致该怎么办？

经营分析会也叫运营分析会、总经理办公会等，是定期召开的、由公司高层管理者及主要部门负责人参加的决策会议机制，目的是保证公司年度经营目标的实现，保证公司运营效果和效率。成功的经营分析会可以有效支持公司战略，便于公司总结经验教训、预测未来，为公司持续、健康发展指明方向。

6.1 经营分析会议机制

■ 案例 6-1

华为"一报一会"机制介绍及对中国企业的启发

华为技术有限公司（简称华为）建立了"一报一会"机制，"一报"是经营分析报告，"一会"是经营分析会议。华为通过"一报一会"机制，分析业务，聚焦战略，围绕公司战略和年度经营计划制定经营决策。"一报一会"曾是华为销服体系的重点工作之一，并被推广到了全球所有代表处。通过开展"一报一会"，代表处管理者学会了运用财务分析方法，解读财务指标，发现业务问题，并采取改进措施。

华为在"一报一会"机制推行之初也遇到过很大的阻力。例如，代表处主管不重视该机制，只"交"报告，不组织报告讲解；分析报告由财务人员负责，业务人员参与度不高，得出的分析结论脱离实际业务。经过一段时间的运营，"一报一会"促进了管理团队经营意识的改变和办事处经营绩效的改善，于是财务人员成长为项目 CFO，代表处主管也实现了由销售首长向 CEO 的转变。

可见经营分析会议对华为的重要作用。现在很多公司向华为学习，其实就是学习如何管理，其中需要重点学习的管理方法就是经营分析会议机制。

经营分析会议一般按月度或季度举办，其聚焦于公司年度业务经营计划。年度业务经营计划是对公司未来 3~5 年战略规划的具体分解。

经营分析会议一般由公司总经办、总裁办、战略规划部、经营计划部等类似机构召集和组织，由总裁、副总裁、各业务或事业部负责人、主要系统负责人参会。

在会议前需要准备的相关报告，可以分为经营主报告和业务单元报告。

经营主报告通常由财务部编写,围绕年度经营目标展开;业务单元报告由业务单元编写,围绕业务开展、达成、机会展开。

经营分析会议应组织有序,包括会议通知、报告收集、会议议程、会后追踪工作都需要指定具体责任人,保障会议质量。公司管理层常常会在经营分析会议上做出一些重要决策或提出重要的议题,并责成相关责任人做进一步研究,进而形成单独的报告。

曾经有一家经营医疗检测设备的公司,经过数年潜心研发,推出了一款即时检测设备。由于该设备具有良好的性能和轻巧的外形,一经推出就获得了非常好的市场反响。公司当时的产能已经无法满足市场需求,急需扩充产能。虽然设备市场反响不错,但其也遇到了不少技术问题和客户投诉。一时间,技术部门和市场部门无法就未来产能情况给出具体意见,于是这个问题就被反映到了经营分析会议上。

在会上,市场部门指出产品的参数配置和检测指标无法完全满足医院需求,并表示虽然当时产品卖得不错,但是如果不对其进行技术升级和改善检测指标,很快就会被竞争对手赶超并丧失市场优势。因此,该产品未来销售情况的不确定性很大,再加上产品的成本很高,阻碍了市场进一步扩张。技术部门的负责人则表示,产品所有的技术参数和设计都源于市场需求和公司的技术平台,该产品在市场上是独一无二的,当时良好的市场反响就是印证。因此,不应该对产品的技术指标过多关注,而应该扩大销售规模,摊薄制造费用和运营成本,这样才能降低单位产品成本。

在听完市场部负责人和技术部负责人的"争吵"后,董事长兼总经理思索良久,并在会议上决定,在机器和检测耗材当时产能的基础上再扩大五倍,以满足未来3~5年可能的销量增长;抓住当时的市场机遇快速占领市场;加快产品在欧美市场的注册和认证;针对当时存在的技术问题,由技术部门给出具体的解决方案;加快二代机的研发。

几年之后,该产品成了公司的爆款,此后每年销售收入都实现了超额增长。由于该产品打开了国际市场,并且国家出台一系列对行业的扶持政策,该产品保持了一段相当长时间的红利期。可以说,几年前的这个决策加速了公司的腾飞。

在实际工作中,经营分析会议机制也不是在一开始就能搭建成的。经过数年不间断地摸索,以及在原来会议的基础上总结经验、教训,才能形成相对完善的经营分析会议机制,此时会议的形式、频次、报告内容、报报人、组织者较运作之初都会有很大的不同。所以,经营分析会议机制在公司发展的不同时期、在不同领导的要求下保持与时俱进也是很重要的。

6.2 经营分析报告编制及设计要领

经营分析会议对公司的影响是显而易见的。甚至有人说,经营分析会议是公司最高级别的经营会议。作为会议的重头戏,经营分析报告扮演着举足轻重的角色。可以说,经营分析报告质量的高低,大体上决定了经营分析会议的走向和质量。因此,需要对经营分析报告的内容进行合理设计。

6.2.1 经营主报告编制方法

如前所述,经营分析会议中涉及的报告包括经营主报告和业务单元报告。在经营分析会议召开之前,通常由财务部编写经营主报告,由业务单元编写业务单元报告。

经营主报告是经营分析报告的重头戏,是用来反映公司整体运营情况的报告。经营主报告能够体现公司的经营现状,反映公司存在的问题和重大风险,帮助公司发现机会,促进年度经营目标的达成。经营主报告通常包括以下内容:

（1）内外部环境分析。包括对公司有直接影响的重大事件，如出口型企业关注的汇率走势、国家出台的减税降费措施、重要的政府补助、关税变动情况、竞争对手动向（如新品上市、并购、市场策略调整）等。

（2）集团财务指标分析。包括利润表情况，分行业、区域、产品线、渠道的销售收入情况，主要事业部、区域的利润情况，不同维度的毛利率情况，各项费用指标，资金情况，库存及库存周转率，采购供应情况及价格趋势等。

（3）预算达成情况及差异分析。包括公司整体收入、利润达成情况及主要事业部、子公司、区域财务指标完成情况，分析其差异及原因。

（4）关键事件完成情况。例如投资并购、新产品研发动向、产能改造专项。关键事件举例如图6-1所示。

图6-1 关键事件举例

需要着重说明的是，通常公司会安排财务部完成经营主报告。经营主报告要求报告编写人具备战略思维和经营视野，同时对财务数据非常熟悉。财务总监在安排报告编写人的时候应该考虑到这一点。

财务人员在编写分析报告的时候，经常罗列大量的数据指标并与往年数据进行对比，却不愿意花时间了解数字背后的故事，剖析差异产生的深层原因。这种机械的数据罗列往往很难对领导决策起支持作用。因此，对数据开展深入分析很有必要，应当深入源数据找原因、想对策，这样的分析报告和分析结论才有说服力，对公司决策才有更强的参考价值。

经营分析的最终目的是更好地达成年度经营目标，所以经营分析一定不能脱离预算，应当分析差距，寻找机会，进行必要的预测，以及保持对市场的敏锐洞察力。华为某高管曾经说过，"预测是管理的灵魂"。这句话体现了经营分析是为了预测前景，洞察公司的业务能力，从而完成预算目标。

经营分析要想洞察公司业务能力、发现问题、进行风险预警，需要设定运营目标和警戒目标。

运营目标的设定可以借助平衡计分卡和运营地图。运营地图示例如图 6-2 所示。

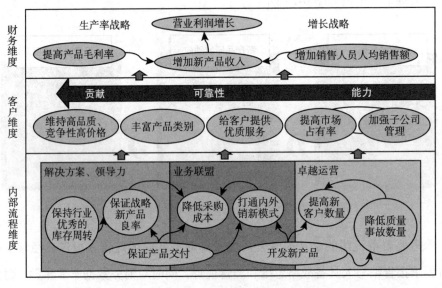

图 6-2　运营地图示例

以 ×× 公司为例，其运营地图及主要运营目标如图 6-3 所示。

除了运营目标，公司还需要设定警戒目标。这样一来，重要财务指标（如收入、利润、毛利率、各类费用率）就有了预算值、实际值、警戒值。

第 6 章 定期经营分析报告编制与经营分析会议

公司级运营地图			平衡计分卡		行动计划	
		目标	指标	目标值	行动方案	预算
流程：××公司运营地图 主题：长期而稳健的业绩增长	F1: F2: F3: F4:	达成营业利润目标 提高产品毛利率 增加新产品收入 增加人均销售额	营业利润率 毛利率 ××新产品年收入 销售人员人均销售额	25.01%→30%（分3年） 30%→35% 5亿→10亿 650万→1 000万	建立公司盈利分析数据库 制定3年业绩战略及达成计划	
	C1: C2: C3:	加强子公司管理 提高客户市场占有率 提高研发效率	子公司平均净利润 市场占有率（收入需达到17亿） 研发费用率	2 000万→5 000万 5.91%→12%（分3年） 8%→8.5%（分3年）	建立子公司考核机制 加大市场推广力度 加强研发支出管控	
	运营 管理	P1: 保持优秀的库存 周转 P2: 降低采购成本 P3: 保证客户交付	库存周转率 成本降低金额 准时交货率	1.85→2.5 2亿→5亿 60%→99%	按产线提升周转率 议价能力提升计划 合理安排生产	
	客户 管理	P4: 保证客户良率 P5: 提高新客户数量 P6: 打通销售渠道	质量事故数量 新客户销售百分比 内外新渠道客户数量		品质提升培训项目 新区域客户开发计划 内外销新渠道建立	
	产品 创新	P7: 卓越新产品	新产品的数量	××新产品	制订3~5年新产品开发计划并测算投入产出比	

图 6-3 运营地图及主要运营目标示例

归纳起来，经营主报告要有必要的组织，紧跟公司战略和年度经营计划，要合理设置指标并反映预算达成情况，适当进行财务分析，反映关键事件及专项完成情况，要有客户导向思维和业务思维。

6.2.2 业务单元报告编制方法

业务单元报告从业务的角度分析和讨论经营计划、实际业务量与预算业务量的差异，市场机会点，产品、渠道的市场占有情况等。公司是如何编制业务单元报告的呢？

业务单元报告具体又分为销售业务报告、供应链报告。如果公司把研发部、人力资源部或其他重要的事业部纳入经营分析会议，则可能还会有研发单元报告、人力资源报告、事业部报告等。但业务单元报告重点仍是销售业务报告和供应链报告。

销售业务报告又分为国内业务报告、国际业务报告。根据公司内外销规模及组织结构情况，有的公司将国内、国际业务分开报告，有的公司将它们合并在一个销售业务报告中。

销售业务报告通常包括如下内容：

1）收入及达成分析。包括销售收入总览、销售收入分区域分析、分产品线分析；将销售收入实际数与预算数对比，分析预算达成情况，总结产生差异的原因。在销售收入分区域分析中，需体现重要国家销售收入及同比情况；在销售收入分产品线分析中，需对每一条产品线的不同产品进行明细分析，还需要对重要产品、新产品的销售情况进行重点分析。

2）毛利率、费用、区域盈利情况分析。

3）渠道签约情况分析。分产品线、分区域对渠道任务及实际签约情况进行分析。

4）本年度销售预测。预测全年销售额，与预算销售额进行对标，分析差距，寻找机会点。

5）代理商库存。分产品线对代理商库存进行分析，并进行同期比较；按区域对代理商库存进行统计和分析。

6）人均产值及与标杆公司对比分析等。

业务单元报告可以由业务单元自行提报，也可以由业务单位在分析公司总经办、战略规划部、财务部等单位对基本指标要求的基础上完成。业务单元报告应该聚焦于目标、问题、机会，对照目标谈结果、差距和行动计划，聚焦于业绩差距并进行问题根本原因分析、采取行动计划。业务单元报告还应有详细的机会清单和匹配的资源需求。好的经营分析会议应该聚焦于业务，发现问题，寻找差距，采取对策，实现年度经营计划。业务分析报告应该聚焦于目标和未来，用数字说话，对照目标谈计划、谈订单、谈机会、谈策略、谈资源配置。

财务部门总是希望业务单元可以按照规范的格式和指标做出符合经营实际的业务报告，但是业务单元的报告一般倾向于报告成绩，少谈问题甚至不谈问题。这样，企业的管理经营情况不能得到全面的反映。

财务部门应制定合理、规范的财务制度，尽量使业务报告符合经营实际。

6.3 经营分析会议的组织与汇报

公司的经营分析会议要想取得成功，除了需要有高质量的经营主报告、业务单元报告，还需要有良好的组织与汇报机制。如前所述，经营分析会议一般由公司总经办、总裁办、战略规划部、经营计划部等类似机构召集和组织，由总裁、副总裁、各业务或事业部负责人、主要系统负责人参会。在部分公司，由于缺少相应的职能机构，经营分析会议可能由财务总监召集和组织。

为了使经营分析会议机制有效运行,公司需要:

1)建立经营分析会议管理制度,明确经营分析会议的运行组织、参会人员、各方职责、会议时间、会议议程、经营分析报告的编写等事项。

2)设置项目秘书专门负责具体的组织事宜,例如协调领导会议时间、收集经营分析报告、做好会议记录、追踪在经营分析会议上做出的决策和意见、完成领导交办的其他事务。

3)制定清晰的会议时间表。如公司决定在每季度第10日召开季度经营分析会议,则需要提前协调参会人员的时间,确定是否有参会人员请假;明确各单位提交经营主报告、业务单元报告的时间,如果涉及数据核对工作,由财务部和业务部提前完成核对;至少在会前3天将各报告发送总裁、副总裁,就重要差异进行说明,询问其他关注重点。

■ 案例 6-2

某公司经营分析会议运行机制介绍

图 6-4 所示为某公司经营分析会议运行机制。

图 6-4 某公司经营分析会议运行机制

1)公司应有效组织会议,控制会议时长,形成会议追踪机制。

2)每次会议都应有清晰的议题,应有前一阶段执行分析和后一阶段工作指导。

3)会议应围绕内部运营和外部市场开展,以业务分析为主。

4)会议应进行数据分析,明确问题及解决方案。

5)会议上应保持良好沟通的氛围,不应成为高管和部门"扯皮"的地方。

会议目的：

对前一月度、季度、年度各单位的计划目标完成情况进行分析和考核，及时发现并解决潜在的问题，确保预算目标的实现；指导、指示工作方向，以专题形式解决问题，同时协调内外资源以完成绩效。

召集及参加人员：

总经办或财务部召集；总裁、副总裁、财务负责人、各系统负责人等集团相关领导列席。

时间和时长：

月度会议：下月中、下旬，半天

季度会议：次季第一个月中、下旬，半天

年度会议：经营期次月下旬，半天

会议议程：

财务负责人介绍公司上月总体目标完成情况及与预算目标主要差距，以及主要差距来源明细。

各系统逐一对本系统上月工作计划与预算完成情况进行分析汇报，对重要业务指标进行讲解，提示问题，责成解决。

会议规则：

会议目的不是揭示和解释问题，而是共同解决问题。

各系统对差距的认识及解决方法充分准备，事先准备好相关的图表。

需提前准备的材料：

月度、季度、年度经营分析报告，包括整体财务情况分析报告、销售系统报告、供应链系统报告。

各系统提前分析自己系统的计划、预算执行情况的差距，并提出解决举措。

会后后续活动：

总裁进行会议总结，根据会议讨论结果，责成专人负责相关事项。

总经办（或计划跟踪部门、财务部）跟踪以上事项的完成情况，及时在月报中通报。

■ 案例6-3

上市公司月度及季度经营分析报告编制及财务组织经营分析会议实例，提供满足经营需要的分析决策支持

在本章开始的情景现场中，集团总裁给财务总监向总安排了一项任务，要求组织和建立集团经营分析会议机制。向总又把这项工作安排给了李茜，让李茜编写经营分析会议机制方案的初稿。经过理论学习及对公司实际情况的了解，李茜是否可以胜任这项工作呢？

李茜针对经营分析会议的组织运作机制给出了建议，包括：

1. 建议会议召开频率为每月一次，召开时间为每月的第二个周四（大概为每月10日）下午13:00—17:00。

2. 建议以下人员参会：集团总裁、副总裁，各事业部总经理（如营销中心总经理、供应链中心总经理、研发中心总经理），财务总监、HR总监、市场总监。

3. 建议每月由财务总监负责编写经营主报告，国际营销中心总经理负责编写国际业务报告，国内营销中心总经理负责编写国内业务报告，集团供应链中心总经理负责编写供应链报告；建议各报告必须包括必要的财务、业务指标。

4. 建议制定如下会议议程：①财务总监负责汇报经营主报告；②国际营销中心总经理、国内营销中心总经理分别负责汇报国际、国内业务报告；③各事业部总经理负责汇报事业部报告；④集团供应链中心总经理负责汇报集团供应链运行情况；⑤总裁、副总裁进行点评与指示；⑥进行会议总结。

5. 制定会议时间表：包括与总裁沟通确定会议议题的时间、各负责人向项目秘书提交各单位报告的时间、项目秘书沟通参会时间及协调领导时

间、会后决议跟踪时间等。

最后，李茜建议可以考虑由集团供应链中心的万总负责经营分析会议的召集工作，由集团财务部提供协助并参与经营分析会议的项目管理工作，也可以考虑设置专门的机构或岗位，如总经办、战略规划部，负责经营分析会议的具体组织和协调。

李茜将方案初稿发给了财务总监向总，由他进行审核。向总看到方案后，着实欣喜万分，他没想到不过三天的时间，李茜对经营分析会议产生了这么深刻的见解。向总不禁对现在年轻人的学习能力刮目相看，他也由一头雾水到逐渐形成了清晰的思路。向总很快回复了李茜的邮件。

"好的，我再琢磨一下。"

又过了两天，向总把李茜叫到了办公室。

"小李啊，你做得不错哦！邵总已经批准了我们的方案，他要求我们先按照这个方案执行。"向总感到骄傲。

"向总，这个主要靠您协调得好。我之前所在的公司每月也会召开经营分析会议，我参考了他们的方案，另外我也借鉴了一些参考书。即使这样，我仍担心我们的方案不够成熟，这两天我的内心一直很忐忑呢！"听到向总的消息，李茜难掩兴奋和激动。

"好了，你也别谦虚了！这是我们大家的功劳！另外，邵总提出经营分析会议的项目秘书由你来担任。"向总压低了声音，"这可不一定是什么好差事哦，我先提醒你，和领导打交道，可是得时时留意、步步小心。"

"不会吧，我本来就不擅长和领导打交道，来公司的时间也不长，恐怕不能胜任。"李茜感到惶恐。

"唉，那也没办法，我们财务部处在这个位置，就要勇于承担，后面有什么问题大家一起扛。"向总无奈地摇摇头。

"嗯，看来暂时也只能这样了。"李茜嘀咕着。

从下个月1日开始，李茜就进入了紧张、忙碌的状态。她一方面要督促财务部尽快完成结账工作，以取得合并报表、母公司报表、预算报表等财务数据；一方面又要承担经营主报告的编制工作。另外，她还要协助集团供应链中心的万总执行具体的会议组织工作，与副总裁，各事业部总经理，集团营销中心总经理，集团供应链中心总经理、研发中心总经理、HR总监、市场总监沟通集团经营分析会议安排，并从事业部、营销中心、供应链中心获取业务报告。

当月5日，财务部基本上完成了母公司的结账工作，6日完成了主要的财务数据及合并报表数据的输出工作，7日完成预算执行分析报告。结账完成后，李茜就开始了数据收集工作，8日完成经营主报告编写并发送给财务总监向总进行审核。业务单元根据数据中心和业务报告的数据，在当月8日完成了业务报告。

经过紧张的准备和细心的安排，第一次经营分析会议在万总的主持下顺利召开。会上依次由财务总监向总汇报集团经营主报告、事业部总经理汇报事业部单元报告、国际营销中心总经理汇报国际单元报告、国内营销中心总经理汇报国内单元报告、供应链中心总经理汇报集团供应链单元报告。各单位负责人在汇报各自报告的时候，总裁、副总裁及其他单元负责人会提出意见、建议、问题，形成现场追踪事项，并由李茜逐一记录。

会议结尾，集团总裁邵总进行了总结发言，他对这次经营分析会议给予了很高评价。

万事开头难，有了成功的开始，大家看到集团领导如此重视经营分析会议，也都向财务总监向总和李茜提了很多建议并给予了工作上的支持。此后，经营分析会议机制一直稳定地运行着，该机制在运行过程中也遇到过很多困难，参会人员在会上发生争吵也是常有的事。公司两年后成立了集团战略企划部，李茜这才从项目秘书工作中抽身出来，将经营分析报告及会议事宜交由战略企划部专门负责。

第 7 章

业务决策分析

情景现场

2017年8月,特朗普签署行政备忘录,授权美国贸易代表对中国开展"301调查"。2018年4月,美国宣布将对原产于中国的1 300余种进口商品加征25%的关税,涉及航空航天、信息和通信技术等行业总计约500亿美元的中国对美出口额。同月,美国商务部宣布,将禁止美国公司向中兴通讯销售零部件、商品、软件和技术7年。随后,中国另一家通信巨头华为也被调查。同年6月15日,白官对中美贸易发表声明,对1 102种、总计500亿美元的商品征收25%的关税㊀。至此,震惊一时的中美贸易摩擦愈演愈烈。

这天一大早,财务总监向总就把李茜叫进了他的办公室。

"荒谬、简直是荒谬。"向总对着办公室门口大声地抱怨。

㊀ 资料来源:新华网"美公布'301调查'征税建议清单,中方坚决反对"。

"向总消消火,您这一大早咋就这么大的火气。"李茜问道。

"碰上这种事,我怎么能没有火气呢!小李,你知道吗,我们公司的产品在美国的关税加征清单中。"向总大声说道。

"这个我早就关注到了,因为昨晚我看到了邵总发的朋友圈。我也十分关注美国市场,只是不知道这件事对我们有何影响。既然美国对中国加征关税已成事实,您着急也无济于事啊,难道我们还能改变什么吗?"李茜很不解地问。

"你来看看邵总早上给我们发的邮件,里面说财务部缺乏业务敏感性。对于美国加征关税这件事,财务部和业务部竟然都没有立刻做出反应。邵总要求财务部立刻评估和制定价格策略来应对加征关税带来的影响。"向总说到邵总的邮件,这才稍微压低了声音。

"对哦,我倒是没有想到这个层面。可是加征关税对我们公司没有什么影响啊。因为关税计入的是客户的采购成本,不会增加我们的销售成本。"李茜颇为自信地卖弄起自己的财务知识。

"加征关税对我们并不是没有影响。加征关税会增加美国客户的采购成本,这会使他们的利润变薄。所以,美国客户会要求我们公司降价,但25%的关税全部由我们承担也不可能。另外,我们在美国也有子公司,需要考虑转移定价要求。因此,邵总要求财务部和业务部评估和制定价格策略。另外,我听说销售部还想趁机降价呢!"向总显然对此很不满意。

"您这样一说,我就明白了,我们确实需要制定转移定价应对方案。"李茜似有所悟,"这样吧,我先向业务单位了解一下情况,然后再向您汇报。"

"好的,你去吧!我把业务部门制定的应对策略发给你作为参考,对这个策略,邵总不太满意。你尽快了解情况,然后制定一个初步方案。"见李茜主动承担了这项任务,向总很高兴。

思考:

1.财务如何参与业务决策?

2. 财务可以在哪些业务决策中发挥作用？

3. 如何进行产品定价决策分析？

4. 是否应该接受客户的定制订单？

5. 如何进行产品、客户增减决策分析？

公司在经营中会做出各种各样的决策。一个糟糕的决策者喜欢拍脑袋做决策，而一个合格的决策者应该基于对事物的正确认知和深入的分析、研究做出决策。公司经营中最重要、最难做的是业务决策，财务人员往往难以参与业务决策，或者虽然参与但是不能提供有价值的决策建议这些会导致财务部无法参与公司的核心决策，这对财务部是非常不利的。财务部是否真的无法参与业务决策？是否有突破口？财务部如何提供有价值的决策建议？

以上这些问题并非无法回答，本书下面会介绍几种在所有公司中都会用到的业务决策及分析方法。这几种类型的业务决策在公司的不同发展阶段都会用到，一名优秀的财务分析师和财务管理者应该认真研究和熟练掌握。

7.1　本量利分析及决策场景

■ 案例 7-1

A 公司单一产品与多产品模式下的盈亏平衡（保本）分析

A 公司准备推出一款新产品，销售部门建议将销售单价定为 30 元/个。该新产品可以通过机械方式生产，也可以通过人工方式生产，两种方式下均可以生产出满足质量要求的产品。两种生产方式下的成本预估如下：

1. 机械方式生产：每件产品需要 5 元的原材料成本，0.5 小时的直接人工工时（人工工时工资为 12 元/小时），另外需要一定的变动间接费用

（0.5 小时人工工时，成本为 6 元/小时），固定生产成本为 200 万元。

2. 人工方式生产：每件产品需要 5.6 元的原材料成本，0.8 小时的直接人工工时（人工工时工资为 9 元/小时），另外需要一定的变动间接费用（0.8 小时人工工时，成本为 6 元/小时），固定生产成本为 100 万元。

另外，无论通过何种方式生产，预估固定销售费用为 24 万元/年，每售出一件产品需要再增加 2 元的变动销售费用。

问题：两种生产方式下，新产品年度盈亏平衡点的销售量分别是多少？两种生产方式盈利相等时的年销售量和销售金额分别是多少？

要回答这两个问题，我们需要了解本量利分析方法。

本量利（CVP）分析是成本、销售量、利润分析的简称，用于研究价格、产出量（或销售量）、变动成本、固定成本、产品结构等因素的相互关系。通过本量利分析，我们可以做出产品结构、定价、促销策略、生产设备利用等决策。

本量利分析也叫盈亏平衡分析或保本分析。

7.1.1 盈亏平衡分析决策模型

计算盈亏平衡的模型公式如下：

税前利润 = 销售收入 − 总成本

= 销售单价 × 销售量 −（变动成本 + 固定成本）

= 销售单价 × 销售量 − 单位变动成本 × 销售量 − 固定成本

$$即\ P = px - bx - a = (p-b)x - a \quad (7\text{-}1)$$

式中，P 是税前利润；p 是销售单价；b 是单位变动成本；a 是固定成本；x 是销售量。

式（7-1）可以用图 7-1 形象地表示。

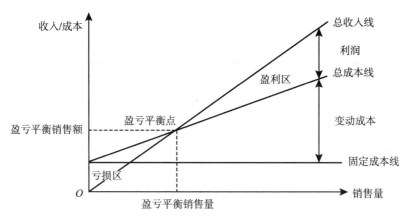

图 7-1 盈亏平衡分析决策模型

图 7-1 表示在一定的销售量范围内，随着销售量的变化，固定成本总额是不变的，售价也在相关范围内保持不变，这样，销售收入与销售量之间呈线性关系。随着销售量的增加，变动成本和总成本呈线性增长。在盈亏平衡销售量以下，随着销售量增长，亏损减少；在盈亏平衡销售量处，达到盈亏平衡（即不赚不赔）；在盈亏平衡销售量以上，随着销售量增长，盈利增加。

通过计算某一产品的盈亏平衡销售量或营业收入，我们可以进行生产经营决策。

在案例 7-1 的机械生产方式下：

单位变动成本 $b = 5 + 0.5 \times 12 + 0.5 \times 6 + 2 = 16$（元/件），固定成本 $a = 200 + 24 = 224$（万元），销售单价 $p = 30$（元/件）。

将 b、a、p 的值代入式（7-1），得

在盈亏平衡点时，$P = 0$，即 $14x - 2\,240\,000 = 0$，$x = 160\,000$（件）。

经计算，盈亏平衡销售量为 16 万件。我们还可以计算出盈亏平衡销售额为 480 万元（= 16 万件 × 30 元/件）。

也就是说，在机械生产方式下，公司每年至少需要销售 16 万件或 480 万

元的新产品，才可以实现盈亏平衡。

7.1.2 边际贡献与单一产品盈亏平衡（保本）分析

边际贡献是销售收入减去变动成本后的金额。由于销售收入、变动成本与销售量呈线性关系，因此边际贡献与销售量也呈线性关系。

计算边际贡献的公式如下：

$$边际贡献 = (p-b)x$$

根据边际贡献计算的税前利润 $P=(p-b)x-a$。

$$在盈亏平衡点时，P=0，x=a/(p-b) \quad (7-2)$$

式（7-2）亦可以理解为：

$$固定成本 = 盈亏平衡销售量 \times 单位边际贡献$$

这样就可以直接运用边际贡献计算盈亏平衡销售量：

$x=a/(p-b)=2\,240\,000/(30-16)=160\,000$（件）。

7.1.3 多产品盈亏平衡（保本）分析

当公司不只有一种产品，并且每种产品的价格也不一样时，计算每种产品的盈亏平衡销售量时，需要先确定多产品加权平均边际贡献。

计算步骤如下：

1）计算每种产品边际贡献率。

$$每种产品边际贡献率 = 边际贡献/销售收入 \times 100\%$$
$$= 单位边际贡献/销售价格 \times 100\%$$

2）计算多产品加权平均边际贡献。

$$多产品加权平均边际贡献 = \sum (每种产品占总销售额的比重 \times 每种产品边际贡献率)$$

3）计算多产品综合盈亏平衡销售量。

$$多产品综合盈亏平衡销售量 = 固定成本 / 多产品加权平均边际贡献$$

4）计算每种产品盈亏平衡销售量。

$$每种产品盈亏平衡销售量 = 多产品综合盈亏平衡销售量 \times 每种产品占总销售额的比重$$

7.1.4 安全边际

安全边际表示销售水平超过盈亏平衡点的程度。安全边际可以表示为销售量、销售额或百分比。

$$安全边际额 = 目标销售额 - 盈亏平衡点销售额$$
$$安全边际率 = 安全边际额 / 目标销售额 \times 100\%$$

7.1.5 盈亏平衡敏感性分析

在运用本量利分析对单一产品或产品组合进行盈亏平衡分析时，因为财务数据是预估的，所以存在一些问题，如销售量的预估是准确的吗？价格预估是准确的吗？为了防止可能存在的预估偏差对结果产生重大影响，需要用到敏感性分析，即分析数量、售价、单位变动成本、固定成本等因素的变化，会对盈亏平衡产生怎样的影响。这也是为什么在盈亏平衡分析之后要进行敏感性分析。大家对敏感性分析应该有一定印象，因为在第 5 章"投资项目分析"中也运用了敏感性分析。

在案例 7-1 中，假设单位变动成本增加 2 元，单位售价提高 10%，我们看看新的盈亏平衡点。

单位变动成本 b = 16+2=18（元/件）

固定成本 a = 200+24=224（万元）

销售单价 p = 30×1.1=33（元/件）

盈亏平衡销售量 $x = a/(p-b)$ = 2 240 000/（33–18）= 15（万件）

我们可以通过假设各种因素的变化，观察盈亏平衡销售量的变化，例如提高售价引起盈亏平衡销售量下降的情况；也可以通过敏感性分析来观察当销售量超过盈亏平衡销售量时，随着销售量的增加，利润会发生怎样的变化。

只要是会对盈亏平衡产生重要影响的因素，我们均应进行敏感性分析，以修正由于数据预估或假设错误而引起的偏差。

7.1.6 本量利分析的基本假设

1）相关范围和线性假设。在相关范围内，假设固定成本总额保持不变，变动成本总额随业务量变化而正比例变化；假设售价也在相关范围内保持不变，销售收入与销售量之间呈线性关系。

2）确定性假设。假设相关参数均已知或可以合理估计，包括价格、变动单位成本、固定成本。

3）品种结构稳定假设。假设在生产和销售多种产品的企业里，每种产品的销售收入占总销售收入的比重不会发生变化。

4）产销平衡假设。假设企业生产出来的产品全部可以销售出去，即生产量等于销售量。

7.2 产品定价财务决策分析

不知道大家有没有思考过这个问题，为什么苹果手机卖得这么贵，还有那么多人愿意为它买单，而有些国产手机价格便宜得多，很多甚至不到1000元，最终却被苹果手机打败？难道真的是因为大家都是苹果的"脑残粉"吗？这种现象除了与一部分"果粉"们不理智的消费情绪有关系，与苹果公司成功的定价策略关系更加密切。

以iPod为例，第一款iPod零售价为399美元对于美国人来说，虽然iPod属于高价位产品，但是仍有很多"苹果迷"纷纷购买。不到半年时间，苹果公司又推出了一款内存更大、价格更高的iPod，定价为499美元，仍然卖得很好。这是苹果公司运用"撇脂定价策略"对新产品进行定价的一个非常成功的案例。

另外，由于苹果公司具备强大的手机产品设计和创新能力，其推出的新产品往往具有颠覆性的技术、发明或功能体验，这些对使用者来说是很"酷炫"的，而这种"酷炫"感往往无法以具体的价格来衡量。因此，拥有一部苹果手机就成为跟上潮流的表现。这些独特的技术、发明或功能体验在其他手机上是无法获得的，苹果手机自然可以卖出高价。

此外，从供求关系上来说，苹果手机在正式开售之前往往会通过各种渠道大规模造势，或者通过预售提前锁定消费人群。这些造成大家竞相购买苹果手机，并且供不应求的假象。这就如同卖房子，大家应该都有切身体会，在房地产大热的时候，房屋价格剧烈上涨，市场上涌现出源源不断的购买人员，很多地方甚至出现了"秒光盘"。当一种商品供不应求的时候，商品的供应方就有很强的定价能力，他们会千方百计地提高产品价格，并获取最大的利润。

苹果手机的高端定位使大家逐渐接受了其在手机市场的"王者"形象。苹果手机在定价上明显比其他品牌高，这得益于其强大的技术和市场推广能力使得苹果手机质量可靠、服务上乘，也在于其对消费者心理的精准把握。苹果手机虽然款式单一，但其通过对外观（如颜色）和配置（如内存大小）进行区别定价，确保高、中、低价位均有对应的机型。这样，苹果就不会失去任何一个潜在客户。消费能力较强的客户，可以选择内存更大、外观更时尚的机型；资金不是很充裕的客户，即使牺牲配置或颜色，也可以买到一部相对满意的苹果手机。但无论哪种颜色、配置，均不会影响苹果手机的质量。

苹果手机的商业模式主要是手机产品+App Store（应用商店）的软件产品⊖。苹果公司表示，截至2021年年底，其已经拥有了7.45亿付费订阅用户。根据苹果公司的规定，用户可以在App Store中下载心仪的软件，苹果公司会抽取App费用的30%，因此App Store上很大一部分利润来源于App的收费分成。据CNBC的分析，苹果公司App Store 2020年总收入超过640亿美元，2021年可能超过700亿美元⊖。

以上既体现了苹果公司商业模式的成功，也体现了其定价策略的成功。定价策略是一家公司获得商业成功的关键要素之一。站在公司和股东的视角来看，公司要想获得长期发展，必须要有获得利润的能力，因此其产品定价必须超过产品成本。那么，一家公司应当如何定价，才能有效支持决策，助力公司获得商业成功呢？

我们有必要掌握以下定价方法，这些方法均有助于财务分析师及财务管理者参与公司的商业决策，帮助公司获得"定价权"和定价的"话语权"，在公司的定价决策中发挥财务的作用和影响力。

⊖ Huang Fang: Discussion on the Business Model of "App Store".
⊖ 雷峰网 leiphone: "2021年苹果App Store收入又创纪录了，苹果还能'躺赢'多久？"

7.2.1 成本加成定价法

■ 案例 7-2

通信设备企业分别运用总成本加成定价法、变动成本加成定价法、产品成本加成定价法进行产品定价决策分析

R 公司是国内一家知名的光纤通信接入设备企业，致力于为全球电信运营商、广电运营商及行业专网用户提供接入层网络解决方案，帮助客户改善收益、提升网络运营效率。R 公司曾连续三年被评为"亚太地区高科技、高成长 500 强"企业，常年位列"中国光传输与网络接入设备最具竞争力企业 10 强""中国通信产业榜通信设备技术供应商 50 强"榜单。R 公司已在全球范围内建立了多个全资子公司和服务机构，其产品销往欧洲、北美洲、拉丁美洲、东南亚等地 80 多个国家与地区的电信运营商，涉及电力、交通等领域。

经过研发设计及市场调研，R 公司计划推出一款专用无线网络设备。该无线网络设备具有体积小、重量轻、组网简单、低成本等特点，预期销售量为 10 000 个，目标利润率为 20%。根据产品结构及生产经验，该设备可能的相关成本信息如下：单位直接材料成本为 200 元 / 个，单位直接人工成本为 100 元 / 个，单位变动制造费用为 80 元 / 个，另外该产品发生的固定间接成本总计为 100 万元，销售、管理费用总计为 80 万元。

在这个案例中，应该如何对该款专用无线网络设备进行产品定价呢？

这里有三种成本加成定价的方法。

1. 总成本加成定价法

总成本加成定价法把某种产品发生的所有成本（包括费用）均计入成本的范围，并在此基础上进行加成，再按照一定的目标利润率来确定加成率和产品销售价格。

总成本加成定价法公式如下：

$$目标利润 = 销售收入 \times 目标利润率 \tag{7-3}$$

$$\begin{aligned}目标利润 &= 销售收入 - 总成本\\&= 销售量 \times （单位价格 - 单位总成本）\end{aligned} \tag{7-4}$$

根据式（7-3），式（7-4），可得出：

$$单位价格 = 单位总成本 / （1-目标利润率）$$
$$\qquad\quad = 单位总成本 + 单位总成本加成率 \times 单位总成本$$

$$单位总成本加成率 = （单位价格 - 单位总成本）/ 单位总成本$$
$$\qquad\qquad\qquad\; = 单位目标利润 / 单位总成本$$

在案例 7-2 中，单位直接材料成本为 200 元/个，单位直接人工成本为 100 元/个，单位变动制造费用为 80 元/个，则

$$\begin{aligned}单位固定间接成本 &= 1\,000\,000/10\,000\\&= 100（元/个）\end{aligned}$$

$$\begin{aligned}单位销售、管理费用 &= 800\,000/10\,000\\&= 80（元/个）\end{aligned}$$

$$\begin{aligned}单位总成本 &= 200+100+80+100+80\\&= 560（元/个）\end{aligned}$$

$$\begin{aligned}单位价格 &= 单位总成本 /（1-目标利润率）\\&= 560/（1-20\%）\\&= 700（元/个）\end{aligned}$$

$$\begin{aligned}单位总成本加成率 &= 单位目标利润 / 单位总成本 \times 100\%\\&= （700-560）/560 \times 100\%\\&= 25\%\end{aligned}$$

2. 变动成本加成定价法

变动成本加成定价法把某种产品发生的变动成本计入成本范围，并在此基础上进行加成，再按照一定的目标利润率来确定加成率和产品销售价格。

变动成本加成定价法公式如下：

单位价格 =（单位变动成本 + 单位固定间接成本 + 单位总费用）/
（1−目标利润率）

= 单位变动成本 + 单位变动成本加成率 × 单位变动成本

单位变动成本加成率 =（单位价格 − 单位变动成本）/ 单位变动成本

=（单位目标利润 + 单位固定间接成本 +
单位总费用）/ 单位总变动成本 ×100%

在案例 7-2 中，

单位价格 =（单位变动成本 + 单位固定间接成本 + 单位总费用）/
（1−目标利润率）

=（380+100+80）/（1−20%）

= 700（元/个）

单位变动成本加成率 =（单位目标利润 + 单位固定间接成本 + 单位总费用）/
单位总变动成本 ×100%

=（140+100+80）/380×100%

= 84%

或：单位变动成本加成率 =（单位价格 − 单位变动成本）/ 单位变动成本

=（700−380）/380×100%

= 84%

3. 产品成本加成定价法

产品成本加成定价法把某种产品发生的全部生产成本计入加成范围，并在此基础上进行加成，再按照一定的目标利润率来确定加成率和产品销售价格。

产品成本加成定价法公式如下：

单位价格 =（单位产品成本 + 单位费用）/（1−目标利润率）

= 单位产品成本 + 单位产品成本加成率 × 单位产品成本

单位产品成本加成率 =（单位价格 − 单位产品成本）/ 单位产品成本

=（单位目标利润 + 单位总费用）/ 单位总产品成本

在案例 7-2 中，

单位价格 =（单位产品成本 + 单位费用）/（1−目标利润率）

=（480+80）/（1−20%）

= 700（元 / 个）

单位产品成本加成率 =（单位目标利润 + 单位总费用）/

单位总产品成本 ×100%

=（140 +80）/480×100%

= 46%

或：单位产品成本加成率 =（单位价格 − 单位产品成本）/

单位产品成本 ×100%

=（700−480）/480×100%

= 46%

从以上三种成本加成定价方法的计算结果可以看出，总成本加成定价法下的加成率是最低的，而变动成本加成定价法下的加成率是最高的。但无论使用何种定价方法，计算出的该款专用无线网络设备的销售价格都是 700 元。

采用产品成本加成定价法对产品进行定价，可以保证产品获得相应的利润，避免其发生亏损。在这种方法下，确定合理的目标利润率非常关键，目标利润率水平直接决定了成本加成率及销售价格。如果产品具备独特的优势，可以设定较高的目标利润率水平；如果对产品的获利能力不是很有把握，往往需要降低预期利润。

定价完成后，财务人员和市场人员应对成本加成率及预期销售价格进行评估，这需要考虑市场同类产品的价格，因为公司的产品定价不应偏离产品市场定位，并应在综合考量后确定最终的成本加成率及销售价格。成本加成定价法在租赁业、建筑业、服务业、科研项目投资以及批发零售等类型的企业中应用广泛，即使没有使用该方法的企业，也可以把成本加成定价法制定的价格作为参考。

7.2.2 市场导向定价法

市场导向定价法是公司根据市场需求、市场竞争状况及消费者对产品价值的认知对产品定价的方法。

一家公司提供的产品或服务的同质化程度越高、竞争越激烈，越适合采用市场导向定价法。通常，消费者对公司产品的价值越认同，市场对产品的需求强度越高，市场同类产品的竞争越弱，产品的定价越高。

市场导向定价法包括如下几种具体的定价方法：

（1）认知价值定价法。这是利用产品在消费者心中的价值，也就是消费者对价值的认可程度来确定产品价格水平的一种方法。例如，我们去一家未曾去过的家常菜饭店吃饭，菜单上有一道菜叫红烧肉，在我们对这道菜价值的认知中，它应该在30元左右。超过这个价格，消费者可能不会选择该菜品；低于这个价格，可能会提升消费者购买红烧肉的欲望。因此，30元就是红烧肉这道菜正常的价值。

（2）反向定价法。公司依据消费者能够接受的最终销售价格，计算经营成本和利润，再逆向推算产品的批发价和零售价。

（3）基于竞争定价法。公司根据市场竞争对手同类产品的价格情况，制定产品的销售价格。

在市场导向定价法下，需要考虑市场竞争激烈程度、客户的价值认知、竞争对手对公司价格的反应等情况。公司的产品价格一般应当与市价持平，价格制定得太高或太低都是不合理的。市场导向定价法是比较合理的定价方法，适用于高度竞争的市场和大宗商品市场，如矿产、石油、航空、农牧产品等市场。

7.2.3 目标成本定价法

为了可以更好地运营，并在市场竞争中获利，公司除了需要制定合理的价格，还需要进行目标成本的管理。目标成本定价法是一种可以对目标成本进行管理的定价方法，能够改善公司的运营效率，从而使公司获得更多的利润。

不同于成本加成定价法、市场导向定价法，目标成本定价法以期望达成的成本目标为依据，来确定产品出厂价格。目标成本的计算公式如下：

$$单位目标成本 = 单位价格 - 单位利润$$

在目标成本定价法中，产品或服务的单位价格是考虑了市场需求和竞争的目标价格，单位利润是公司期望的目标利润。

目标成本定价法的实施步骤如下：

1）确定目标价格及目标利润。

2）确定当前产品和流程的估计成本。

3）确定目标成本。

4）计算成本差距。

5）持续改善成本，达成预定目标成本。

由于目标成本定价法主要用于设定新产品目标成本，为了确保新产品成本小于或等于目标成本，交叉职能团队需要参与改进产品与工序设计，如财务、采购、销售、工程、设计等部门的参与。只有这样，才能更好地实现成本改善并逐步达成目标成本。目标成本定价法将成本管理的出发点由生产现场前移到产品设计与规划上，从源头开始进行成本管理，具有大幅度降低成本的作用。

在应用目标成本定价法时，往往需要用到并行工程、价值工程、质量功能配置、产品生命周期成本管理等技术。

■ 案例 7-3

"丰田汽车公司"目标成本法的应用实践 ⊖

丰田汽车公司（简称丰田）成立于 1933 年，是世界著名的汽车公司。丰田为什么能历经 90 年而充满活力、旺盛不衰？这很大程度上得益于丰田开创的管理会计制度——目标成本法（Target Costing）。

一、目标成本法的概述

很多人熟知丰田式生产管理体系的代表是"即时制"（Just In Time, JIT）。实际上，在日本及欧美各国，丰田开创的管理会计制度——目标成本法所受到的重视并不亚于 JIT，甚至有超越 JIT 的趋势。这是因为 JIT 只是生产阶段的生产管理制度，而目标成本法则是生产阶段之前进行成本与利润管理的综合性经营管理制度。

目标成本法是丰田汽车公司员工经过几十年努力探索出的成功杰作，是运用科学管理原理和工业工程技术开创的、具有日本文化内涵的成本管理模式。

根据丰田的定义，目标成本法是指新产品从基本构想、设计至开始生产阶段，为降低成本及增加利润而开展的各种管理活动。目标成本法的核心工作是先制定目标成本，然后通过各种方法不断地改进产品与工序设计，最终使产品的设计成本小于或等于目标成本。这一工作需要由营销、

⊖ 案例来源：现代日本经济 2004 年第 2 期总第 134 期：《日本最赚钱的企业——丰田汽车公司的目标成本法解析》，作者：吴革、张越。

开发与设计、采购、工程、财务与会计、供应商与顾客等设计小组或工作团队来执行。建立成本管理体系的目的并非是改变人们的价值判断，而是激励经营管理人员、工程设计人员等员工实现他们的目标。

二、目标成本法的实施程序

目标成本法的实施程序主要有3个阶段：

1. 以市场为导向设定目标成本

（1）制订新产品计划（Product Planning）与目标售价。汽车行业通常每4年实施一次全新改款，一般在新车型上市前3年内，就正式开始了目标成本规划。每一车型（如卡罗拉、科罗娜、凯美瑞等）设置一位负责新车开发的产品经理，以产品经理为中心，对产品计划构想加以推敲，编制新车型开发提案。开发提案的内容包括车子式样及规格（长、宽、重量、发动机的种类、总排气量、最高功率、变速比、减速比、车体构成等）、开发计划、目标售价及预计销量等，其中目标售价及预计销量是产品经理与业务部门充分讨论（考虑市场变动趋势、竞争车型情况、新车型增加的价值等）后确定的。开发提案经由高级主管所组成的产品规划委员会核准后，即进入制定目标成本的阶段。

（2）制定目标成本与目标成本的分解。公司参考长期的利润率目标来确定目标利润，然后将目标销售价格减去目标利润得到目标成本，最后将目标成本进一步细分并下发给负责设计的各个设计部，例如发动机设计部、驱动设计部、底盘设计部、车体设计部、电子技术部、内装设计部。但各设计部并不是一律均规定降低多少百分比，而是由产品经理根据以往的销售实绩、经验等，与各设计部讨论后予以确定。设计部为便于掌握目标达成情况，还需将成本目标更进一步地按零件予以细分。

2. 在设计阶段实现目标成本

（1）计算成本差距。公司将目标成本与估计产品成本（即在现有技术水准下，公司不积极从事降低成本活动产生的成本）相比较，可以确定成本差距。汽车的大小零部件总计约有 2 万件，但在开发新车时并非全部都会变更，通常会变更 5 000 件左右，因此产品估计成本可以由现有车型的成本加上或减去变更部分的成本算出。目标成本与估计成本的差额为成本差距（成本规划目标），它是需通过设计活动降低的成本目标值。

（2）采用超部门团队方式，利用价值工程寻求最佳产品设计组合。在开发设计阶段，为实现成本规划目标，应当以产品经理为中心，并邀请各部门的人员加入产品开发计划，组成一个跨职能的成本规划委员会。委员会包括来自设计、生产技术、采购、业务、管理、会计等部门的人员，是一个跨越职能领域的横向组织，开展具体的成本规划活动，各部门共同努力，以达成目标。

各设计部此时可以开展产品价值分析和价值工程。设计部根据产品规划书设计产品原型，再结合原型，把降低成本的目标分解到各个产品构件上。设计部分析各构件是否能满足产品规划书要求的性能，并在满足性能的基础上，运用价值工程降低成本。如果成本的降低能达到目标成本的要求，产品就可以进入基本设计阶段，否则设计部还需要运用价值工程重新对成本加以调整，以使其达到要求。在基本设计阶段，设计部运用同样的方法挤压产品成本，接着进入详细设计阶段，最后进入工序设计阶段。在工序设计阶段，达到成本降低额后，成本挤压暂告一段落，产品可以转向试生产阶段。试生产阶段是对前期成本规划与管理工作的分析和评价，致力于解决产品可能存在的潜在问题。

在试生产阶段，一旦发现产品成本超过了目标成本，产品就得重新返回设计阶段，设计部运用价值工程对产品进行再次改进。只有在达到目标成本的前提下，产品才能进入最后的生产阶段。

3. 在生产阶段运用持续改善成本法以达到设定的目标成本

大约进入生产阶段 3 个月后（因为异常情况可能在最初 3 个月内发生），公司应检查目标成本的实际达成状况，进行成本规划实绩的评估，确认责任归属，以评价目标成本规划活动的成果。至此，新车型的目标成本规划活动正式结束。进入生产阶段，成本管理转向成本维持和持续改善，以保证正常生产条件，维持既定水平的目标。成本的持续改善是指不断改进成本管理体系，以便对成本对象耗费企业资源的状况进行更适当的计量和核算，以提高成本数据的决策相关性。但值得注意的是，成本规划中的目标成本也有其他功能，例如可以作为制定制造阶段标准成本（丰田称为基准成本）的基础，且可延续使用至新车型，成为估计新车型成本的起点。

三、丰田目标成本法的特色

与传统的成本管理方法相比，丰田的目标成本法体现的成本管理思想特点主要包括如下方面：

1. 拓宽了企业成本管理的范围

传统的成本管理在过程上注重控制生产阶段的耗费，在范围上局限于企业的内部。目标成本法克服了这些局限：在过程上，对产品的整个价值链（即产品的设计，原材料的采购，产中、产后、产品的销售和售后服务的全过程）进行成本控制；在范围上，跨越组织的边界进行跨组织管理，构建从上游到下游的产品成本价值链和企业间的信息交换系统，使其相互作用，共同进行成本控制，同时提高产品制造商和零部件供应商的竞争实力。

2. 明确了企业成本管理的着眼点

丰田在制定目标成本的过程中，始终将目标定位在未来的市场，而非今天的市场。由于目标成本法所确定的各个层次的目标成本都直接或间接地来源于竞争激烈的市场，因此按照目标成本法进行成本控制和业绩评价有助于增强企业的竞争力。成本计划人员以最有可能吸引潜在消费者的水平为基础制定目标成本，其他环节都以这一基础为中心。从目标价格中扣除目标利润后，成本计划人员开始分解产品成本的构成，包括设计、工程、制造、销售等环节的成本，然后将这些因素又进一步分解，以便估算每一个部件的成本。因此，目标成本法并非只针对产品成本，而是整合了产品概念、品质、公司的利润计划等，且具有市场导向的利润管理手法，它以成本管理的形式达成利润管理的终极目的。

3. 调整了企业成本管理的重点

目标成本法的核心是确定产品层次的目标成本。从丰田的经验来看，目标成本是由产品的成本规划委员会根据市场信息、公司内部潜力以及供应商的潜力确定的。这意味着成本管理的重点将由传统观念下的生产制造过程移至产品的开发设计过程。目标成本法把成本管理的立足点从传统的生产阶段转移到产品规划设计阶段，从业务下游转移到业务源头。这种源头管理从一开始就进行了充分、透彻的分析，有助于避免在后续制造过程中产生大量无效作业，耗费无谓的成本，使大幅度降低成本成为可能。

4. 深化了企业成本管理的目标

形象地说，传统成本管理重在"治病"，目标成本法重在"防病"。传统成本管理的目标在于节省成本，而目标成本法的目标在于使企业建立和保持长期的竞争优势。因此，企业必须改变为降低成本而降低成本的传统观念，以战略性成本管理的观念取而代之。战略性成本管理追求在不损害企业竞争地位的前提下降低成本，如果在降低成本的同时，削弱了企业的竞争地位，那么这种成本降低的策略就是不可取的。

5. 丰富了企业成本管理的手段

传统的成本管理主要是基于会计方法。但会计方法不是成本管理唯一的方法。目标成本法的独特之处在于，其采用的手段是综合性的，它注重从技术层面把握成本信息，将价值工程方法引入成本管理，把价值工程、组织措施和会计方法有机结合、融为一体并贯彻实施。目标成本法将成本计算，产品开发、设计与生产工艺加以一体化地分析、运用，采用超部门团队方式（包括会计师、供应商团队等），帮助各部门管理者在产品生产前预测产品的功能、消费者的需求、产品的成本和利润，是一种成本管理手段的创新。它能够保证在降低产品成本的同时，改善产品功能和质量。

6. 独特的差额估计与差额管理

为确定成本规划目标（目标成本与估计成本的差额）而对成本加以估计，并非是将所有的成本、费用都从零开始累计，而是将焦点放在与现有车型成本的差异上，将现有车型的成本加上或减去因变更设计所导致的成本增减额计算而得。设计部的目标并不是计算目标成本总额，而是通过设计活动明确所须降低的成本差距（成本规划目标）。对设计人员及其他相关人员而言，达成100万元目标成本与降低15万元的成本，这两者的感受是不同的。这种差额估计与差额管理方式，不仅可以节省时间与手续，还可以有效率地估计成本，提高精确度。

7.2.4 特别订单定价法

■ 案例7-4

通信设备企业在有过剩产能和无过剩产能两种
情形下的设备销售订单定价案例

R公司是国内一家知名的光纤通信接入设备企业，致力于为全球电信运营商、广电运营商及行业专网用户提供接入层网络解决方案，帮助客户改善收益、提升网络运营效率。R公司曾连续三年被评为"亚太地区高科技、高成长500强"企业，常年位列"中国光传输与网络接入设备最具竞争力企业10强""中国通信产业榜通信设备技术供应商50强"榜单。R公司已在全球范围内建立了多个全资子公司和服务机构，其产品销往欧洲、北美洲、拉丁美洲、东南亚等地80多个国家与地区的电信运营商，涉及电力、交通等领域。

经过研发设计及市场调研，R公司计划推出一款专用无线网络设备。该无线网络设备具有体积小、重量轻、组网简单、低成本等特点，预期销售量为10 000个，目标利润率为20%。根据产品结构及生产经验，该设备可能的相关成本信息如下：单位直接材料成本为200元/个，单位直接人工成本为 100 元/个，单位变动制造费用为 80 元/个，另外该产品发生的固定间接成本总计为 100 万元，销售、管理费用总计为 80 万元。

另一家总部位于中国的中讯公司向 R 公司销售部门发出采购邀约，表示其在未来 3 个月内需要购买 3 000 个无线网络专用设备，中讯公司愿意为每一个设备出价 400 元。

在确定设备售价的时候，R 公司在总成本的基础上增加 25%，即设备正常销售价格为 700 元/个。

R 公司是否应该接受该订单？R 公司可以接受的最低售价是多少？

中讯公司的订单可以看作一个特别订单，因为该订单的买价低于 R 公司的正常售价，而且它属于"一次性订单"。回答这个问题，需要用到特别订单定价法。

特别订单定价法是指当某个一次性订单（不是经常行为）的投标价（或客户限定价）低于正常的销售价格时，企业决定是否接受订单的定价方法。财务上决定是否接受订单，主要考察该订单的价格是否大于相关成本，以及是否提升企业的利润。

在案例 7-4 中，R 公司设备单位售价及成本情况见表 7-1：

表 7-1　R 公司设备单位售价及成本情况

项目	金额（元/个）	项目	金额（元/个）
单位售价（正常售价）	700.00	单位固定间接成本	100.00
单位直接材料成本	200.00	单位总成本	480.00
单位直接人工成本	100.00	单位销售、管理费用	80.00
单位变动制造费用	80.00		

对于中讯公司需求的订单（数量为 3 000 个，单位售价为 400 元），这里要分以下两种情况进行考虑：

（1）当 R 公司有过剩产能时。此时只需要将设备单位变动成本 380 元和中讯公司的买价 400 元进行比较，如果买价超过单位变动成本，说明 R 公司"有利可图"，此时 3 000 个无线网络设备带来的利润增量为 60 000 元（=3 000×20 元/个，不考虑所得税影响）。虽然中讯公司要求的买价 400 元低于正常售价，但 R 公司也应该接受。之所以不考虑固定成本及销售、管理费用，是因为无论 R 公司是否接受该订单，固定成本都将产生，并且该订单也不会带来销售、管理费用的增加，因此，固定成本和销售、管理费用在此案例中都属于"不相关成本"。此案例中的单位变动成本（直接材料、直接人工、变动制造费用）是相关成本。如果我们用单位总成本 480 元和买价 400 元进行比较，就会做出拒绝该订单的错误决策。

也就是说，在 R 公司存在过剩产能的情况下，只要特别订单的买价不低于 380 元，R 公司都应该接受。

（2）当 R 公司产能达到饱和，无过剩产能时。在这种情况下，如果 R 公司接受特别订单，意味着必须放弃另一部分订单的生产，这时就需要将特别订单带来的利润增量与放弃的那部分订单的利润进行比较。假设放弃的那部分订单的单位利润（也叫边际贡献）是 30 元/个，那么 3 000 个该产品的利润为 90 000 元，意味着接受该特别订单会降低 30 000 元的利润，应该放弃。反之，如果特别订单带来的利润增量超过放弃的那部分订单的利润，则应该接受。

在特别订单定价法中，我们把固定成本视作"不相关成本"而不予考虑，是因为是否接受该特别订单对固定成本没有影响。但如果接受特别订单会增加固定成本，此时的固定成本就是相关成本，就需要在定价方法中加以考虑。在上述案例中，考虑如下情况：

如果生产部门管理层认为，可以在不影响原有生产计划的情况下完成中讯公司的订单。然而，该订单将会增加额外的固定制造费用 15 万元，该成本以增加人工成本的形式体现。

在这种情况下，特别订单的单位相关成本就是 430 元，超过中讯公司要求的单位买价 400 元，该订单不可以接受。如果想要接受该订单，R 公司可以与中讯公司进行谈判，要求其将买价提高到 430 元以上。

特别订单定价法适合用于短期订单决策，它可以使公司有效规避由于使用总成本或生产成本决策造成的错误。其在招投标中应用也很广泛。但公司的售价最终需要覆盖所有的成本（含费用），这样才会带来利润。因此，特别订单定价法不适合作为常规的定价决策工具，否则，公司会面临大量的特价产品，这样不利于公司进行产品定价并降低公司利润。

7.3 自制或外购产品决策分析

当公司既可以从供应商处采购也可以自行生产某种产品（含物料、零件等）时，就需要进行自制或外购产品决策分析，即公司对内部制造与外部购买的产品成本进行比较，从而选择合适的产品获取方式。我们通过一个具体案例来说明如何进行自制或外购产品决策分析。

■ 案例 7-5

W 公司探头生产自制或外购决策分析

W 公司是一家通用电子测试仪器研发、制造与销售的高科技公司，主要产品为数字示波器、波形与信号发生器、频谱分析仪，产品主要销往北美洲、欧洲及亚洲等地区。W 公司每年需要 T 探头 20 000 件，该探头既可以自行生产，也可以从供应商处采购。若选择外购，采购价格为 1 000 元 / 个；如果选择自行生产，相关成本见表 7-2：

表 7-2　W 公司 T 探头相关生产成本

项目	金额（元 / 个）	项目	金额（元 / 个）
单位直接材料成本	500.00	单位变动制造费用	100.00
单位直接人工成本	200.00	单位变动管理费用	100.00

（续）

项目	金额（元/个）	项目	金额（元/个）
固定制造费用	150.00	单位成本合计	1 100.00
固定管理费用	50.00		

对于W公司来说，应该选择自制还是外购T探头呢？

在具备制造能力的情况下，无论公司选择自制还是外购，固定成本均将发生，属于沉没成本。因此，自制还是外购决策中的固定成本属于"不相关成本"，不会影响决策。此时，公司只需要将变动成本与外购成本进行比较，如果变动成本低于外购成本，则应该选择自制；如果变动成本超过外购成本，则应该选择外购。

在本案例中，T探头的单位变动成本为900（=500+200+100+100）元，自制总成本为1 800万元（=900元×20 000）。外购总成本为2 000万元（=1 000元×20 000）。

自制总成本低于外购总成本，企业应该选择自制，自制可以节约200万元成本。

以上计算和决策分析是基于公司自制和外购产品均不会引起固定成本的变化，也不会产生相关的机会成本的假设。在实际情况中，往往需要考虑自制或外购决策是否会引起固定成本以及机会成本的改变，这样才更加科学、合理。

1. 自制需要增加固定成本 & 外购可以减少固定成本

在案例7-5中，如果W公司外购T探头可以减少50%的固定制造费用，并能减少全部的固定管理费用，这个时候W公司又该如何决策呢？

此时，自制的单位相关成本为1 025（=500+200+100+100+75+50）元/个，而外购的单位成本为1 000元/个。

这意味着自制的单位相关成本较外购高25元，W公司应该选择外购。选择外购可以节约的总成本为50万元（=25元×20 000）。

类似地，当企业没有多余的生产能力或生产能力不足时，就需要增加固定成本以购置必要的机器设备，或增设检查人员等，此时在决策时也要考虑自制所导致固定成本的增加。具体计算方法与上述案例一致，此处不再赘述。

2. 存在其他机会成本

如果用于内部生产的设备不用于生产其他产品，或者用于内部生产的空间也不会出租给其他组织使用，这种情况下机会成本是零；如果用于内部生产的设备可以用于生产其他产品，或者用于内部生产的空间可以出租给其他组织，这种情况下存在机会成本，公司在进行决策时应予以考虑。

如果 W 公司的生产能力可以转移，转移后预计每年可以获得 300 万元的净收益，在这种情况下应该选择自制还是外购呢？

此时，自制的相关总成本为 2 100 万元（=20 000×900 元 +3 000 000 元），外购的总成本为 2 000 万元。

这意味着外购较自制节省 100 万元成本，应该选择外购。

在上面的分析中，我们是从成本的角度定量分析产品自制和外购决策，但公司在实际运营中，除了定量分析之外，往往还会关注定性因素的影响，如稳定的供应商关系、可靠的质量保证、及时的物料交付等。有些产品以外购的方式可以更好地借鉴供应商的技术、经验，进而逐步降低采购成本。但对于核心物料、关键部件，公司可能更倾向于内部制造，避免核心竞争功能"卡脖子"的风险。

7.4 产品、分部、客户盈利性及增减决策分析

企业在经营过程中，经常会对某一产品、业务单元或客户进行盈利性分析，并做出将其保留或放弃的决策。财务分析师此时往往需要扮演数据分析与

建议的角色，帮助管理层进行科学决策。公司进行产品、分部、客户盈利分析与增减决策也是优化运营、改进管理的手段，其提升财务价值的作用也是非常明显的。

7.4.1 产品盈利性与增减决策分析

每一家公司的产品都包括一种或若干种类型，公司会按照产品类型区分不同的产品线，分别任命产品线负责人对产品线的经营负责。产品线盈利能力是影响产品线运营情况的关键因素，并关系着产品线是否能存续。产品盈利分析可以帮助公司判断产品或产品线的盈利能力情况，继而改进对产品或产品线的管理。

有些公司根据产品线设置法人组织并建立独立的核算体系，这种情况下收入、成本核算得比较清楚，可以按照法人或事业部的核算方式计算产品线盈利；大部分公司由于产品类型比较多，而且横跨不同的行业，因此没有专门设置公司或事业部来运营，这种情况需要用利润中心的相关划分方法进行产品线盈利分析。在对产品或产品线进行盈利分析的时候，通常需要考虑：

1）产品收入。

2）产品成本。

3）产品毛利。

4）直接费用。

5）间接费用分摊前利润贡献。

6）间接分摊费用。

7）税前利润。

8）净利润。

公司对产品或产品线进行盈利分析之后，即可以编制产品或产品线利润表。公司通过产品或产品线盈利分析，可以建立全流程产品成本管理的意识，即产品不仅要对直接费用负责,还需要对间接分摊费用(主要指按照一定方法进行的管理费用分摊,如期间费用的分摊等)负责。这样可以清楚地看出产品的收入、成本情况,该产品对集团的收入贡献、毛利情况,成本控制情况;还可以看出产品发生了多少直接或间接费用,最终是否能够盈利,对集团是否有正的利润贡献,没有利润的情况下考虑是否要终止该产品的维护和运营。

弄清楚上述问题,基本上就解决了产品盈利性分析的问题,这也是决定保留或放弃产品的基础。但我们是否只有知道最终的净利润情况才能做出产品的增减决策呢?并不是这样,产品的盈利分析反映了产品的盈利情况,但最终决定我们能否做出增减决策的并不是产品的盈利情况,而是边际贡献和相关成本。

产能约束下的产品组合决策分析案例:某公司生产 A、B 两种游戏手柄,计划产销量分别为 A 手柄 10 000 个,B 手柄 8 000 个,但手柄生产线的产能极限是 150 000 个人工工时,且暂时无法增加产能。A、B 手柄价格与成本相关数据见表 7-3:

表 7-3 某公司 A、B 手柄价格与成本相关数据

项目	A 手柄	B 手柄
单位售价(元)	500.00	300.00
单位直接材料(元)	300.00	120.00
单位直接人工(元)	80.00	60.00
单位变动制造费用(元)	20.00	30.00
单位固定制造费用(元)	40.00	50.00
单位其他变动费用(元)	10.00	20.00
单位其他固定费用(元)	20.00	30.00
单位产品人工工时(小时)	10.00	8.00

可以计算出 A 手柄的单位边际贡献为 90(=500-300-80-20-10)元,B 手柄的单位边际贡献为 70(=300-120-60-30-20)元。A 产品的单位边际贡献大于 B 产品的,因此应该优先考虑生产 A 产品,并在满足 A 产品

全部的生产需求后再生产 B 产品。这里合理的决策是生产 10 000 个 A 手柄，利用剩余的 50 000 个工时生产 6 250 个 B 手柄（=50 000/8）。

从这个案例可以看出，对产品产销量决策起决定性作用的是产品的边际贡献，而对边际贡献起决定性作用的是产品的变动成本，即固定成本与产品的增减决策无关。我们对产品进行盈利性分析可以判断产品是盈利还是亏损的，但是仅因为某产品是亏损的就砍掉该产品，这样的决策是不正确的。正确的决策分析应该建立在边际贡献的基础上。

常见的产能约束条件除了人工工时，还有材料、机器工时、场地限制等。

在进行产品增减决策分析时，除了考虑定量因素，还需要考虑定性因素。例如，即使某产品是亏损的，或者其边际贡献较低，但保留该产品是否可以丰富产品线、对竞争对手进行打击、通过低价打开市场、促进高利润产品的销售？另外，如果某产品属于公司的战略产品，即使其短期内亏损或边际贡献较低，但长期可能带来超额利润，那么该产品也是可以保留的。

7.4.2 分部盈利性与增减决策分析

公司是由不同的业务单元构成的，这些业务单元可以是一家子公司、一家分公司、一个事业部，也可以是一个业务部门、一个区域。在后面的章节中，本书将介绍按业务部门划分利润中心的方法。划分利润中心的主要目的之一是可以科学、合理地对业务单元进行盈利性分析，发现公司的利润贡献来源及亏损的单位或区域，进而采取措施改善组织绩效，甚至在必要的时候做出业务部门是否续存的决策。在进行分部盈利分析时，需要考虑以下几个方面：

1）业务分部收入。
2）业务分部成本。
3）业务分部毛利。
4）直接费用。

5）间接费用分摊前利润贡献。

6）间接分摊费用。

7）税前利润。

8）净利润。

公司通过业务分部利润表，对业务分部进行盈利分析，可以发现公司的优势业务单元和低效业务单元，公司主要盈利来源及各业务单元对集团收入的贡献比率，各业务单元的成本控制情况、毛利情况，各业务单元的直接和间接费用，各项广告费用使用效率、人员效率等，并最终得出各业务单元的盈利和亏损情况。对于亏损的业务单元，公司要考虑其存续的必要性，并做出增减决策。

■ 案例 7-6

连锁超市 A 卖场亏损后关停或保留决策分析

福鑫连锁集团是国内知名的连锁零售超市，其业务涵盖了零售业现有的各种业态，如百货商店、超市、卖场、便利店、购物中心、品牌折扣店、专卖店等。公司以百货商店、连锁超市、购物中心为核心业务，旗下拥有众多知名的企业和品牌。但近期财务经理小张对集团旗下的 A 卖场分析后，发现 A 卖场连续两年出现了经营亏损。最近一年 A 卖场的利润表见表 7-4：

表 7-4　A 卖场利润表　　　　　　　　　　（单位：万元）

营业总收入	40 000.00
营业总成本	44 000.00
营业成本	32 000.00
税金及附加	3 000.00
销售费用	6 000.00
管理费用	4 000.00
研发费用	

(续)

财务费用	−1 000.00
资产减值损失	
信用减值损失	
资产处置收益	
净利润	−4 000.00

小张将 A 卖场的情况汇报给集团总经理李总,希望李总做出继续经营或者关停 A 卖场的决策。李总让小张做进一步分析,并做出是否关停 A 卖场的决策。如果你是小张经理,应该如何进行决策呢?是否仅仅因为 A 卖场亏损,就决定将 A 卖场关停呢?

小张首先根据费用类型,对公司所有的成本费用进行划分,并形成一张全新的利润表。全新的 A 卖场利润表见表 7-5:

表 7-5　全新的 A 卖场利润表　　　　　　　　　　(单位:万元)

营业总收入	40 000.00
营业成本	32 000.00
变动成本	20 000.00
固定成本	12 000.00
期间费用及税金	12 000.00
变动期间费用	2 500.00
管理人员工资	1 000.00
市场费用	2 500.00
自有物业租金	2 000.00
折旧费用	500.00
其他固定费用	3 500.00
净利润	−4 000.00

在本案例中,变动成本、变动期间费用属于变动成本,而固定成本、管

理人员工资、市场费用、自有物业租金、折旧费用、其他固定费用属于固定成本。公司在进行业务部门增减决策时,能够准确地划分变动成本和固定成本非常重要。

A 卖场的边际贡献为 14 000(=40 000-20 000-2 500-1 000-2 500)万元。如果关停 A 卖场,可以节省的固定成本有管理人员工资、市场费用,金额合计为 3 500(=1 000+2 500)万元。这意味着关停 A 卖场,会带来 10 500(=14 000-3 500)万元的净亏损;保留 A 卖场,可以弥补 14 000 万元的固定成本(虽然不能弥补全部的固定成本、自有物业租金、折旧费用、其他固定费用)。对于福鑫连锁集团来说,最恰当的做法是继续保留 A 卖场。

从这个案例可以看出,如果关闭某业务分部损失的边际贡献超过可以节省的固定成本,则应该保留该业务分部;如果关闭某业务分部损失的边际贡献小于可以节省的固定成本,则应该关闭该业务分部。

如果业务分部还存在其他机会成本,应将机会成本与可节省的固定成本进行综合考虑。

7.4.3 客户盈利性与增减决策分析

企业经营管理符合"二八定律",即 20% 的客户创造了企业 80% 的利润,其余 80% 的客户创造了 20% 的利润。因此,如何识别为企业创造利润最多的那 20% 客户并进行重点维护,对企业来说就显得尤为重要,而识别那些消耗公司资源,甚至为企业带来亏损的客户,并对他们采取措施,对企业来说也是明智之举。在进行客户盈利分析时,企业需要分析的方面应包括但不限于:

1)客户收入、毛利。
2)客户销售单价。
3)客户维护成本。
4)折扣政策与特别费用分摊。

5）市场与广告费用。

6）销售利润贡献。

7）平台费用分摊。

8）税前利润。

9）净利润。

H 公司是一家主营厨卫电器产品的知名上市公司，公司的产品以代理销售为主。经过财务经理的整理，H 公司 3 家分客户经营利润表见表 7-6：

表 7-6 H 公司 3 家分客户经营利润表

项目	A 客户	B 客户	C 客户
一、销售收入（元）	2 994 880.00	1 476 000.00	876 360.00
数量（个）	3 056.00	1 200.00	654.00
单价（元）	980.00	1 230.00	1 340.00
二、销售成本（元）	1 946 672.00	885 600.00	525 816.00
三、销售费用（元）	811 744.00	603 800.00	273 818.00
广告费（元）	102 000.00	100 000.00	30 000.00
业务招待费（元）	100 000.00	80 000.00	20 000.00
客户拜访费（元）	100 000.00	60 000.00	20 000.00
运杂费（元）	200 000.00	150 000.00	100 000.00
市场费用分摊（元）	149 744.00	73 800.00	43 818.00
其他费用（元）	160 000.00	140 000.00	60 000.00
四、客户利润（元）	236 464.00	-13 400.00	76 726.00
五、管理及研发费用分摊（元）	59 897.60	29 520.00	17 527.20
六、净利润（元）	176 566.40	-42 920.00	59 198.80

其中，市场费用、管理及研发费用按照收入占比进行简易分摊。

通过对 A、B、C 客户进行分析，财务经理发现 B 客户是亏损的，因此建议取消和 B 客户的合作。

财务经理的分析结论其实是不准确的。这是因为 B 客户的亏损很大程度上受到市场费用分摊、管理及研发费用分摊的影响，而这一部分费用不受 B 客户控制。因此，我们在进行客户盈利性分析及增减决策时，除了考虑客户的净利润，更应该考虑客户的相关成本及边际贡献，以及放弃该客户所能节省的固定成本及机会成本。我们要分析对客户的费用归集是否准确，相关费用的分摊规则是否合理。必要的时候，我们可以借助作业成本法的思路进行费用归集，这样才能精准分摊费用和分析客户盈利。

■ 案例 7-7

财务分析师制定定价模型并对美国代理商定价

本章开始的时候，邵总给财务总监向总安排了一个任务，要求向总尽快制定新的定价策略来应对美国加征关税的影响。向总又把这个任务安排给了财务分析师李茜。

首先，李茜查询了本次加征关税的相关政策，厘清中美贸易摩擦的来龙去脉，初步评估加征关税可能带来的财务影响。然后，李茜与集团商务总监取得联系，由对方导出公司上半年销售清单明细，并具体列明在加征关税清单内的商品。

紧接着，李茜与集团常年国际税务顾问取得联系，咨询调整转移定价的合理性及基本前提，税务顾问给出的指导建议是：①美国子公司需要满足所在地的转移定价要求；②价格调整范围应该合理，双边定价不得大幅波动。

最后，李茜根据上半年的数据制作美国子公司利润表（见表7-7），分析子公司上半年的关键财务指标情况，如发货价，子公司采购价，子公司收入、毛利率、期间费用、净利润、利润率等数据。与此同时，李茜取得子公司对下半年销售情况的预测数据，并对下半年可能发生的各项重要费用进行了预估。紧接着她分析了加征关税后，如果公司不采取任何定价调整策略，母、子公司毛利率变动情况、子公司净利润情况。李茜发现，如果不调整定价策略，美国子公司将大幅亏损，这不符合当地政策，会造成较高的财务风险。这是管理层不能容忍的。

表 7-7　子公司利润表

项目	1~6 月	7~12 月（预测）	合计
营业收入			
销售收入			
服务收入			
营业成本			
毛利			
期间费用			
人员工资			
销售费用			
管理费用			
财务费用			
净利润			
利润率			

李茜将沟通过程中的所有邮件都抄送了财务总监向总，并随时与向总汇报进展。

掌握了上述基本情况，李茜开始制定公司定价模型。她认为需要说明一些基本前提，特别是税务顾问的建议，以及说明合法合规是公司制定转移定价政策的基础和准绳。另外，定价模型需要用到一些基本假设，如收入预测准确性假设、忽略不加征关税的商品（数量较少）假设、子公司合理利润区间假设、不考虑关税排除假设等。李茜将税务顾问的建议及基本假设在模型显要位置进行了重点说明，同时还对公司当前的基本情况进行了介绍，如定价情况、双边政策情况等。

美国加征关税必然会导致美国客户采购成本的增加。如果公司对美国客户维持既有的价格政策,则势必削弱客户的购买动力,后续的销售将会受极大影响。因此,管理层给出了指示:美国对公司商品加征的25%关税,不应该全部由客户(即代理商)承担。无论何时,公司和客户应当始终站在一起。所以,一方面公司要适当降低商品价格以维护客户的利益;另一方面,终端客户要适当提价。这样就能基本消除加征关税带来的利润削减。

按照上述思路,李茜在定价模型中将母公司对美国子公司降价比率、美国子公司提价比率作为两个基本变量,并根据这两个变量观察母、子公司毛利率变动,以及美国子公司净利润情况,子公司提价、母公司降价金额及比率见表7-8。

表7-8 子公司提价、母公司降价金额及比率

项目	金额	比率
子公司提价	A	0%
母公司降价	B	3%

经过反复推算和验证,李茜制定了三种可以满足基本要求(即国际税务顾问的建议、美国子公司所在地的转移定价要求、管理层的要求)的调价策略,并对每一种调价策略相应的利润表进行了推算。

不满足基本要求的调价策略可能会导致各种不同的后果,如母公司毛利率变动太大、子公司出现亏损、税务成本过高、子公司毛利率过高等。

最后,李茜不忘提醒管理层,该定价模型是基于一定的假设和基本前提,特别是下半年销售预测准确性的影响比较大。

一切准备就绪并和向总讨论之后,李茜将方案发给了邵总、营销负责人、商务总监,并抄送向总。没过多久,大家就都收到邵总批示,要求选取第二种定价方案。同时,由母公司直接销往美国的客户也参照此方案进行了价格调整。

过了几天,向总又把李茜叫到了办公室。

"这个定价模型做得很不错，思路非常清晰，给管理层科学决策提供了严谨的数据支撑。"向总夸赞道。

"谢谢向总夸奖，不过后续我们要持续关注销售情况及客户反馈，以验证模型的可靠性。"作为一个财务分析师，李茜保持了一贯的谨慎性。

"没问题的，我仔细看过了，你也要有信心！另外，我告诉你啊，因为美国加征关税，之前销售部都认为不降价产品卖不出去。现在可好了，自从邵总敲定了定价方案，销售部开始忙着和客户谈提价的事，解释公司遇到的困难。邵总真是高明，既给产品提了价，还保住了公司的利润，这样的结果才是大家乐于看到的。"李茜看得出向总颇为高兴。

年底进行回顾，价格执行结果和定价方案大体一致，公司在美国市场的销售额没有出现下滑，反而有所增长，这是大家之前没有想到的。定价方案大获成功，李茜再一次给财务总监向总和邵总留下了深刻的印象。

第 8 章

基于控制的战略预算分析

情景
现场

又到了一年一度的预算季,财务总监向总很苦恼。全面预算虽然年年做,但好像每年的执行效果都不理想,表现为收入多数时候达不到预算,或者费用虽然没有超标,但增速超过了收入增速,利润也常常达不到预算。在今年的全面预算启动会上,邵总点名批评了财务部,说往年的预算执行不好,财务部负有很大责任。

邵总的点名批评让向总压力很大。他觉得很委屈,收入完成不了,不应该是销售部的责任吗?对于费用控制,财务部也很无奈。费用主要是业务部门产生的,财务部只能进行统计和反馈。业务部门不可能不产生费用,而且各项费用的使用都经过了批准。每年的全面预算工作一直按照公司的流程在执行,从预算的准备、启动、编制、下达,到最后的执行分析,一直都颇为顺利。邵总以前虽未表扬过,但也没有像今年这样将矛头指向财务部。

痛定思痛，向总决定开始改变。但他还没有完全想清楚到底是哪里出了问题。由于今年是李茜在具体执行预算的编制和与各部门的对接工作，向总决定先找她了解一下情况。

"向总，我就知道您会找我。对于预算启动会上财务部被邵总点名批评，我真的感到很愧疚，这是因为我的工作没做好……"李茜进门前已经做好了自我批评和被批评的准备。

"好了，这也不能怪你。"向总不等李茜继续往下说就打断了她，"你也是刚接手财务预算工作。邵总说之前的预算执行存在问题，这和你没有关系。但我们需要搞明白之前预算工作到底出了什么问题，为什么邵总今年这么不满意？另外，他也是希望我们今年可以把预算工作做得更好吧！"

"我们公司的预算工作经过这么多年的运行，从制度流程到实际执行其实都已经比较成熟了。其他各部门配合得比较好，预算数据基本可以按时提交。我觉得预算工作做得挺好的啊。"李茜有点不理解。

"预算工作真的做得好，财务部也不会被邵总点名批评了。我不是说预算过程和沟通一定有问题，但最后的预算结果就是不理想。领导让财务部承担责任，我找谁说理去啊。我找你来，一方面是因为你接手预算工作已经有一段时间了，对工作流程比较熟悉；另一方面是因为你在接手过程中肯定也发现了一些问题，你就谈谈你的真实看法。"很显然，向总对李茜的回答并不满意。

"我觉得邵总拿财务部说事，归根结底还是对预算的执行结果不满意。如果没有人对预算结果负责，预算做得再完美，也只是徒劳无功。抛开其他的不谈，至少财务部对全面预算执行过程中的控制做得不到位。对于业务部门的数据，财务部更多时候起到的是数据汇总的作用，对数据是否合理缺少质疑和验证。另外，管理层每年都会为公司设定经营目标，但是这些目标是否可以实现，要考虑公司的现实情况。现在看来，一些经营目标是不切实际的。根据《预算管理制度》，公司在每个季度、年度都要根据预算执行结果进行绩效考核，但实际并没有执行，因此，预算执行结果和绩效几乎没有直接关系……"李茜趁此机会把发现的问题都说出来，以便引起向总的重视。

"你说的这些确实都是实际情况，但这些都是有历史原因的。公司制定的预算还是具有柔性的，管理层似乎也不想把预算卡得太死，因为这样会影响到业务的开展……另外还有一些原因，我以后再慢慢告诉你。"向总说道，"这样吧，你先去系统梳理一下全面预算流程，将其和优秀公司的预算管理方法比较。尤其在预算讨论、落地、执行分析及考核环节，我觉得有很大的改善空间。"

"好的，向总，那我下去整理一下，也对公司的预算状况梳理一下，再向您汇报。"李茜说着，走出了向总的办公室。

思考：
1. 全面预算如何同公司战略相匹配？
2. 预算管理如何同财务分析有效结合？
3. 如何设定并分析预算指标？
4. 预算执行分析应该如何做？

8.1 以战略为起点的全面预算方法

8.1.1 战略牵引下的全面预算管理

全面预算管理是指公司以战略目标为导向，以现金流量为重点，通过逐层分解相关指标，对各部门下达目标，全程管理各部门经营活动，并对其实现的业绩进行考核与评价的一种管理方法。公司通常需要设立专门的机构（如预算委员会）对全面预算管理负责，并由预算管理小组（由财务牵头）负责具体实施。

对于大中型企业来说，一年一度的全面预算是一项重要的工作。全面预算能够起到实现公司经营战略和目标、合理分配公司资源、落实各部门经营责任的作用，为企业考核、奖励员工提供了依据，因此受到包括董事会在内的各部门的高度重视。良好的全面预算管理可以成为公司经营的灵魂，而财务部在公司全面预算管理中往往起到了关键作用。

完整的全面预算管理流程包括战略管理、计划管理、预算管理和绩效管理四个子流程，四个子流程形成全面预算管理的闭环。公司战略是最高层次的战略，决定了企业的方向和远期目标；产品、市场等业务战略以及人力、财务等职能战略都需要根据公司战略来制定；业务计划和财务计划则是对业务战略和职能战略的进一步分解和细化。如果把战略看作一场战役，那么业务计划和财务计划则可以看作局部战斗。只有局部战斗取得胜利，战役才有可能取得总胜利。全面预算管理是对业务计划和财务计划的承接，全面预算又由业务预算、财务预算、资本预算组成。

企业的全面预算管理工作不够理想，往往有以下两个原因：

1）不重视公司战略对预算的指引作用，导致预算的站位高度不够，最后成为财务部"秀肌肉"、刷存在感的舞台。

2）不重视预算执行过程中的绩效考核，导致公司的绩效考核体系和全面预算管理相分离，全面预算无法起到引领绩效的作用。

8.1.2 "两上两下"的预算管理过程

公司通常在每年的9月至12月编制下一年的年度预算。

公司在9月开展相关的准备和评估工作，进行内、外部环境分析。

公司在 10 月确定经营目标、关键财务指标与非财务指标（销售指标、利润指标等），启动全面预算编制工作。

公司在 11 月组织编制各部门的收入、费用预算，财务部对各部门上报的预算方案进行审查、汇总，结合公司年度经营目标和计划，提出综合平衡的建议；公司编制财务预算，包括资金预算表、预计资产负债表、预计利润表、预计现金流量表及其他资料，确定预算草案；预算委员会审议预算草案；公司根据预算草案审核意见修改各部门预算。

公司在 12 月确定最终的年度全面预算报告并报董事会审批，审批后下达各部门，由各部门签字并执行。

季度预算应遵循年度预算，月度预算应遵循季度预算。季度预算应于每季度上月 15 日前上报到财务部，月度预算应于上月 25 日前上报到财务部。

预算编制完成后，就是预算的具体执行阶段。公司应该明确预算内、预算外资金使用的具体审批流程及预算调整流程。财务部要对预算执行过程进行严格的监控，并在执行过程中进行分析和预警，确保预算执行整体上不偏离公司的年度经营计划和目标。

公司应实施预算分析、报告和考核，形成预算定期分析及反馈机制。例如，每月应有月度预算执行分析报告，季度应有季度预算执行分析报告，并由财务部向管理层和相关部门提交报告，对重大执行差异进行预警。人力资源部根据月度和季度预算执行分析报告，按照考核制度和方案落实考核责任。"两上两下"的预算管理过程见图 8-1。

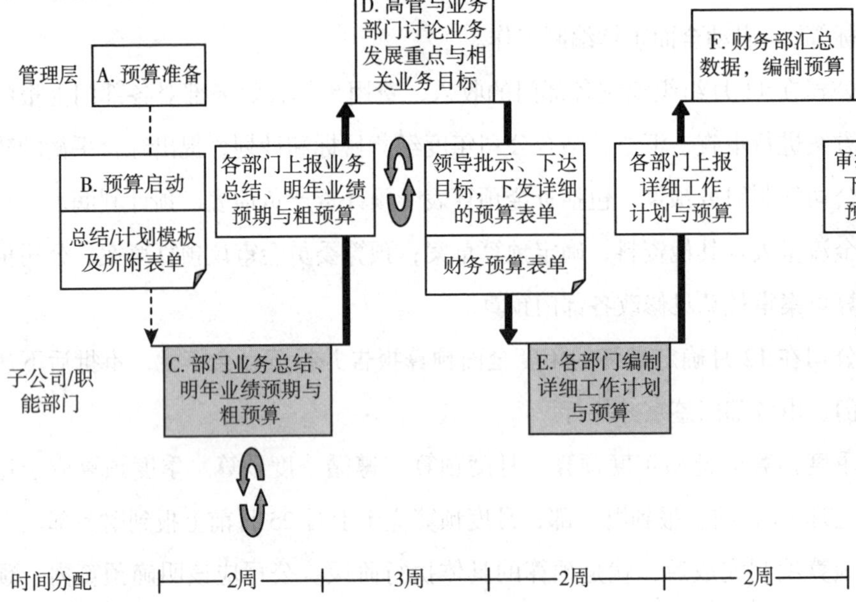

图 8-1　"两上两下"的预算管理过程

8.2 预算指标设定方法及分析

8.2.1 预算指标设定方法

公司的预算指标是指一个公司的经营目标和预算考核指标。

经营目标具有承载公司战略的作用。在很多公司，经营目标由管理层根据上一年的经营情况及对下一年的展望，结合自身经验直接设定。例如管理层会直接对下一年的销售额、增长率、利润额、费用等关键财务指标设定目标值，再由财务部进行拆解，并下达各个部门。这种自上而下的目标设定方式有一定合理性，在很多公司执行起来效率很高。由于管理层对公司经营的判断能力通常强于其他人，因此很多时候公司经营目标可以得到非常彻底的执行。

但上述目标设定方式既不科学也不系统。特别是在年度预算执行分析中，如果财务指标的预算执行偏离了年初制定的目标，财务部会有很大的压力。例如，一旦公司的收入出现预算偏离，经营利润可能会出现更大程度的偏离。这样不仅没有体现出预算的价值，还给公司的绩效考核带来了困扰。

在相当多的公司中，虽然其董事会根据公司战略，并在讨论后制订了年度经营计划和经营目标，但由于财务部的参与度不够，经营目标缺少系统分析，目标的科学合理性有待商榷。作为财务部，在预算前期参与到经营目标的设定过程中是很有必要的。设定的目标是否科学、合理，直接关系着预算是否科学、合理，甚至关系着各个部门对公司的经营战略、经营能力、经营预期、经营结果的认知是否准确。

公司可以根据平衡计分卡的四个维度制定年度经营目标和预算指标：

1）财务维度：经营业绩、成果要达到的目标，销售收入，利润率，投资回报率，现金流量等各项指标。

2）客户维度：产品开发与运作、价格与成本策略、市场占有率、客户营销活动、客户服务、营销目标等目标与计划。

3）内部流程维度：公司各类管理体系的构建与调整、流程的规范化建设与目标推进等。

4）学习与成长维度：人力资源规划、人才梯队建设、信息系统建设、培训及知识管理体系等方面的目标。

■ 案例 8-1

公司年度经营目标与预算指标设定案例

表 8-1 展示了公司年度经营目标与预算指标设定。

表 8-1 公司年度经营目标与预算指标设定

类型	经营目标	预算指标	全年值		全年目标值	变动率
			1~9月实际值	年度预测值		
财务维度	销售量					
	营业收入					
	单位毛利					
	净利润					
	经营活动现金流净额					
	资产负债率					
	净资产收益率					
	期间费用率					
客户维度	目标市场占有率					
	直销客户开发率					
	老客户保有率					
	新客户数					
	新客户收入占比					
	顾客满意度					
内部流程维度	成品出品率					
	产品合格率					
	新产品比例					
	新项目立项数量					
	库存周转天数					
	应收账款周转天数					
学习与成长维度	员工流动率					
	员工满意度					
	员工培训率					
	信息系统掌握度					
	核心员工股权激励覆盖率					
	职业规划体系建立完成度					

制定经营目标及指标之后，董事会应下达下年度经营指标和各级考核指标。

8.2.2 预算指标分析

在预算正式下达之前，需要对预算指标进行分析。预算指标分析是全面预算管理中的重要一环，同时也是预算机制发挥作用的关键。但很多公司往往忽略了预算指标分析，财务人员抱着"老板怎么说我就怎么做"的心态编制预算，导致预算编制和执行"两张皮"。虽然预算指标制定的主要责任在于管理层和预算委员会，但财务部的预算与财务分析师仍应努力在解决如下问题方面发挥出专业价值：

1）预算指标制定的依据是什么？例如，管理层给出下一年度的收入预算指标为增长 30%，这个增长率的设定不一定有科学依据，管理层也许只是出于对下一年度销售的期望；已经有了在手订单或者销售线索；单纯为了激励销售部而设定挑战目标。

在不同的出发点下，确定的收入增长率是不同的。如果设定的收入增长率只是出于管理层的期望，那么该增长率实现的可能性较低，预算指标可能需要在 30% 的基础上下调；如果有在手订单或销售线索支持管理层的判断，那么该增长率实现的可能性就很高。预算与财务分析师应分析在不同的情况下预算指标达成的概率，给出最优预算指标，或者进行敏感性分析。

2）是否收集到了完整的支撑数据和资料？预算指标的制定应该是基于科学的判断和精准的数据分析。预算与财务分析师应掌握历史数据，包括预算指标的历史完成情况；也应该明确指标计算的方法、过程，确保管理层设定的预算指标和业务单位执行的预算指标是同一个口径（预算指标的确定不应该受不同计算方法的影响）；还应收集同业公司历年的预算指标情况，确定公司预算指标设定的合理性；最后应听取业务部的意见，与其形成良性互动。

3）公司是否具备完成预算指标的能力，并分配了相应的资源？如果设定的某些预算指标没有考虑公司的经营能力，这样不仅不能起到激励效果，反而会打击各部门的积极性。设定预算指标后，预算与财务分析师要分析公司有没有做出合理的资源分配。公司要将重要资源向重点部门倾斜，收入增长率高的部门应该被分配更多的战略性资源和资金、费用、人力、系统。

4）预算指标是在提升公司价值，还是在降低公司价值？预算与财务分析师应站在公司价值的战略高度分析和思考公司制定的预算指标，如在下一年度降低资产负债率，是否可以提升公司价值？不同管理者的经营风格不同，有的管理者倾向于低负债的经营策略，一旦公司资金充裕就会减少负债。如果公司在下一年度的预算中将资产负债率水平降低，这在一定程度上可以降低公司的财务风险。但是从公司价值的角度来看，资产负债率的下降可能并不利于公司利用财务杠杆创造更高的经营利润率和资产回报率，最后可能会降低公司价值。

8.3 预算执行分析

下达预算之后，为了反映各部门对预算的执行情况，公司需要定期开展预算执行分析，通常包括月度、季度、年度预算执行分析。财务部预算与财务分析师出具预算执行分析报告，向预算委员会和各部门报告或反馈预算执行进度、执行差异、问题及建议，促进公司预算目标的达成。

预算执行分析的主要内容包括：

1）利润表预算执行分析。

2）各产品事业部、销售部收入完成情况及预算差异分析。

3）成本、费用总体预算执行分析。

4）各部门费用、支出执行情况及预算差异分析。

5）各财务指标完成情况及预算差异分析，如毛利率、净利润、净利率、周转率等指标。

6）预算外资金的使用情况。

7）预算执行差异原因分析及责任划分，改进建议及对策。

8）未来经营情况预测、报表预测。

9）其他分析，如资本性支出分析、融资分析等。

预算执行分析主要反映各预算指标实际执行值与预算值之间的差异，通常包括本期预算额、实际发生额、本期差异额、累计预算额、累计发生额、累计差异额。预算执行分析可以帮助公司发现管理薄弱及有待改进的地方，发现机会点，及时调整年度预算，采取措施改善问题，提升公司的经营管理水平。

■ 案例 8-2

公司预算执行分析汇报案例

月度、季度、年度预算执行分析报告完成后，预算与财务分析师需要将报告发送给公司的预算委员会或相关管理层，并根据不同部门的需要，将预算执行情况分别发送给相应的部门。预算执行分析目录如表 8-2 所示。

表 8-2　202X 年三季度预算执行分析目录

一、预警及提示
二、收入、回款、利润、毛利率、现金流量分析
1. 主要指标
2. 年度数据对比（三年）
3. 月度数据对比（三年）
4. 销售收入分析
5. 回款分析
6. 利润分析
7. 现金流量分析

（续）
8. 毛利率分析
三、应收账款、存货、应付账款分析
1. 应收账款分析
2. 存货分析
3. 应付账款分析
四、费用支出情况
1. 销售费用分析
2. 管理费用分析
五、部门费用预算执行分析明细

另外，公司应该定期组织预算分析会议，对预算执行情况、主要预算指标达成情况及差异进行讨论，并部署下一步工作。预算与财务分析师应跟进预算分析会议相关议题的后续落实情况，在下一次的预算分析会议上进行反馈。

公司财务部应会同人力资源部建立预算指标考核体系，落实预算指标责任，确保奖罚分明，督促各责任主体达成预算目标，最终形成正向激励，推动公司战略目标和经营计划的实现。

最后需要提醒的是，公司的预算指标一定是基于公司战略的。高层领导应推动和支持预算指标的设定，并就其计算规则和业务单位充分沟通以达成共识，因为高层领导的支持是全面预算管理良好运行的有力保障。预算执行分析开始于公司战略，落地于战略，并最终检验战略成功与否。预算执行分析最终目的并不仅仅是反映问题，而是提供控制建议并预测未来，推动公司战略目标的实现。

将预算和分析相结合，使其共同服务于公司的战略和运营，是对财务分析师能力的一项特殊要求，也是财务分析师走向管理岗位的一条捷径。

第 9 章

管理报表编制

情景
现场

这天早晨,财务总监向总把李茜叫进了办公室。

"进来,小李,你先把门关上,我有话和你说。"

"向总,您有什么事要和我说呢?您的脸色好像不太好。"李茜扫了一眼向总,发现他眉头紧锁。

"昨天快下班的时候,邵总把我叫到他的办公室。他说虽然现在每个月都能收到财务部发来的财务报表,也会召开集团经营分析会议并讲解经营主报告,但是最近公司业绩出现了一定幅度的下滑。他想知道具体是哪条产品线、哪个区域的业绩出现了下滑,哪条产品线、哪个区域的业绩是增长的,却没有找到这方面的数据。邵总问我作为财务总监,有没有做过这样的分析?并让我告诉他结果,唉……"向总一边说一边叹气。

"那您是怎么回答的?"李茜问。

"小李啊，你来公司时间也不短了，而且经常做财务分析，难道你还不了解吗？"向总语气哀怨，"你说我怎么回答得出来嘛！我们以前根本没有做过类似的财务分析。我们的财务报表是基于会计准则的，每一个科目都是按照准则规定设置的，从哪里体现产品线、区域业绩数据呢？"

"是啊，这方面的数据用传统的记账方式根本不可能体现，所以我们又如何能做到呢？难道别的公司可以做到？"李茜很好奇。

"现在看来，这不是我们能不能做到的问题，而是必须做到，邵总已经向我明确提了要求。既然财务报表无法满足邵总的要求，我们是否可以做一些管理会计方面的分析，例如出具一套管理报表？但现状是，我们公司确实存在财务数据与业务数据脱节的情况，随着领导对数据的要求越来越高，原先只体现财务核算的记账方式及财务报告，已经越来越不能满足领导的要求。从最近几次集团经营分析会议就可以看出，总裁对财务数据与业务考核数据的差异越来越不能理解，甚至开始怀疑财务数据的准确性。而领导需要的数据，财务部又没有给出，长此以往，我们可能会逐渐被边缘化。这种情况必须尽快得到扭转。"向总越说越激动。

"我知道这个事情不好干。现在是一个数字化时代，很多优秀的公司已经建立了财务共享中心，使用了更加智能的财务软件进行费用管控，能够做到精细化管理，并可以进行多维度的报表分析及管理分析。他们的财务 BP 可以深入业务前端进行业务分析，帮助改善业务绩效，而我们现在还达不到这种程度。我想这是一个系统性的问题，不仅涉及财务问题，还涉及业务、绩效考核模式、成本中心的问题，甚至涉及公司架构的问题。"

"您说得对极了，我完全认可！那我们应该怎么做呢？您刚刚提到的管理报表，刚好我之前略有了解，这确实可能是解决我们当前问题的一个可行途径。"李茜说道。

"现在我也不知道具体该怎么办。这样吧，既然你对管理报表有一定的了解，并且认为管理报表可以解决我们当前面临的问题，那你就先去研究一下管理报表的思路，我看看有没有实施的可行性。"向总看向了李茜。

"好的，向总，我先整理一下思路，然后向您汇报。"李茜说着，走出了向总的办公室。

思考：

1. 管理报表的作用是什么？为什么企业需要管理报表？
2. 如何设计管理报表？
3. 如何通过管理报表打通业务数据流与财务数据流？
4. 如何通过管理报表支持经营决策？

管理报表也叫管理会计报告。《管理会计应用指引第 801 号——企业管理会计报告》第二条规定："企业管理会计报告，是指企业运用管理会计方法，根据财务和业务的基础信息加工整理形成的，满足企业价值管理需要的对内报告。"

随着企业和管理会计的发展，以满足外部披露要求为主的传统财务报表已经越来越不能满足企业的需求。企业迫切需要一种可以为经营决策提供数据支持的决策报表。这种报表应该可以深入业务前端，因为财务人员需要走进业务、了解业务，将财务数据和业务数据相结合。

9.1 管理报表与责任中心介绍

在众多管理会计工具中，管理报表能够为企业管理带来较大帮助。除财务报表外，企业管理与领导决策离不开各种不同类型的管理报表。要想明白管理报表的作用，我们首先必须明白财务报表与管理报表的区别。

9.1.1 管理报表与财务报表的区别

1. 报表格式不同

财务报表的种类、格式、编报要求，均由会计制度做出统一规定。财务报表包括资产负债表、利润表、现金流量表、所有者权益变动表、财务报表附注。每一张财务报表的格式、内容均由会计制度做出具体规定，企业不得随意变更。

资产负债表是反映企业在某一特定日期的财务状况的报表，是对企业特定日期的资产、负债和所有者权益的结构性表述。

利润表又称损益表，是反映企业在一定会计期间的经营成果的报表。

现金流量表是指反映企业在一定会计期间现金和现金等价物流入和流出的报表。

所有者权益变动表是指反映构成所有者权益各组成部分当期增减变动情况的报表。

财务报表附注是对资产负债表、利润表、现金流量表和所有者权益变动表等报表中列示项目的文字描述或明细资料，以及对未能在这些报表中列示项目的说明等。

财务报表使用者可以通过报表全面了解企业的财务状况、经营成果和现金流量。

管理报表没有固定的类型，企业可以根据管理层的需求设计相应的报表，如经营利润表、区域利润表、经营分析报表、制造费用报表、应收账款分析表、公司毛利表、本量利分析表、预算执行分析报告等。

管理报表也没有固定的格式要求，企业可以根据管理层的需求或者阅读者的习惯，按编制方便的原则自由设计，目的是为管理层提供决策支持。

我们不妨通过如下的财务报表——母公司利润表、管理报表——管理利润表具体对比一下财务报表与管理报表的不同。

财务报表——母公司利润表见表 9-1。

表 9-1 财务报表——母公司利润表 （单位：元）

项目	2020 年度	2019 年度
一、营业收入		
减：营业成本		
税金及附加		
销售费用		
管理费用		
研发费用		
财务费用		
其中：利息费用		
利息收入		
加：其他收益		
投资收益（损失以"-"号填列）		
其中：对联营企业和合营企业的投资收益		
以摊余成本计量的金融资产终止确认收益		
净敞口套期收益（损失以"-"号填列）		
公允价值变动收益（损失以"-"号填列）		
信用减值损失（损失以"-"号填列）		
资产减值损失（损失以"-"号填列）		
资产处置收益（损失以"-"号填列）		
二、营业利润（亏损以"-"号填列）		
加：营业外收入		
减：营业外支出		
三、利润总额（亏损总额以"-"号填列）		

（续）

项目	2020 年度	2019 年度
减：所得税费用		
四、净利润（净亏损以"-"号填列）		
（一）持续经营净利润（净亏损以"-"号填列）		
（二）终止经营净利润（净亏损以"-"号填列）		
五、其他综合收益的税后净额		
（一）不能重分类进损益的其他综合收益		
1. 重新计量设定受益计划变动额		
2. 权益法下不能转损益的其他综合收益		
3. 其他权益工具投资公允价值变动		
4. 企业自身信用风险公允价值变动		
5. 其他		
（二）将重分类进损益的其他综合收益		
1. 权益法下可转损益的其他综合收益		
2. 其他债权投资公允价值变动		
3. 金融资产重分类计入其他综合收益的金额		
4. 其他债权投资信用减值准备		
5. 现金流量套期储备		
6. 外币财务报表折算差额		
7. 其他		
六、综合收益总额		
七、每股收益：		
（一）基本每股收益		
（二）稀释每股收益		

管理报表——管理利润表见表 9-2。

表 9-2 管理报表——管理利润表

(单位：元)

一级项目	二级项目	本期实际	本年累计	上年实际数		预算数		差异分析			
				上年同期	上年同期累计	本期预算	本年累计预算	与上年同期差异率	与上年同期累计差异率	与本期预算差异率	与本年累计预算差异率
销售收入	国内销售										
	国际销售										
	客户服务收入										
其他业务收入											
总销售额											
销售成本											
毛利											
毛利率（%）											
营业税金及附加											
销售费用	人工费										
	差旅费										
	运费										
	办公费										

（续）

一级项目	二级项目	本期实际	本年累计	上年实际数		预算数		差异分析				
				上年同期	上年同期累计	本期预算	本年累计预算	与上年同期差异率	与上年同期累计差异率	与本期预算差异率	与本年累计预算差异率
	参展费										
	业务招待费										
	其他										
管理费用	人工费										
	办公费										
	折旧、摊销										
	材料费										
	中介机构费										
	差旅费										
	其他										
研发费用	人工费										
	折旧、摊销										

委托开发费									
材料费									
检验检测费									
专利费									
其他									
财务费用									
汇兑损益									
银行手续费									
利息收支									
期间费用合计									
减：资产减值损失									
坏账准备									
存货跌价准备									
固定资产减值准备									
营运利润									
营运利润率（%）									

母公司利润表是标准的财务报表，里面的财务报表项目都是固定的，不可以随意增减。

管理利润表是我们根据需要编制的管理报表。相较于标准的财务报表，管理利润表中增加了很多项目，如将收入分为国内销售收入、国际销售收入、客户服务收入；根据需要列示了主要的费用项目及明细，如除了列示销售费用的总额，还分别列示销售费用下的人工费、差旅费、运费、办公费、参展费、业务招待费及其他费用。

母公司利润表横向列示两年的累计数，而管理利润表除了列示本年累计数，还列示本期实际数、上年实际数、预算数、差异分析。

总之，管理利润表的内容更加丰富且贴近业务，其中的报表分析项目更加符合管理层的需要。因此，从管理层的角度出发，管理利润表比利润表更能提供决策支持。

2. 编报时间不同

企业应当定期编报财务会计报告。根据《企业会计制度》的规定，月度中期财务会计报告应当于月度终了后 6 天内（节假日顺延，下同）对外提供；季度中期财务会计报告应当于季度终了后 15 天内对外提供；半年度中期财务会计报告应当于年度中期结束后 60 天内（相当于两个连续的月份）对外提供；年度财务会计报告应当于年度终了后 4 个月内对外提供。

如果是上市公司的话，需要对外披露季报、中报、年报。季报应于每个会计年度第 3 个月、第 9 个月结束后的一个月内编制完成并披露；中报（半年报）应于每个会计年度的上半年结束之日起 2 个月内编制完成并披露；年报应于每个会计年度结束之日起 4 个月内编制完成并披露。

管理报表则没有明确的编报时间要求，一般根据公司的管理需要及数据采集所需时间确定，可以在财务报表出具后，也可以在财务报表出具前。例如，管理利润表一般在利润表出具后才可以编制；客户应收账款分析报表可以在结账后,也可以在结账前编制;用于月度经营分析会议的业务报告中的管理报表,甚至可以在每月 1 日完成编制,以便快速掌握公司经营情况,为下个月的经营提供数据支持。

3. 面对对象不同

财务报表面对的对象包括股东、各类投资者、监管机构、税务局、银行等,而管理报表则用于企业内部,主要是向企业的经营管理者报告。

某公司管理报表的报送对象、时间、编制人、审核人及报送形式见表9-3。

表 9-3 某公司管理报表的报送对象、时间、编制人、审核人及报送形式

序号	报表名称	报送对象	报送时间	编制人	审核人	报送形式
1	管理利润表	董事长	次月 10 日	财务经理	财务负责人	电子邮件
2	财务指标月报表	董事长	次月 10 日	财务经理	财务负责人	电子邮件
3	收入成本毛利率表	董事长、销售经理	次月 10 日	成本会计	财务负责人	电子邮件
4	每月产品成本明细表	董事长、生产经理	次月 10 日	成本会计	财务负责人	电子邮件
5	部门费用报表	各部门负责人	次月 10 日	费用主管	财务负责人	电子邮件
6	应收账款账龄分析表	销售经理	次月 10 日	应收账款会计	财务负责人	电子邮件
7	投资分析表	财务负责人	次月 10 日	投资专员	财务负责人	电子邮件
8	汇率分析报表	财务负责人	次月 5 日	投资专员	财务负责人	电子邮件
9	现金及银行存款日报表	财务负责人	次日	出纳	财务负责人	电子邮件

9.1.2 四大责任中心及考核指标

管理报表属于管理会计工具的一种。管理报表中最核心的,同时最难设计的报表是管理利润表。管理利润表在公司管理中可以发挥较大的作用,对决策的支持作用也是无可替代的。本书中管理报表的设计将主要围绕管理利润表的设计展开讲解,而管理利润表往往需要责任中心协同才能发挥出应有的作用。可以说,责任中心是管理报表设计的基础,合理的责任中心架构和考核指

标的设置可以有效支持管理报表的完成。

责任中心是指承担一定经济责任，并享有一定权利的企业内部（责任）单位，包括收入中心、利润中心、投资中心、成本中心等。

1. 收入中心

收入中心是指公司对销售收入和销售费用负责的销售部门、市场营销部门，但其不承担与销售产品相关的制造成本。收入中心从成本中心或利润中心获得产品。若收入中心有制定价格的权力，则该中心的管理者需对获取的毛收益负责；若收入中心无制定价格的权力，则该中心的管理者只需对产品实际销售量和销售结构负责。

收入中心不仅追求销售收入达到最大，更重要的是追求边际贡献达到最大，因而在收入中心的业绩考核指标中，应包括产品边际成本等概念。在分配、营销和销售活动中，随着作业成本法的逐渐应用，销售部门能够把销售成本和为消费者提供服务的成本考虑进去，这样公司就能把开展营销和销售活动的收入中心变成利润中心，从而对销售部门的利润贡献加以评估。因而，将许多分散的经营单位仅仅作为收入中心核算的情况越来越少了。在实际工作中，大多数对收入负责的中心同时也对成本负责，因此，公司希望看到利润中心比收入中心多的情形。

收入中心包括以下考核指标：

1）销售收入完成百分比。该指标考核实际销售收入较目标收入的完成情况。

$$销售收入完成百分比 = 实际实现的销售收入 / 目标销售收入 \times 100\%$$

2）货款回收平均天数。该指标考核从销售货物到收回货款所用的时间（平均天数）。

$$货款回收平均天数 = \sum(销售收入 \times 回收天数) / 全部销售收入$$

3）坏账损失发生率。该指标考核收入中心所发生的坏账损失。

坏账损失发生率 = 当期坏账损失额 / 当期全部销售收入 ×100%

总而言之，对收入中心的考核分别从销售收入目标的实现情况、销售收入资金回笼情况、坏账的发生情况三个方面进行。为了实现对这三个方面的控制，公司需要确保收入中心目标与集团整体目标保持一致，并采取可行的销售措施；同时，建立完善的货款回收制度，明确货款回收责任及跟催制度，将货款回收情况与业务员个人绩效挂钩，并将其纳入收入中心考核内容；保证每项销售均有相应的合同，并在合同中明确规定付款条款，在销售业务发生时，特别是与新客户初次发生重要交易时，必须对客户的信用情况、财务状况、付款能力和经营情况等进行调查。

2. 利润中心

利润中心是指既对成本负责，又对收入和利润负责的责任中心。它有独立或相对独立的收入和生产经营决策权，但没有责任或权力决定该中心的资产投资水平。

利润中心具有相对独立性的特征。利润中心对外虽无法人资格，但对内是独立的经营个体，在产品售价、采购来源、人员管理及设备投资等方面均具有高度的自主权。

利润中心还具有获利性的特征。获利性要求每一个利润中心都有一张独立的利润表，以便对利润中心的管理者基于实际利润和预期利润的对比评估其经营绩效，因此每一个利润中心都有收入与支出。非对外的营业部门需要设定内部交易和服务的收入，以便计算其利润。

利润中心包括如下考核指标：

（1）当利润中心不计算共同成本或不可控成本时，其考核指标是利润中心边际贡献总额，该指标等于利润中心销售收入总额与可控成本总额（或变动成本总额）的差额。

（2）当利润中心计算共同成本或不可控成本时，其考核指标是可控利润总额或税前利润（税率变动不是管理层所能控制的）。

利润中心常见的考核指标包括收入、毛利、分摊前净利润、税前利润；可控的资产负债和现金流指标，如应收账款、回款等。

■ 案例 9-1

500强企业利润中心考核与核算体系

我们通过某500强公司早期的利润中心考核与核算方法来反映利润中心在企业中的实际运用，以及如何在不同的责任主体和公司发展阶段通过利润中心的方式提升公司绩效。利润中心考核与核算示例见表9-4。

表 9-4 利润中心考核与核算示例 （单位：元）

项目		制造系统	按产品线研发系统	按区域销售组织	
营业收入	营业收入	10 000 000.00	10 000 000.00	10 000 000.00	
营业成本	采购成本	2 000 000.00			
	直接人工成本	1 000 000.00			
	制造费用	1 000 000.00			
制造毛利		6 000 000.00			
产品线	研发费用		1 500 000.00		前两年考核毛利贡献
	市场营销费用		1 000 000.00		
	管理费用		1 000 000.00		
产品线毛利贡献			2 500 000.00		
区域销售组织	直接销售费用			1 000 000.00	
	合同变更损失			5 000.00	
	存货跌价损失			5 000.00	
	坏账损失			10 000.00	
区域毛利贡献				1 480 000.00	

（续）

项目		制造系统	按产品线研发系统	按区域销售组织	
期间费用分摊	管理费、IT费、财务费用等			500 000.00	第三年考核利润贡献
利润贡献				980 000.00	
不可控损益	营业外收支			10 000.00	
	汇兑损益			70 000.00	
	税费			50 000.00	
净利润				850 000.00	

3. 投资中心

投资中心是指既对成本、收入和利润负责，又对投资效果负责的责任中心。投资中心是最高层次的责任中心，它拥有最大的决策权，也承担最多的责任。投资中心除了对成本和利润享有决策权外，还享有资本预算的决策权。投资中心与利润中心相比，其业绩考核指标还包括投资收益。

投资中心必然是利润中心，但利润中心并不都是投资中心。投资中心的考核指标包括：

1）投资收益率。投资收益率又称投资利润率，是投资所获取的利润与投资额的比率，考核投资中心净资产获利能力。

$$投资收益率 = 利润 / 投资额 \times 100\%$$

2）剩余收益。剩余收益是指投资中心将获得的利润扣减其投资额（或净资产占用额）按规定（或预期）的最低收益率计算的投资收益后的余额。

$$剩余收益 = 利润 - (投资额 \times 预期报酬率)$$

式中，利润一般指营业利润。

投资中心常见的考核指标包括投资回报率（ROI）、内部报酬率（IRR）、投资回收期、收入、毛利、税前利润、现金流。

4. 成本中心

成本中心是只对成本或费用负责的责任中心。成本中心的管理者负责控制只产生很少收入或者不产生任何收入的部门的成本。成本中心的管理者不对收入或投资负责。人力资源部、财务部、行政部等都属于成本中心，工厂与制造部门也常被认定为成本中心。

成本中心通常对直接材料、直接人工效率差异负责，也对变动制造费用差异负责。控制不利差异并分析有利差异是成本中心管理者的职责。

成本中心的考核指标包括成本（费用）变动额和成本（费用）变动率两项指标：

成本（费用）变动额＝实际责任成本（费用）－预算责任成本（费用）

成本（费用）变动率＝成本（费用）变动额/预算责任成本（费用）×100%

成本中心常见的考核指标包括总成本、单位成本、人员利用率、每年成本率改进、业界成本对比、质量、客户满意度、总费用、年费用比较、费用占收入比。

9.2 识别公司数据基础与来源

9.2.1 公司数据基础识别

一家公司的数据基础水平直接决定了该公司管理报表编制的难易程度、可用性以及是否有必要编制管理报表。所谓数据基础，可以概括为数据的准确性、完整性、可获得性。

数据的准确性是指公司的数据需要准确记录。公司数据既要满足会计记账的准确性要求，还要满足对数据口径进行合理划分的要求。公司可以对销售费用、研发费用、管理费用等按照一定的管理要求和口径进行系统或手工划分。

数据的完整性是指公司需要将所有重要的数据进行记录和存储，既包括财务数据，也包括业务数据，还包括必要的人力数据、供应链数据等。完整的数据记录是进行管理报表编制的基础。例如，只有完整记录了销售量、销售价格数据，我们才可以在管理报表中进行这方面的分析，如果缺少相关数据，可能导致管理报表不完整。公司只有对过去三年的销售数据均进行了记录，我们才可以进行管理报表近三年数据的比较。

数据的可获得性是指公司可以随时获得编制管理报表所需要的数据。例如，公司总部会计核算制度很健全，其所有的财务数据均可以从财务系统获取，但是子公司核算基础较弱，并不是可以随时获取想要的数据。特别是涉及集团合并层面的数据，如统计某一型号产品的全球销售收入、销售量、毛利率，如果子公司没有准确的进销存核算系统，该数据将无法统计。又如，我们想在管理报表中呈现某一区域的利润情况，但如果公司的系统无法准确对各类费用进行分摊，或者业务单位对分摊规则不认可，这些都可能导致我们无法获取想要的数据。当数据可获得性较弱时，我们必须在编制管理报表的过程中增强同各部门的沟通，梳理和打通数据流，建立大家都认可的数据统计和分摊方式。

9.2.2 财务数字化

现在大家都在谈财务数字化，担心某一天财务人员会被替代，有没有这种可能呢？

这种可能性确实是存在的，至少部分财务岗位被替代是不可避免的。财务数字化就是财务智能化和信息化。智能化具体体现为，以前需要大量人工录入的工作,现在只需要"扫"一下就可以完成,如固定资产盘点系统、会计自动记账系统、移动报销系统等的应用。传统的核算工作愈发标准化,并逐渐被智能化的信息系统替代,出现了越来越多的财务共享中心,有些企业甚至不再设立财务部,而是将财务核算工作外包,例如某些会计师事务所专门设立了承接此类业务的部门。财务工作和业务工作高度协同,财务更多地融入业务中,支持业务的实现和业务的经济效益性考察。未来的财务人员要么成为某一方面的专家,要么深入业务运营,成为管理会计人员。

9.2.3 关于数据来源

要想知道管理报表的数据来源,我们首先要知道想要什么样的管理报表。不同的管理报表对数据有着不同的要求,自然也就需要不同来源的数据。有的管理报表设计得比较简单,仅用一张表就可以呈现主要数据,其数据以不同的底表来支撑。这样的管理报表对数据的需求相对较少,财务系统、业务系统或手工统计的数据基本可以满足需求,其主要数据来源于财务部和业务部。但如果管理报表设计得比较复杂,例如由很多个主表和附表构成,就会涉及外部数据和同类公司数据。除了基本的财务和业务数据外,可能还会涉及市场、售后、供应链、研发等数据,相关部门都会成为数据来源。管理报表最常见的数据来源如下:

1)财务系统,如 ERP(企业资源计划)。

2)财务数据,如经过加工整理的毛利率报表、区域收入报表、合并报表、预算执行报表数据等。

3)业务数据,如业务维度的销售报表、业务费用统计表、分摊表、研发工时统计表数据等。

4)手工报表,如各部门人员及工资统计表、管理费用分摊表等。

5)外部数据,如上市公司公告数据、海关数据等。

9.3 需求调研，规划管理报表的结构及报表单元

9.3.1 需求调研

认识了管理报表、责任中心、公司数据基础与来源，现在我们进入了管理报表的设计阶段。管理报表的设计要满足几个基本原则：

1）报表的设计要和组织的业务形态相适应。

2）要明确管理报表的使用对象，并使报表符合使用对象的习惯。

3）要呈现关键数据及清晰表明希望传达的信息，非关键数据不在管理报表中体现。

4）报表的设计要体系化。

5）报表可以给现在和未来带来改进。

管理报表的设计是从需求调研开始的。在需求调研之前，我们不妨先问问自己：管理报表是为谁设计的？管理报表可以发挥什么作用？我们希望管理报表更加复杂还是更加简单？

我们只有想清楚了上面三个问题，才可以更好开展下一步的需求调研工作。通常来说，管理报表是为管理决策服务的，所以需求调研的对象首先应该是公司管理层，如总裁、副总裁；同时，管理报表也承担着业务指引的作用，所以向业务领导调研需求也是必不可少的；另外，管理报表对公司的数据基础和来源也有一定的要求，所以对相关财务人员、业务人员的调研也是必要的。

通常来说，需求调研至少要进行两轮。第一轮需求调研确定管理报表的基本方向、维度、初步格式、报表周期等内容；第二轮需求调研在管理报表初步设计完成后进行，确认管理报表是否满足集团领导和业务领导的需求。

9.3.2 规划管理报表的结构及报表单元

设计管理报表的第二步就是规划管理报表的结构及报表单元。我们通常把区域维度、产品维度作为规划管理报表的两个基本维度，这对于既有境外销售、又有境内销售业务的企业，以及多产品品类的企业尤其适用。

在规划管理报表的结构时，财务人员需要就报表项目及关键指标与相关单位充分沟通。

■ 案例 9-2

全球化企业集团基于区域的管理利润表搭建案例

某家全球化大型企业集团在国内、国外拥有众多分、子公司，产品种类繁多，国内、国际销售业务可以分别进行独立管理，但没有分区核算，产品线通过 PMT 团队进行管理，基本可以进行产品线划分。

设计该集团的管理报表结构应当考虑分区域设计管理利润表，并且区域划分要和业务模式相匹配，即首先设立集团管理利润表，然后在集团管理利润表下具体划分内销、外销区域利润表。

集团管理利润表中的收入、成本、销售费用、管理费用、研发费用等科目汇总数据应当和集团合并报表数据保持一致。集团管理利润表不采用传统的报表格式，而是根据调研出的领导需求和管理需要设置报表项目。集团管理利润表横向划分为国际销售、国内销售、其他，纵向列示收入、成本、销售费用、分摊前利润、分摊后利润、净利润，并根据需要设置关键项目，如人均收入、销售费用率、人均工资、费用项目等。之所以这么设置，是因为根据公司业务特点，内外销业务分别由专门的国内销售部门、国际销售部门进行管理，国际销售部门负责除中国大陆外的所有境外区域的销售，国内销售部门则负责中国大陆区域的销售，但国内销售部门业绩并不包括境内各分、子公司的业绩，同时内外销在核算部门业绩时对特批项目不予考虑。因此，从集团的角度来说，还要将境内分、子公司及不纳入内外销的特批项目单独列入"其他"项目予以核算。管理报表的常见结构及报表单元见表 9-5。

表 9-5　管理报表的常见结构及报表单元　　　　　　　　（单位：元）

项目	国际销售	国内销售	其他	合计
一、收入				
人数				
人均收入				
二、成本				
毛利率				
三、销售费用				
销售费用率				
人均销售费用				
3.1　市场销售费用				
3.2　工资（不含海外员工）				
业务人数				
业务人均工资				
支持线人数				
支持线人均工资				
3.3　子公司费用				
3.4　其他费用				
四、分摊前利润				
分摊前利润率				
五、研发费用				
六、管理费用				
七、财务费用、税金、营业外支出				
八、分摊后利润				
九、其他收益、投资收益				
十、营业外收入				
十一、净利润				

从业务管理维度，集团应对内外销进一步分区，国际销售区域分成美洲、独联体、非洲、欧洲、亚太、中东，并在大区内按国家划分；国内销售区域分成东区、南区、北区、西区、中区、大客户。这里是业务的分区，并不同于财务的分区。很多公司财务的分区和业务的分区是两套规则，这是因为财务报表对外披露必须满足会计核算和信息披露的要求，所以采用财务的核算项目和分区维度。但管理报表必须紧跟业务需求，尽量用业务的语言表达，因此管理报表采用业务的核算项目和分区维度。管理报表按业务维度划分见表9-6。

表 9-6 管理报表按业务维度划分 （单位：元）

大区	美洲	独联体	非洲	欧洲	亚太	中东	合计
国家或客户							
大区总监或经理							
一、收入							
外销总人数							
销售人均收入							
二、成本							
毛利率							
三、销售费用							
销售费用率							
人均销售费用							
3.1　市场销售费用							
市场及展会费用							
广告费							
差旅费							
海外市场费用							
其他费用							
3.2　公摊费用							
工资及保险							
业务人数							

（续）

大区	美洲	独联体	非洲	欧洲	亚太	中东	合计
业务人均工资							
折旧费							
其他费用							
3.3　其他费用							
四、分摊前利润							
五、研发费用							
六、管理费用							
七、财务费用、税金、营业外支出							
八、分摊后利润							

以国际销售区域划分为例，在大区下继续按"国家"维度划分，并将大区对应相应的大区总监/经理（如无总监），国家则对应相应的国家经理，这样各负责人分管的区域就会比较清晰。和集团管理利润表类似，国际销售管理利润表也需根据管理需要设置管理利润表项目，考察各区域的关键业绩指标，如收入、人均收入、成本、毛利率、销售费用、销售费用率、人均销售费用、分摊前利润、平台费用分摊、分摊后利润。由于国际销售区域不对其他收益、投资收益、营业外收入负责，因此对国际销售区域只需考察到分摊后利润。国内销售区域则有所不同，由于其他收益中的软件退税部分是在国内销售区域中形成的，因此对国内销售区域的考察还应包括软件退税部分。

我们可以把内外销及内外销下的区域分别作为报表单元，设计与报表单元相匹配的管理利润表结构，这是管理报表体系设计的重要一步。在设计了集团、各单元的管理利润表之后，我们要进行相关检验，确认管理利润表中各单元最终的收入、利润汇总数与集团合并财务报表中收入、利润是否一致。这里所说的一致并不表示管理报表所有项目的金额都能与财务报表的金额保持一致。例如对于销售费用，外销往往会把境外子公司发生的所有费用都看作销售费用进行考核，这与财务核算是不一致的，这个时候就要进行必要的调整，即在财务核算的销售费用基础上，加上境外子公司财务报表上的管理费用，这样才符合业务的实际情况。实际管理中存在很多类似的情形，我们不能仅仅为了单纯匹配财务报表科目而不考虑业务的实际情况。

除了要和财务报表科目匹配，管理利润表还涉及大量的数据校验工作。我们在设计管理利润表模板时，有必要进行一轮，甚至数轮的数据整理、清洗工作，整理出公司业务口径的所有数据，并确定适合管理利润表的数据来源和口径。

数据来源中已介绍，因为数据基础不一样，所以每个公司管理报表的难度也不同。在数据基础较好、管理较完善的公司，财务部门和业务部门共用一套数据，这当然是最理想的情况；有的公司虽然没有共用一套数据，但系统的开发、集成可以使其实现财务数据与业务数据的匹配，即财务部门与业务部门根据各自的需要在系统中筛选所需的数据，这样基本上也可以实现统一取数。但对于数据基础和信息化能力比较弱的公司，实现统一的取数口径和数据来源是比较困难的，经常存在财务一套数据，业务一套数据的情况。这两套数据可能都来自公司的 ERP 系统，并且根据需要进行了加工，或者都不是来源于同一个系统，这样一来，数据口径就会有很大差异。如果出现后面这种情况，公司在取数之前，有必要规范和统一取数口径；无法统一的，公司至少应该核对清楚不同取数口径间的数据差异。由于数据差异的核对需要投入大量的人力和时间，因此需要对收入、成本、费用等数据非常熟悉的岗位人员深度参与，进而形成数据差异核对机制。

9.4 设计报表模板

在上一章节中，本书介绍了集团管理利润表和区域管理利润表的结构。

管理利润表是管理报表中最重要的报表,但并不是唯一的报表。管理利润表有赖于一系列的基础报表和分析报表的编制,如管理利润表中的收入、利润数据需要与合并财务报表中集团的收入、利润匹配;管理利润表也有赖于业务单位和其他部门提供数据,如销售部门提供人员结构、销售人员与支持人员的工资数据。所以说,管理利润表不是孤立的。某生产企业的管理报表目录见表 9-7。

表 9-7 某生产企业的管理报表目录

序号	编制频率	报表名称	报送对象	报送时间	编制人
1	月报	财务指标月报表	董事长	次月 10 日	总账
2	月报	损益结构报告	董事长	次月 10 日	总账
3	月报	产品收入成本报表	董事长、销售经理	次月 10 日	成本会计
4	月报	每月产品成本明细表	董事长、生产经理	次月 10 日	成本会计
5	月报	部门费用报表	各部门负责人	次月 10 日	成本会计
6	月报	部门费用报表明细报告	各部门负责人	次月 10 日	成本会计
7	月报	应收账款账龄分析表	销售经理	次月 10 日	总账
8	月报	应收账款对账单	销售经理	次月 10 日	总账
9	月报	应收账款重点客户分析表	销售经理	次月 10 日	总账
10	年报	固定资产清查盘点表	财务负责人	次月 1 日	总账
11	月报	存货清查盘点表	财务负责人	次月 1 日	仓库管理
12	月报	现金流量表简表	总经理、财务负责人	次月 3 日	出纳
13	日报	现金及银行存款日报表	财务负责人	次日	出纳

从某生产企业的管理报表目录来看,管理利润表(表 9-7 中的"损益结构报告")是管理报表中的一张表,并且是一张出于管理需要而编制的主要报表。管理报表还包括其他报表,这些报表的编制频率、报送对象、报送时间、编制人皆有不同,但都是为了满足不同层级、不同部门的管理需要。同时这些管理

报表区别于传统的财务报表，管理报表通常不存在像财务报表一样的编制规则，管理报表的编制是根据需求调研结果及编制人的经验来确定的，并且通常经过集体讨论。

除管理利润表，其他管理报表可以在日常财务工作中按需编制，并没有太大难度，因此本章讨论的重点是管理利润表的编制。并且管理利润表对管理层来说也是最为核心的一张管理报表，因此我们有必要对管理利润表的模板做进一步讨论和拆解。

以案例 9-2 中的大型企业集团为例，它的管理利润表包括管理利润表——总表、管理利润表——国内销售、管理利润表——国际销售、管理利润表——其他、财务指标概览、数据总表、平台费用分摊表、研发费用分摊表、内外销收入汇总及明细表、内外销费用汇总及明细表、月度合并报表、月度预算执行分析报表；还包括一系列的数据表，如工资表、人员清单等。

以上这些财务报表、统计报表、分析报表可以按照一定的计算规则形成管理利润表，使其更加贴合实际业务，对管理决策起到支持作用。

9.5 确定分摊方法及分摊动因

管理利润表能否被各经营单位接受，对决策能起到多大的支持作用，与分摊方式有很大关系，不同的分摊方式会对不同责任中心的费用和利润产生不同影响，直接影响对责任中心的考核和评价，因此分摊是否准确、合理很重要。对于各个责任中心来说，特别是利润中心（如营销系统），我们不只考察利润中心的收入完成情况，还要考察毛利、费用、经营利润情况。利润中心对于发生的直接费用可以接受，但对于发生的间接费用，如研发费用、管理费用、财务费用，需要通过一定的方式将其分摊到营销系统。这样，各个利润中心的负责人就会明白，他们不只需要完成预算收入、控制直接费用，还要对集团的平台费用和利润贡献负责。确定费用分摊方式，可以让非业务部门的直接费用得到合理的划分，从而使所有的费用都能各得其所。

将费用正确地归集到对应的部门，需要运用几种内部结算的方法。

1）直接结算法适用于能够直接结算的成本费用。该类费用发生的主体比较明确，因此可以直接将其归集到对应的部门。

2）工作量结算法是指先计算业务所需的业务量或人工工时，再将其乘以对应的结算价格或人力费率，得出成本费用金额。

3）会计分摊法是指对于员工公共福利、IT费用等发生时不能直接归集到受益部门的支出，先通过成本中心归集，再通过一定的会计分配方法将其分配到相关部门或项目中。制造费用分摊也适用会计分摊法。直接结算法、工作量结算法是直接的费用分配方法，会计分摊法是间接的费用分摊方法。应用会计分摊法的前提是无法采用直接归集或者量价结算的方式归集费用，即只有在这些方法无法实现的情况下，才采用会计分摊法。对于核算粗放，没有直接核算至受益部门的费用，不能采用会计分摊法进行结算，应该改进核算系统，使之能够满足管理报表的要求。

4）管理分摊法。集团每个利润中心都要对全损益负责，而公司的很多项费用（如间接管理费用、研究与开发费用、财务费用）仍然无法通过直接结算法、工作量结算法、会计分摊法进行归集。为了传递全成本意识，促使主要维度的利润中心对全损益负责，公司需要采用管理分摊法。管理分摊法不追求绝对的精确，一般每年确定一次，并维持全年不变。管理分摊法中最常见的分摊动因是按照收入占比、人数、资产额等进行分摊。

在分摊方式上，某公司的管理费用按人数分摊，其他平台费用按预算收入分摊、总部公共销售费用也按预算收入分摊、研发费用按实际收入分摊。

某公司利润中心各项费用分摊金额及分摊动因见表9-8。

表 9-8 利润中心各项费用分摊金额及分摊动因

		A 利润中心	B 利润中心	C 利润中心	分摊动因
管理费用分摊金额					预算收入占比
财务费用分摊金额					预算收入占比
税金及附加分摊金额					预算收入占比
所得税费用分摊金额					销售利润占比
营业外支出、减值损失分摊金额					销售收入占比
研发费用分摊金额	（A）产品线				实际收入占比
	（B）产品线				
	（C）产品线				
	（D）产品线				

把不能直接归集的费用通过管理分摊法归集到各个利润中心，可以看出各利润中心对集团的利润贡献。正确归集各项费用可以推动各利润中心不断提升经营业绩，为集团利润做贡献，也为我们编制管理利润表提供了可能。

9.6 数据校验与测试

管理利润表完成之后，我们需要进行相关的数据校验与测试，主要满足以下几项要求：

1）管理利润表的数据要与财务报表数据保持一致，如收入、成本、费用、利润等数据。这里的一致并不是说两者没有任何差异，而是指所有差异都应该可以追溯，并可以进行差异调整。但两者之间并不宜出现过多的调整项，并且所有的调整项都应有充分依据，且最终的利润数据应该与财务报表一致。

编制管理利润表不可避免地要将某些科目根据管理需要进行还原，这样就会导致管理利润表数据与财务报表数据形成差异。例如，在本书前面的例子中，公司管理层将境外子公司的所用费用都视为销售费用核算，但财务报表中的销售费用和管理费用是分开核算的，这就会涉及一项调整。

2）管理利润表的主表数据要和明细数据校验一致。例如，国际销售管理利润表的收入、成本、销售费用、管理费用、研发费用、净利润等数据要与国际销售分区域的收入、成本、销售费用、管理费用、研发费用、净利润等保持一致；分区域的收入数据要与销售明细中的各区域收入数据保持一致。

3）管理利润表数据要保持数据口径的唯一性，特别是对于业务数据与财务数据暂时无法统一的公司，其首先应该保证财务和业务共用一套源数据。业务只能对源数据进行加工，而不是脱离源数据，编制另外一套数据。对财务与业务有共同源数据但存在不同计算方式的公司来说，可以考虑使用折中的计算口径，如将预算口径数据作为编制管理报表的基础，同时形成报表口径、业务口径、预算口径数据的核对和分析机制，在管理报表中呈现这三种口径的数据差异及调整过程，使三种口径的数据可以交叉校验一致。

在这种情况下，管理利润表可能存在较多的调整项目。这是因为收入、成本、费用都可能出现差异，这时候就要确定数据调整规则，使用专门的成本调整表对成本进行调整，确保经过调整后的业务成本与报表成本保持一致。

管理报表的一个重要功能是对业务流程进行重新梳理和规范，因此数据校验差异其实也代表了业务流程改善的机会点。从提升公司管理效率的角度来说，管理报表中的财务和业务数据应该出自同一处，甚至应该实现数据共享。业财一体化首先应该是数据的一体化及共同的数据来源，业财融合也应该是数据的融合，两者统一数据就是统一语言、统一管理。对于有多种数据口径的公司，其应该通过管理报表提升数据管理能力、优化数据基础、建立基础数据库。

9.7 培训和沟通

到目前为止，管理报表体系的建立工作已经基本完成。但是还有一个重要的事项贯穿管理报表的整个编制过程，那就是培训和沟通。

编制管理报表不应是财务部唱"独角戏"，整个公司都应参与。只有通过沟通，我们才可以知道管理层的需求、业务领导的需求以及公司目前可以匹配到的资源；只有通过沟通，我们才能掌握财务和业务的数据来源、数据口径、数据维度、取数方式，并设计合适的管理报表单元和格式；只有通过沟通，我们可以让业务岗位、财务岗位共同参与，从而引起管理层的重视，实现真正的业财融合，为财务、业务和公司都带来价值；只有通过沟通，我们才可以知道管理报表设计是否可以满足管理层的需要，还应如何改进，各种分摊和计算方式是否合理……

总之，培训和沟通工作贯穿管理报表编制工作的始终，没有良好的培训和沟通，就不可能有管理报表的成功实施。

在管理报表的实施过程中，公司要开展多种形式、多种阶段的培训；启动时要着重进行管理报表理念上的培训；建立过程中要着重进行数据维度的财务和业务培训；完成阶段要着重对报表使用者进行培训。培训可以使管理报表体系在公司深入人心，引导管理层通过管理报表发现风险和机会点，推动战略和业务决策；培训可以使管理报表使用者明白管理报表的基础逻辑、数据维度、分摊方式、建立规则；培训也可以使财务和业务的具体操作人员明白数据的底层逻辑，按期搜集和整理编制管理报表所需的各类基础表、分析表，推动业务和财务数据一体化以及数据信息化工作。

■ 案例 9-3

华为利润中心从建立到完善、成熟的演进过程[⊖]

01　为什么华为不设事业部制

有一家国际咨询公司曾经给华为设计了一个方案：按产品线实行功能封闭的运作。华为为此支付了顾问费，但这个方案后来基本被搁置了，没有实际执行。

任正非不赞成在华为整个体系里设置事业部，理由是华为的客户比较集中，技术共享性很强，一旦设置事业部，按研产销划分，就等于把客户资源以及研发的技术体系割裂了，这样华为的优势就没有了。

在对外方面，如果多个事业部（比如跨国运营商和国内运营商销售部）面向同样的客户，客户就会问：到底谁代表华为呢？另外，客户要的是解决方案，到底由谁给客户提供全面的解决方案呢？在事业部制下，移动只提供无线的方案，固网只提供固网的方案，业务软件只提供软件的方案，由谁给客户提供全面的解决方案呢？

因为华为的战略是聚焦的，所以事业部制这个体制和组织模式在华为的核心业务领域基本上是被否定的。

02　组织设置就像"拧麻花"

按照德鲁克的理论，企业的业务单位应尽可能按照利润中心进行定位和运作。那么，在产品线以及市场的区域销售组织对利润的责权不对等的情况下，企业应当怎么运作利润中心呢？这成为华为在组织机制设计方面一个非常严重的问题。

华为的做法是，把市场体系按照区域这个主维度划分为销售组织，将区域销售组织定位成利润中心，按照利润中心进行核算、考核、激励；把研发体系按照产品维度划分为产品开发组织，将产品线定位成利润中心，

⊖ 来源：摘自华夏基石 e 洞察："华为组织变革的认知和启示"，作者：黄卫伟。

同样按照利润中心进行核算、考核、激励。通过考核主要指标（销售毛利率、销售收入和经营活动净现金流），建立两大利润中心责任体系。销售组织分产品的收入、利润和经营活动净现金流，同时也是产品体系分产品线的收入、利润和经营活动净现金流；产品线降低产品成本、快速向市场推出优质的、满足客户需求的、有竞争力的产品，由此带来的利润、收入和现金流增长，也会对区域销售组织的产品销售绩效做出贡献。

这种利润中心责任体系，并没有出现西方管理控制理论所言的责任划分不清晰和推卸责任的问题，反而促进了两大利润中心责任体系的合作，使它们的收入、利润和现金流得到提升。

经营单位划分两大利润中心责任体系的标准是不一样的。市场体系是按区域维度划分的，研发体系是按产品维度划分的，两者并不一一对应。所以从"端到端"的视角整体来看，经营单位既不是简单地按产品划分，也不是按区域或客户划分，它同时兼顾了这两种划分维度的优点。更重要的是，它符合华为公司的市场和技术实际需求。

当然，这种划分方式在核算、管理控制和激励方面会给公司带来一定的困难，对公司的内部管理提出了更高的要求。

对这种组织设置方式，任正非有一个形象的比喻——"拧麻花"，即组织就像麻花似的被拧了一下。因此，从整体上来看，这种组织是不对称的，不是产品线一直打通，也不是区域客户维度一直打通，而是被"拧"了一下。中间的采购、供应链交付，是准利润中心。

这样的责任中心定位怎么运作？这里举产品线的例子来简要说明一下。在产品线方面，华为在组织上引入了产品线运作管理部和公司运作管理办公室两级协调组织。产品线无法直接协调和控制的公共平台资源，包括供应链、交付、技术支持、产品行销、销售等，都会被提交到公司的运作管理办公室，由其来统一计划、统一协调。产品线只需把对资源的需求和计划，准确地提交到公司的运作管理办公室，由公司运作管理办公室统一计划、统一下达、统一考核。

产品线除了参与公司的运作例会，还可以跟踪计划的执行，积极反馈执行中的问题，推动问题的及时解决。公司的运作管理办公室统一计划、统一指挥、统一协调和统一考核，贯彻了责权对等、统一指挥的组织原则。

这种划分责任、不对称衔接的组织体制，在很多公司是运作不了或运作不好的。

那么，为什么华为能运作？这跟华为的文化以及文化的执行力有很大的关系。所谓的执行力，就是设定了基本的架构后，组织就要按规则来运作；如果不按这个规则来运作，就换一个执行者来运作。而其他公司一般做不到这一点。因此，一个组织的正常运作，实际上是由文化和人力资源管理来保证的。

03 首创"贡献毛利"考核利润中心

如何考核责权不对等的利润中心？这需要将传统的，基于财务利润表的利润中心核算方式，转化为基于管理利润表的利润中心核算方式。这里的关键是责任中心的利润概念怎么定义和核算。

举例来说，制造系统的利润中心是什么概念呢？我们把它定义为制造毛利中心，即按照可控性原则，它可控的只是制造成本（产品形成产成品之前的成本），包括采购成本、直接人工成本和制造费用。产成品入库之后的成本不归属制造系统利润中心控制，包括期间成本、售后服务费用、销售费用、公司期间费用，这些费用和制造系统没有关系。因此，制造毛利中心只考核到制造毛利为止。

服务体系的利润中心怎么核算呢？在制造毛利基础上，再扣除服务体系发生的费用，就形成了销售毛利，服务体系利润中心的概念就是销售毛利中心。那么，既然制造成本不归属服务体系控制，服务体系如何对销售毛利负责呢？这其中有一个假设，只要服务体系把能控制的费用、业务控制好，其给公司带来的贡献就是销售毛利，这部分销售毛利和财务口径的毛利是完全对应的。

产品线和区域销售组织的利润中心怎么核算呢？产品线利润中心在销售毛利的基础上，扣除产品线的研发费用、市场营销费用、管理费用，形成对公司毛利的净贡献，也叫贡献毛利。

如前所述，产品线的贡献毛利是利润中心在产品销售毛利的基础上，扣掉产品线的研发费用、市场营销费用和管理费用的结果。而对于区域销售组织利润中心，比如代表处和地区部的利润中心，其是在公司分产品的销售毛利（区域销售组织按分产品的销售收入计算出销售毛利）的基础上，再扣除直接销售费用、非正常损失（主要包括借货销售损失、合同变更损失、存货跌价损失、超期应收账款的坏账损失等），最后形成区域销售组织的贡献毛利。在这个贡献毛利的基础上，再扣除公司的期间费用分摊，形成一个叫作贡献利润的结果。这是华为创造的概念，它是区域销售组织（产品线也类似）真正给公司贡献的利润。

贡献利润只是接近公司的税前利润，但不等于公司的税前利润。公司计算税前利润，还需在贡献利润基础上，扣除营业外支出、汇兑损失、投资收益等，这些扣除项都是区域销售利润中心和产品线利润中心的不可控收益和支出。

把产品线和区域销售组织变成利润中心，它们的整个经营行为就趋于合理了。如果将它们定位为成本中心，只关注如何降低成本，未必对公司一定是有利的。如果降低成本已经损害了产品质量和公司的竞争力，那么成本的降低对公司来说就是一种损失，公司节约这种成本有什么意义呢？

对于费用中心，实现预算的费用目标，是否一定是好事呢？不一定。如果增加预算能给公司带来更多的收益，那就应该增加。例如，对于人力资源的管理，并非实现费用控制目标就是完全正确的。企业需要进行费用预算控制，但仅仅为了实现预算费用目标而节约费用，会忽略公司在战略层面的运作。

德鲁克的理论有个针对利润中心的基本观点,即对一个公司来说,其业务单元能够按利润中心定位和核算的,要尽可能按利润中心来定位和核算,这是一个基本原则。特别是业务部门,因为业务部门是有投入产出的,所以更适合用利润中心来核算。

利润中心划分到什么程度,也是有讲究的。例如,由日本的稻盛和夫经营的京瓷公司,创造了阿米巴管理模式,其业务单元划分得很细、很小。海尔集团向其学习,也将利润中心划得很小,共划分为2700多个利润中心,海尔称之为互联网模式的组织。在划分后的利润中心中,人单合一,每个岗位几乎都核算利润。但这样划分以后,大平台之间的协作和资源共享怎么实现,就是一个新的问题。

华为的原则是:战略竞争力量不应消耗在非战略机会点上。对于研发人员,如果让大家分散去创新,那么8万多名研发人员即使研发出很多成果,但这样有没有战略意义呢?能够支持公司核心竞争力的提升吗?能给公司带来持续的销售收入吗?所以,互联网模式与企业到底应该怎么结合,这个是要仔细研究的。经营单位不是划分得越小越好,但不划小是不行的,"吃大锅饭"会导致成本控制不住、费用控制不住、人员控制不住、整个企业的毛利率控制不住。这样是不行的。所以,经营单位要划小,关键是怎么划小。

贡献利润是公司在贡献毛利的基础上,扣除应分摊的期间费用。例如,市场销售组织要扣除研发费用;研发体系的产品线要扣除市场费用。还有,要扣除公司市场营销的战略投入费,比如用于战略补贴的投入费用。有的战略补贴体现在价格上,用亏损的方式先把产品卖出去,但因为区域销售组织是按利润中心核算的,所以这个亏损额就用公司的战略补贴进行弥补。

公司的管理费和IT费就是公司平台的投入。IT费其实是基础设施平台、信息平台的投入。

04　三年磨合，逐步加码

财务费用的分摊有这样一个过程，最初是按利润中心收入的一定比例分摊财务费用；随着核算的深入和细化，后来是按利润中心占用的流动资产的资金成本，核算到毛利中的。这样，利润中心的责任体系就加入了流动资产责任了。

这样就把公司的期间费用全分摊下去了。在按贡献毛利核算之初，海外区域销售组织大部分处于亏损状态。虽然收入指标、订货指标、预算的费用指标都完成得很好，但实际上区域销售组织是亏损的。在按贡献毛利核算一年之后，几乎所有的海外区域销售组织的贡献毛利这项指标都转负为正了。

在按贡献毛利核算两年之后，华为开始分摊期间费用。这时候，大部分区域销售组织的贡献利润又成了负数，于是华为把贡献利润也放在奖金里考核。执行一年之后，大部分海外区域销售组织的贡献利润就成正数了。这样，华为的效益就有了一个很稳定的支撑。

从 2003 年开始，华为开始做利润中心、准利润中心以及用管理会计来实施的利润中心的定义和核算，这使华为的效益从 2003 年以后持续增长，尤其是收入、利润持续增长。华为将大量的利润用于研发投入、战略市场投入、IT 及管理变革的投入和员工工资投入。这些投入在利润表上是费用支出，会减少利润，但实际上是战略性投资。这些费用看起来减少了公司短期利润，但实现上增加了长期的增长后劲。所以，仅从利润表上，华为的利润或盈利能力实际上没有真正体现出来。

05　通过虚拟现金流量让利润中心承担资产责任

华为按利润中心核算了三年以后，又开始加码。区域利润中心之前只对利润负责，现在又把现金流量的责任给加上了。这实际上就是让区域利润中心承担对资产的责任。在西方的管理会计体系里，对资产承担责任属于投资中心的职责，而华为的业务单元是利润中心。但是华为让利润中心承担对经营活动净现金流量的责任，其就带有部分投资中心的性质了。

纳入区域利润中心核算的现金流量叫作虚拟现金流量，这是什么意思呢？虚拟现金流量不是全部的现金流量，而是在职责可控的范围内的现金流量。区域的虚拟现金流量表在结构上分为虚拟现金流入、虚拟现金流出、经营性现金流标准分摊，以及区域经营性净现金流。

简要地说，区域虚拟现金流入主要包括区域的回款以及区域的其他现金流入。区域虚拟现金流出主要包括支付集团采购，支付本地采购（主要是辅料），支付期间成本（主要是物流成本和通关的成本），费用性的现金流出（销售费用和管理费用等），支付的直接财务费用（占用集团的现金和流动资产需支付的财务费用），支付集团的融资利息，支付税金（主要是销售环节的税金），支付固定资产（即当地购置固定资产）。最后，区域的现金流入减去区域的现金支出就是区域的现金收支差额。

在区域的现金收支差额基础上，再扣除经营性现金流标准分摊（分摊额或分摊率，一般是基于收入按照分摊率进行分摊），同时将公司集团平台运作的现金流也按照利润中心的收入分摊，就会形成区域经营性净现金流。把区域经营性净现金流加进 KPI 考核指标体系和激励利润中心的奖金公式，就建立起了基于现金流的资产责任机制。

同时，利润中心还要对应收账款、存货、预付款等资产承担责任。这样一来，责任机制就比较完备了。责任机制甚至会影响销售合同，例如，在和用户谈判的过程中，可能会增加用户的预付款条款。在中东一些盛产石油的国家，前几年石油价格很高的时候，它们的运营商付款很及时。跟它们签订的合同条款，有时候货刚到库里，款项就全部打过来了，所以当时华为的现金流状况比利润状况还要好。这在其他许多公司是很难见到的现象。这种现金流充裕的状况支持了华为在期末的或者第二年的分红、投资扩张及至基建。华为的基建投入很大，但相关现金流在账上来去自如，这和责任机制有很大关系。

■ 案例 9-4

洞见跨国公司管理报表体系设计实务案例，
解密企业飞速发展的财务密码

在本章开始的情景现场中，向总让李茜整理管理报表的思路。李茜经过学习之后，从识别数据基础与来源、需求调研并规划管理报表的结构及报表单元、设计报表模板、确定分摊方法及分摊动因、数据校验与测试五个方面，对公司管理报表体系进行规划并设计了管理报表的模板，将初稿发送给向总。半个小时之后，向总把李茜叫到了办公室。

"管理报表整体结构还是可以的，但是管理利润表中的分区维度和业务单元的分区维度并不一致。例如，你将内销分成东区、南区、西区、北区，这是传统的财务分区维度，但是业务部门并不是这么分区的，而是分成西南区、华中区、东南区等。外销分区也存在类似的问题。按照目前管理利润表的分区方法，我们是无法取得业务单位支持的。"向总对于初稿并不完全满意，"另外管理报表的科目设置沿用了传统财务报表的会计科目。但是业务单位会把销售费用分为市场费用、销售费用、行政办公费用等，而你采用了财务会计对销售费用的划分方法，这也是值得商榷的。我们需要尽可能地向业务单位看齐。"

"向总所言极是。管理报表的目标就是为管理决策提供支持。所以管理报表，尤其是管理利润表需要紧跟业务的需要，这是我考虑得不够深入的地方。"李茜很快意识到了这个问题，"但目前存在的问题是，内销和外销划分费用的维度并不一致。它们的销售费用并不都是按照市场费用、销售费用、办公费用去划分的。"

"这不是什么大不了的事。我们可以分别去和内、外销沟通，大家统一费用划分方法，并通过在系统中定义内、外销的费用分类，实现分类统一。当然了，沟通是需要时间的，我们可以暂时先不统一，即按照内、外销的费用划分方法分别列示各项费用。但我们要像统一会计科目一样统一费用科目,这是我们以后要做的工作。"向总提醒,"我注意到,管理利润表中的收入、成本、费用数据仍然使用的是财务数据,这个不合适吧?"

"为什么不合适呢?使用财务数据便于和财务报表匹配呢!"李茜不解地问。

"那么你的管理报表最后呈现的结果和实际管理需求肯定还是'两张皮',邵总可不是这样要求的。他是要看到区域、产品线的业绩情况,这里的区域、产品线是业务的划分方式。按照现在的划分方式呈现的管理利润表,肯定会被邵总批评。"向总嘀咕。

"可是业务单位的数据也不能直接拿来使用啊,例如内销使用含税金额考核收入,有一些费用也经过特殊调整,如果使用业务单位的数据会和我们的报表数据完全不同。"李茜愈发不解。

"我不是说要你使用业务单位的数据,但是也不能完全使用财务数据。业务单位对财务数据不理解,他们一直不认可财务的分区和计算方法,反而使用自己的一套数据向邵总汇报。邵总对内、外销的数据可以说是一清二楚,我们突然又按照财务的方法计算一套内、外销的数据,这合适吗?"向总提醒道。

"这……"李茜语塞。

"依我看,收入、销售费用应该使用预算口径的数据,这样比较合理。一方面,我们每个月都对预算数据进行汇报,邵总比较清楚预算的口径;另一方面,预算数据比较接近实际业务数据的计算方法,业务单位的接受度比较高。另外,你现在每个月都在和内、外销核对数据差异,对报表、预算、业务口径差异是很清楚的。但是直接用报表数据肯定不行,邵总和业务单位都不会接受,这样计算的结果和业务单位计算的结果会产生很大偏差。"向总点拨道。

"是哦,我明白了。那我将主要数据改成预算口径。"李茜茅塞顿开。

向总似乎还是不太满意,"我不认可销售费用、管理费用、财务费用的分摊方式。你现在按照实际销售额占比将期间费用分摊到各业务单位和产品线上,这是不合理的。我们的研发费用占大头,分摊不合理的话,各业务单位都不会信服,我们的工作就很难推进下去。"

"是的,向总。研发费用、管理费用、财务费用,还有平台费用目前采用了最常用,也是最简单的分摊方法,即按照实际销售额占比进行划分。这个是否合理还需要讨论。"李茜解释道。

"这样吧,你准备一下,组织一个会议,把相关的岗位人员都叫上,我们明天上午开会讨论一下。"向总说。

"好的,那我去给大家发会议通知,顺便把刚才您提到的几点再修改修改。"李茜说着,走出了向总的办公室。

第二天,财务部对管理报表进行了细致的讨论,明确了一些之前不明确的取数规则,如成本的取数和计算逻辑,成本如何与业务口径相匹配;重新定义了费用分摊规则,如对研发费用不能直接按照各区域的销售占比进行分摊,而是先将研发费用在产品线间进行归集,然后按照产品线在各区域的销售占比进行划分;并将研发费用划分为研究费用与开发费用,各区域只分摊开发费用,研究费用则在集团层面统一分摊;管理费用不能直接按照实际销售占比进行分摊,而是按照人数分摊;财务费用可以进一步拆分为手续费、利息收入、银行利息支出、汇兑损益,汇兑损益与外销相关,所以汇兑损益产生的财务费用由外销承担,而除汇兑损益之外的其他财务费用不能直接归集到业务部门,按收入的比例进行分摊;软件退税是内销形成的,这部分收益由内销享有。

当然,还有一些问题需要与管理层及业务单位进一步沟通,如管理利润表的呈现维度、取数口径、费用科目。因此,在完成内部讨论并再次修改管理报表之后,向总和李茜就赶紧向管理层做了第一次系统汇报。在这个过程中,向总及时向邵总及几位副总介绍了管理报表进展情况并进行了过程汇报;同内、外销及各事业部的负责人进行了数轮沟通,就管理报表呈现维度、取数口径、分摊方法、数据呈现方式、时间要求、汇报频率等达成了一致意见；安排了几场针对管理层、业务部门、财务部门的培训，取得了良好的效果。大家普遍认为管理报表厘清了各部门的责任、推动了考核方式的完善、增强了部门间的沟通、改善了运营流程，对公司来说是一个很好的管理工具。

第 10 章

可视化分析与数据洞察

　　这一天,财务总监向总又把李茜叫到了他的办公室,原因是向总发现公司今年的收入出现了一定幅度的下滑,他敏锐地觉察到今年的财务业绩可能会不太乐观。除此之外,他发现公司的存货余额增长较快,这已经成为一个值得关注的问题。他在一些场合就该问题向总裁邵总汇报过,但管理层似乎并不是很在意财务指标的这种变化,而是把精力重点放在收入增长上面,认为只要解决了收入的增长问题,其他问题都可以迎刃而解。

　　"小李啊,你知道此时此刻我是什么心情吗?"向总眉头紧锁。

　　"向总,您的心情似乎不大好,为什么呢?"李茜问道。

　　"现在已经7月份了,从上半年的财务报表情况来看,公司在某些方面做得不是很好,有些财务指标也不是很理想。虽然我向管理层预警过,但他们似乎并不重视,这让我很着急。"李茜看得出,向总确实挺着急。

"我知道公司上半年收入有所下滑,既然邵总都不重视,为什么您这么着急呢?"李茜疑惑道。

"话不能这么说。邵总有自己的关注点,管理层正在一心冲击销售任务。"向总解释道,"但他们可能都将关注点放在了销售收入上面,没有关注其他财务指标的变化,如今年的存货周转率下降较快。如果我们没有将这些风险和变化及时提示到管理层,并且年底的销售任务没完成,导致财务指标不理想,肯定又是财务背锅!"

"这个我赞同。财务部背锅又不是一次、两次了。前年因为公司业绩下滑,管理层在股东大会上批评财务部没有及时进行财务预测。我们必须提防这样的事情再次发生,把变化和风险的各种可能性及时向管理层预警。"李茜附和道。

"说起那个事我就生气……"向总对着李茜又是一通诉苦。

"所以今年我们肯定不能再背锅了。不行,我们一定要把这个事情和邵总说明白。我们要向管理层提示风险,管理层之前不重视,可能因为我们只在一些会议上含蓄地提过,没有形成系统性的汇报。他们因此无法评估下半年的财务状况及未来市场的变化趋势,也无法判断财务指标的变动程度。"看得出来,向总又要安排任务了。

"可是,我们每个月10日都向管理层发送财务报表,那上面有非常详细的收入、费用、利润、毛利指标的变化情况。我们一直以来都是这样汇报的,管理层似乎也没有什么意见。"李茜还是不理解。

"财务报表反映的信息毕竟是有限的,这就是公司要聘请财务分析师,还要每个月做管理报表的原因。财务报表只反映了基本的财务信息,还有一些关键的财务信息(如费用率、毛利率、周转率等指标变动情况)是无法直接在报表上体现的,但这些财务信息又都是很重要的。所以我们必须用财务分析工具每个月将这些财务指标及时、全面、准确地反馈给管理层。这样一方面可以反映财务指标变动趋势，另一方面也可以起到风险提示的作用，免得最后出了问题又是财务部承担责任。"向总点拨道。

李茜沉默了片刻，忽然激动地说："向总，我知道了！您需要的是一个可以洞察整个集团财务状况的工具，而可视化分析视图正好可以满足您的需要。"

"对，我就是需要一个可以洞察整个集团财务状况的可视化分析视图，你怎么突然开窍了？"向总微微一笑。

"您说得这么清楚，我当然会想到啦！还有一个原因，我刚刚参加了一个管理会计方面的考试，其中一个章节刚好讲的是可视化分析。当时我还不太明白这一章存在的意义，原来我们公司就有应用场景啊，真是太好了！"李茜颇有一些自得。

"你也别得意太早，理论和实践还是有很大区别的，等你先做出来可视化视图再说吧。"向总突然话锋一转，给李茜浇了一盆冷水。

"好呢，那我就先回去准备了。"李茜说完，走出了向总的办公室。

思考：
1. 什么是可视化分析视图？该视图在财务分析与经营分析中有用吗？
2. 如何搭建可视化分析视图模板？
3. 如何进行数据洞察，牵引经营决策？

可视化分析视图是财务分析最常用的工具之一。数据的可视化可以帮助公司快速定位和获取关键信息，进行数据洞察。公司通过对财务与经营数据进行可视化分析，可以发现优势、不足、风险与问题，并对未来发展趋势进行预测，从而帮助管理层制定长期、短期经营策略或调整经营计划，以应对经营环境的变化。制造业企业可视化分析模板如图 10-1 所示。

第 10 章 可视化分析与数据洞察 253

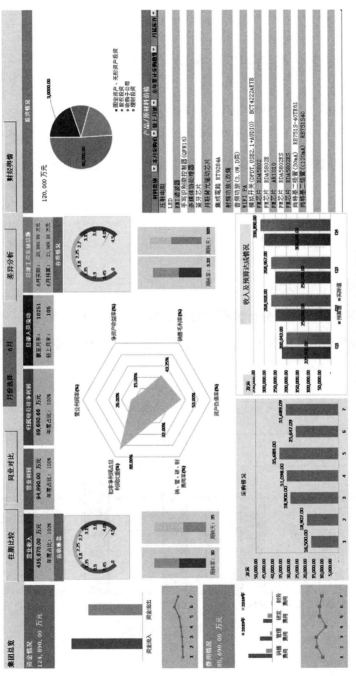

图 10-1 制造业企业可视化分析模板

10.1 可视化分析的图形、函数和数据分类工具

可视化分析工具主要有三种：一是进行可视化呈现的图形工具，如柱状图、饼图、地理图等；二是在可视化分析中常用的函数，即通过函数从大量数据中筛选出可用的数据；三是数据透视与分类汇总，这也是可视化分析需要用到的工具。

10.1.1 七大图形工具

1. 柱状图、条形图

柱状图可以实现对分析数据的比较，这是图表分析中常用的一种图形，如对比不同年份公司的收入、利润、费用情况。收入分析柱状图见图10-2。

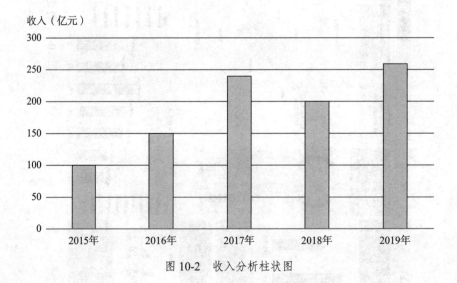

图 10-2 收入分析柱状图

条形图和柱状图比较类似，只是显示方式有所不同。在某些情况下，条形图的对比效果会更加清晰。图 10-3 是通过条形图观察公司 2016—2019 年不同季度净利润情况。

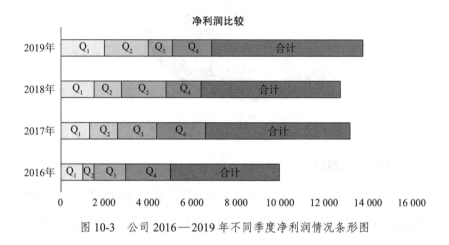

图 10-3　公司 2016—2019 年不同季度净利润情况条形图

2. 饼图

如果想知道不同类型数据的比例情况，需要用到饼图。

通过对某次会议参会人员职业情况进行统计，可以得出如下统计表（见表 10-1）。我们利用饼图可以看出不同职业人员所占比例，如图 10-4 所示。

表 10-1　参会人员职业情况统计表

职业	学生	老师	工人	农民	医生
人数	20	15	15	30	10

饼图在公司财务分析中应用也很广泛。我们可以通过饼图进行公司产品线占比分析、收入内外销占比分析、某区域或办事处各条产品线收入占比分析，并通过不同年份的比较，发现主要产品占比、新产品占比变化情况等，从而发现问题和市场机会。

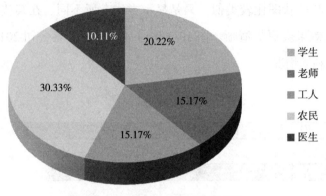

图 10-4 参会人员职业情况统计

3. 散点图、气泡图

散点图是可以看出数据关系和分布的视图，在可视化分析中也经常应用，如通过散点图观察不同销售额范围所对应的业务员数量、客户利润 - 销售额分布等，见图 10-5。

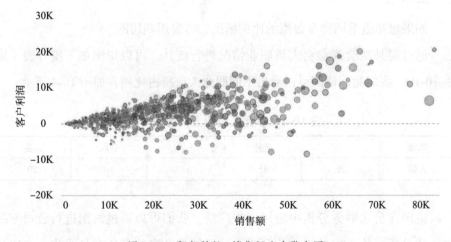

图 10-5 客户利润 - 销售额分布散点图

在图 10-5 中，大部分客户销售额集中在 40K 以下，且多数客户利润为正数；随着销售额逐渐增加，客户利润也呈现上升趋势，销售额 60K 以上的客户全部都实现了正利润；还可以通过本散点图观察不同销售额区间下的客户数量及利润情况。

气泡图是散点图的另一种表现形式，散点图中的点合并成大小不同的气泡，就形成了气泡图，气泡的大小代表不同数值。主要 A 股器械公司国际化水平分析气泡图见图 10-6。

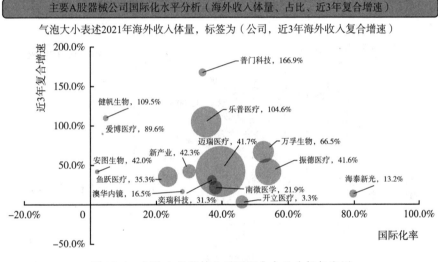

图 10-6　主要 A 股器械公司国际化水平分析气泡图
资料来源：西南证券研究报告《出海水到渠成，空间大有可为》，2023 年。

在图 10-6 中，气泡大小表示 2021 年各公司海外收入体量，气泡越大，收入体量越大；横轴表示海外收入占公司总收入的比例，即国际化率；纵轴表示近 3 年复合增速。气泡图在数据对比中非常有用，可以大致反映数量和金额的关系。

4. 地理图

地理图可以显示国家、区域、城市位置信息，以及产品销售热点区域、销售办事处分布等信息。

5. 雷达图

雷达图也叫蛛网图,是一种呈现多维数据的图表。公司主要将雷达图应用于经营状况分析,如对公司收益性、流动性、安全性和成长性的分析。公司主要财务指标雷达图见图 10-7。

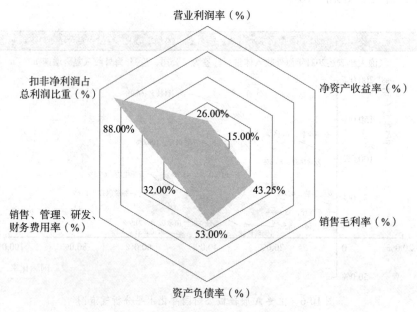

图 10-7　公司主要财务指标雷达图

6. 折线图

折线图是在财务分析中应用最广泛的一种图形,财务分析师一般最先学会的也是折线图。折线图可以反映数据的变动趋势,帮助公司发现问题、规划未来(见图 10-8)。

通过将公司近三年的季度收入进行统计并绘制成折线图,我们发现公司每个年度的 Q2、Q4 收入明显超过 Q1、Q3,这说明公司的收入呈现季节性变动。因此，如果我们对该公司进行投资，应该合理预测不同季节的销售情况；经营管理者要考虑这种波动带来的业绩变化，以及是否需要在淡季加大市场推广力度，或要求财务部进行财务预测。

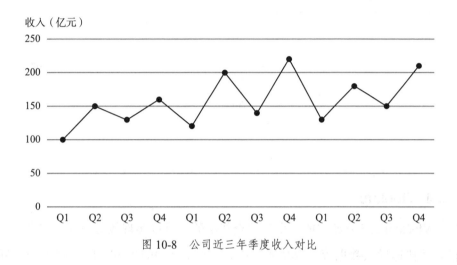

图 10-8　公司近三年季度收入对比

7. 组合图

为了清晰展示数据的构成和变动情况，有时候仅通过一张图并不能完全反映，这时候就需要用到组合图将不同的图形组合在一起。如柱状图与折线图形成的组合图（见图 10-9）。

在图 10-9 中，柱状图表示收入，是主要坐标轴；折线图表示毛利率，是次要坐标轴。我们可以看出随着时间的变动，公司收入、毛利率所呈现的变动情况。

10.1.2　三大函数工具

Excel 中的函数工具非常多，本书只介绍财务分析工作中常用的三个。

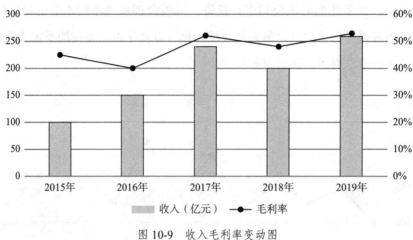

图 10-9　收入毛利率变动图

1. Vlookup

Vlookup 是 Excel 中的一个数据查找函数，可以实现核对数据、在多个表格之间快速导入数据等函数功能。Vlookup 与 LOOKUP 和 HLOOKUP 属于同一类函数，在财务分析中应用很广泛。

Vlookup 的语法规则如下：

=VLOOKUP(lookup_value, table_array, col_index_num, [range_lookup])

VLOOKUP 参数及说明见表 10-2。

表 10-2　VLOOKUP 参数及说明

参数	简单说明	输入数据类型
lookup_value	要查找的值	数值、引用或文本字符串
table_array	要查找的数据表区域	数据表区域
col_index_num	返回数据在查找区域的第几列数	正整数
range_lookup	精确匹配/近似匹配	FALSE（0、空格或不填（但是要有','站位））/TRUE（1 或不填（无逗号站位））

应用举例：图 10-10 是某公司销售明细。

	A	B	C	D	E	F	G
1	品名	订单编号	规格型号	单位	数量	单价（元）	销售金额（元）
2	电池	20110001	5#	节	12	4	48
3	游标卡尺	20110002	150mm	把	1	285	285
4	管螺纹丝锥	20110003	1/2	个	1	56	56
5	丝锥	20110004	X1	副	2	8.5	17
6	电池	20110005	7#	节	12	4	48
7	氧气管	20110006	48	盘	1	180	180
8	乙炔管	20110007	48	盘	1	165	165
9	喉箍	20110008	430	个	20	2	40
10	丝锥	20110009	X2	副	2	9.5	19
11	喉箍	20110010	6	个	10	1.8	18
12	胀管卡子	20110011	425	套	50	0.4	20
13	钉子	20110012	150mm	kg	10	9.6	96
14	塑料穿线管	20110013	425	根	3	16	48
15	弯头	20110014	425	个	4	2.5	10
16	直接头	20110015	425	个	2	2	4
17	塑料软铜线	20110016	6m²	米	100	7.5	750
18	防水胶布	20110017		卷	4	4.5	18
19	剪刀	20110018		把	2	8.5	17
20	盒尺	20110019	5m	把	1	18	18
21	喉箍	20110020	440	个	15	2	30
22	淋浴喷头	20110021		个	9	28	252
23	轮子	20110022	300mm	个	4	96	384
24	架子车底盘	20110023		套	1	560	560
25	丝锥	20110024	420	副	2	28	56
26	连体插座	20110025		个	1	86	86
27	卡子	20110026	425	个	50	0.4	20
28	高压胶管	20110027	φ19mm×5m	根	1	396	396
29	多股铜线	20110028	1.5m²	米	100	2.2	220

图 10-10　某公司销售明细

■ 案例 10-1

运用函数和数据分类工具对销售报表进行可视化分析（1）

出于财务分析工作的需要，我们想快速查找如下订单号对应的销售金额。

20110004
20110012
20110008
20110023
20110013
20110006

我们在销售明细表的底表中逐项查找，显然是比较麻烦的，特别是当销售明细表数据量很大，而需要查找的订单又很多时。但如果我们运用 Vlookup 函数来查找，就会很轻松。我们只需要在 Excel 中输入"=VLOOKUP(A1,Sheet1!$B:$G,6,FALSE)"，即可得出需要查找的订单销售金额数据。

2. Sumif 与 Subtotal

Sumif 与 Sum、Subtotal 是同一类函数。Sumif 函数用来根据指定条件对若干单元格进行求和。Sumif 函数的语法规则如下：

=SUMIF(range, criteria,sum_range)

Range 为条件区域，即用于条件判断的单元格区域。

Criteria 是求和条件，即由数字、逻辑表达式等组成的判定条件。

Sum_range 为实际求和区域，即需要求和的单元格、区域或引用。

在上述案例中，如果想要知道"丝锥"的销售金额合计，只需要在 Excel 单元格中输入 Sumif 语法公式，即"=SUMIF(A2:A30,"丝锥",G2:G30)"，运行结果为 92。

Sum 是对某区域直接求和，在此不做介绍。

Subtotal 是汇总函数，返回列表或者数据库中的分类汇总，语法规则如下：

=SUBTOTAL(function_num,ref1,ref2, ...)

Function_num 为 1~11（包含隐藏值）或 101~111（忽略隐藏值）的自然数，用来指定分类汇总计算使用的函数。Function_num 的值（1~11）与其对应的函数如下：

1）1 对应 AVERAGE（算术平均值）。

2）2 对应 COUNT（数值个数）。

3）3 对应 COUNTA（非空单元格数量）。

4）4 对应 MAX（最大值）。

5）5 对应 MIN（最小值）。

6）6 对应 PRODUCT（括号内所有数据的乘积）。

7）7 对应 STDEV（估算样本的标准偏差）。

8）8 对应 STDEVP（返回整个样本总体的标准偏差）。

9）9 对应 SUM（求和）。

10）10 对应 VAR（计算基于给定样本的方差）。

11）11 对应 VARP（计算基于整个样本总体的方差）。

Function_num 的值（101~111）与其对应的函数如下：

1）101 对应 AVERAGE（算术平均值）。

2）102 对应 COUNT（数值个数）。

3）103 对应 COUNTA（非空单元格数量）。

4）104 对应 MAX（最大值）。

5）105 对应 MIN（最小值）。

6）106 对应 PRODUCT（括号内所有数据的乘积）。

7）107 对应 STDEV（估算样本的标准偏差）。

8）108 对应 STDEVP（返回整个样本总体的标准偏差）。

9）109 对应 SUM（求和）。

10）110 对应 VAR（计算基于给定样本的方差）。

11）111 对应 VARP（计算基于整个样本总体的方差）。

■ 案例 10-2

运用函数和数据分类工具对销售报表进行可视化分析（2）

我们可以在 Excel 中筛选出数据后，再用 Subtotal 函数对已筛选出的数据进行汇总，这样可以立即显示汇总结果。运用 Subtotal 函数进行数据汇总如图 10-11 所示。

如果我们需要统计销售明细中电池、管螺纹丝锥、钉子、防水胶布、高压胶管、多股铜线的销售金额，应该如何做呢？

我们可以先在任一单元格中输入"=SUBTOTAL(9,G3:G30)"，再按照"品名"进行数据筛选，选定电池、管螺纹丝锥、钉子、防水胶布、高压胶管、多股铜线，这时候单元格的自动运行结果为 882，见图 10-11。在涉及大量数据时，运用 Subtotal 是不是非常方便快捷呢？

	A	B	C	D	E	F	G
1	品名	订单编号	规格型号	单位	数量	单价（元）	销售金额（元）
2	电池	20110001	5#	节	12	4	48
4	管螺纹丝锥	20110003	1/2	个	1	56	56
6	电池	20110005	7#	节	12	4	48
13	钉子	20110012	150mm	kg	10	9.6	96
18	防水胶布	20110017		卷	4	4.5	18
28	高压胶管	20110027	φ19mm×5m	根	1	396	396
29	多股铜线	20110028	1.5m²	米	100	2.2	220
30							882

图 10-11　运用 Subtotal 函数进行数据汇总

有兴趣的读者可以自己实践一下，也可以了解一下其他函数的使用方法。

3. IF

IF 函数在 Excel 中是一个条件函数，根据指定的条件来判断是"真"（TRUE）还是"假"（FALSE），根据逻辑计算的真假值，返回相应的内容。财务分析工作经常通过 IF 函数进行数据校验，或者根据条件对数据进行计算。

IF 的语法规则如下：

=IF(logical_test,value_if_true,value_if_false)

Logical_test 表示计算结果为 TRUE 或 FALSE 的任意值或表达式。

Value_if_true 表示 logical_test 为 TRUE 时返回的值。

Value_if_false 表示 logical_test 为 FALSE 时返回的值。

■ 案例 10-3

运用函数和数据分类工具对销售报表进行可视化分析（3）

如果我们想知道销售明细表中销售金额大于 50 元的订单，并在销售金额大于 50 元时显示 Yes，否则显示实际销售金额，可以通过 IF 函数来实现，即在单元格中输入"=IF(G3>50,"Yes",G3)"。运用 IF 函数进行数据筛选见图 10-12。

	A	B	C	D	E	F	G	H
1	品名	订单编号	规格型号	单位	数量	单价（元）	销售金额（元）	筛选结果
2	电池	20110001	5#	节	12	4	48	48
3	游标卡尺	20110002	150mm	把	1	285	285	YES
4	管螺纹丝锥	20110003	1/2	个	1	56	56	YES
5	丝锥	20110004	X1	副	2	8.5	17	17
6	电池	20110005	7#	节	12	4	48	48
7	氧气管	20110006	48	盘	1	180	180	YES
8	乙炔管	20110007	48	盘	1	165	165	YES
9	喉箍	20110008	430	个	20	2	40	40
10	丝锥	20110009	X2	副	2	9.5	19	19
11	喉箍	20110010	6	个	10	1.8	18	18
12	胀管卡子	20110011	425	套	50	0.4	20	20
13	钉子	20110012	150mm	kg	10	9.6	96	YES
14	塑料穿线管	20110013	425	根	3	16	48	48
15	弯头	20110014	425	个	4	2.5	10	10
16	直接头	20110015	425	个	2	2	4	4
17	塑料软铜线	20110016	6m²	米	100	7.5	750	YES
18	防水胶布	20110017		卷	4	4.5	18	18
19	剪刀	20110018		把	2	8.5	17	17
20	盒尺	20110019	5m	把	1	18	18	18
21	喉箍	20110020	440	个	15	2	30	30
22	淋浴喷头	20110021		个	9	28	252	YES
23	轮子	20110022	300mm	个	4	96	384	YES
24	架子车底盘	20110023		套	1	560	560	YES
25	丝锥	20110024	420	副	2	28	56	YES
26	连体插座	20110025		个	1	86	86	YES
27	卡子	20110026	425	个	50	0.4	20	20
28	高压胶管	20110027	ø19mm×5m	根	1	396	396	YES
29	多股铜线	20110028	1.5m²	米	100	2.2	220	YES

图 10-12　运用 IF 函数进行数据筛选

同理，我们还可以用 IF 函数对数据进行计算、评分、判定、校验。特别是涉及报表编制相关工作时，我们用 IF 函数校验报表间的数据勾稽关系以及总表金额与分表金额是否一致。这个函数功能很强大，运用十分方便。

10.1.3 数据透视与分类汇总工具

1. 数据透视表

数据透视表是进行财务数据分析必备的一个 Excel 工具，它可以从繁杂的表格数据中按照一定规则求和、计数、计算平均值、计算最大值、计算最小值、计算乘积、计算方差等，是一种可靠且便捷的取数工具。

■ 案例 10-4

运用函数和数据分类工具对销售报表进行可视化分析（4）

如果我们想知道销售明细表中每个区域的销售金额，应该如何通过数据透视表实现呢？销售明细（带区域列）见图 10-13。

	A	B	C	D	E	F	G	H
1	品名	区域	订单编号	规格型号	单位	数量	单价（元）	销售金额（元）
2	电池	东区	20110001	5#	节	12	4	48
3	游标卡尺	西区	20110002	150mm	把	1	285	285
4	管螺纹丝锥	东区	20110003	1/2	个	1	56	56
5	丝锥	东区	20110004	X1	副	2	8.5	17
6	电池	北区	20110005	7#	节	12	4	48
7	氧气管	中区	20110006	48	盘	1	180	180
8	乙炔管	南区	20110007	48	盘	1	165	165
9	喉箍	北区	20110008	430	个	20	2	40
10	丝锥	中区	20110009	X2	副	2	9.5	19
11	喉箍	南区	20110010	6	个	10	1.8	18
12	胀管卡子	北区	20110011	425	套	50	0.4	20
13	钉子	中区	20110012	150mm	kg	10	9.6	96
14	塑料穿线管	南区	20110013	425	根	3	16	48
15	弯头	北区	20110014	425	个	4	2.5	10
16	直接头	中区	20110015	425	个	2	2	4
17	塑料软铜线	东区	20110016	6m²	米	100	7.5	750

图 10-13　销售明细（带区域列）

18	防水胶布	东区	20110017		卷	4	4.5	18
19	剪刀	西区	20110018		把	2	8.5	17
20	盒尺	北区	20110019	5m	把	1	18	18
21	喉箍	中区	20110020	440	个	15	2	30
22	淋浴喷头	南区	20110021		个	9	28	252
23	轮子	北区	20110022	300mm	个	4	96	384
24	架子车底盘	中区	20110023		套	1	560	560
25	丝锥	东区	20110024	420	副	2	28	56
26	连体插座	东区	20110025		个	1	86	86
27	卡子	西区	20110026	425	个	50	0.4	20
28	高压胶管	北区	20110027	φ19mm×5m	根	1	396	396
29	多股铜线	中区	20110028	1.5m²	米	100	2.2	220

图 10-13 销售明细（带区域列）（续）

其实很简单，我们只需选定销售明细（图 10-13）的工作表区域，在 Excel 功能区中选择"插入"—"数据透视表"，在显示的数据透视表字段中选择"行"为"区域"，"值"为"求和项：金额"，见图 10-14。

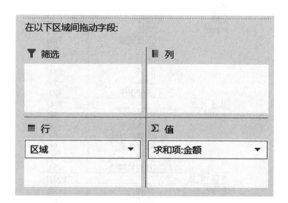

图 10-14 按区域对销售金额求和

这时候我们就得到了按照区域汇总的销售金额数据，见图 10-15。

同理，如果想了解每个区域中各类产品的销售金额合计数，又该怎么操作呢？我们需要在数据透视表"字段"中选择"行"时同时选择"区域""品名"，"值"仍然为"求和项：金额"，见图 10-16。

区域	求和项:金额（元）
北区	916
东区	1031
南区	483
西区	322
中区	1109
总计	3861

图 10-15 区域金额汇总

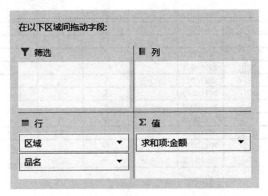

图 10-16　按区域和品名对销售金额求和

我们可以得到区域及产品金额汇总,见图 10-17。

规格型号	(全部)	
求和项:金额		
区域	品名	汇总
⊟北区	电池	48
	高压胶管	396
	盒尺	18
	喉箍	40
	轮子	384
	弯头	10
	胀管卡子	20
北区 汇总		916
⊟东区	电池	48
	防水胶布	18
	管螺纹丝锥	56
	连体插座	86
	丝锥	73
	塑料软铜线	750
东区 汇总		1031
⊟南区	喉箍	18
	淋浴喷头	252
	塑料穿线管	48
	乙炔管	165
南区 汇总		483
⊟西区	剪刀	17
	卡子	20
	游标卡尺	285
西区 汇总		322
⊟中区	钉子	96
	多股铜线	220
	喉箍	30
	架子车底盘	560
	丝锥	19
	氧气管	180
	直接头	4
中区 汇总		1109
总计		3861

图 10-17　区域及产品金额汇总

我们还可以用数据透视表的"筛选"功能，对数据做进一步清洗，从而快速得到想要的结果。例如，我们设置"规格型号"为筛选条件，在按照区域和品名汇总销售金额数据后，如果不想看到规格型号为425的产品销售数据，只需要设置"规格型号-选择多项"后剔除425型号（见图10-18），即可得出不含425型号的各区域不同产品的销售金额汇总数据，见图10-19。

数据透视表这个工具，可以为我们的数据整理和分析工作带来极大方便。

2. 分类汇总

分类汇总的功能类似于数据透视表。我们在使用Excel分类汇总工具前，需要先将数据按照一定的标准进行分类，然后对各类别数据分别进行求和、求平均数、求个数、求最大值、求最小值等汇总。分类汇总可以直接在数据区域中插入汇总行，因而我们可以同时看到明细数据和汇总数据。

值得注意的是，在进行分类汇总前，需要先对数据进行排序，否

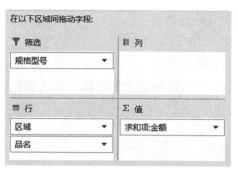

图10-18 按区域和品名对销售金额求和
（不含425型号）

规格型号	(多项)	
求和项:金额		
区域	品名	汇总
⊟北区	电池	48
	高压胶管	396
	盒尺	18
	喉箍	40
	轮子	384
北区 汇总		886
⊟东区	电池	48
	防水胶布	18
	管螺纹丝锥	56
	连体插座	86
	丝锥	73
	塑料软铜线	750
东区 汇总		1031
⊟南区	喉箍	18
	淋浴喷头	252
	乙炔管	165
南区 汇总		435
⊟西区	剪刀	17
	游标卡尺	285
西区 汇总		302
⊟中区	钉子	96
	多股铜线	220
	喉箍	30
	架子车底盘	560
	丝锥	19
	氧气管	180
中区 汇总		1105
总计		3759

图10-19 区域及产品金额汇总（不含425型号产品）

则无法操作。

- 案例 10-5

运用函数和数据分类工具对销售报表进行可视化分析（5）

如果我们想对销售明细表中的数据按"区域"分类汇总，需要先将数据按"区域"排序，排序结果见图 10-20。

	A	B	C	D	E	F	G	H
1	品名	区域	订单编号	规格型号	单位	数量	单价（元）	销售金额（元）
2	电池	北区	20110005	7#	节	12	4	48
3	喉箍	北区	20110008	430	个	20	2	40
4	胀管卡子	北区	20110011	425	套	50	0.4	20
5	弯头	北区	20110014	425	个	4	2.5	10
6	盒尺	北区	20110019	5m	把	1	18	18
7	轮子	北区	20110022	300mm	个	4	96	384
8	高压胶管	北区	20110027	φ19mm×5m	根	1	396	396
9	电池	东区	20110001	5#	节	12	4	48
10	管螺纹丝锥	东区	20110003	1/2	个	1	56	56
11	丝锥	东区	20110004	X1	副	2	8.5	17
12	塑料软铜线	东区	20110016	6m^2	米	100	7.5	750
13	防水胶布	东区	20110017		卷	4	4.5	18
14	丝锥	东区	20110024	420	副	2	28	56
15	连体插座	东区	20110025		个	1	86	86
16	乙炔管	南区	20110007	48	盘	1	165	165
17	喉箍	南区	20110010	6	个	10	1.8	18
18	塑料穿线管	南区	20110013	425	根	3	16	48
19	淋浴喷头	南区	20110021		个	9	28	252
20	游标卡尺	西区	20110002	150mm	把	1	285	285
21	剪刀	西区	20110018		把	2	8.5	17
22	卡子	西区	20110026	425	个	50	0.4	20
23	氧气管	中区	20110006	48	盘	1	180	180
24	丝锥	中区	20110009	X2	副	2	9.5	19
25	钉子	中区	20110012	150mm	kg	10	9.6	96
26	直接头	中区	20110015	425	个	2	2	4
27	喉箍	中区	20110020	440	个	15	2	30
28	架子车底盘	中区	20110023		套	1	560	560
29	多股铜线	中区	20110028	1.5m^2	米	100	2.2	220

图 10-20　销售明细（按区域排序）

接下来，在 Excel 菜单栏"数据"下选择"分类汇总"，并在弹出的对话框中的"分类字段"选择"区域"，"汇总方式"选择"求和"，"选定汇总项"选择"金额"，见图 10-21。

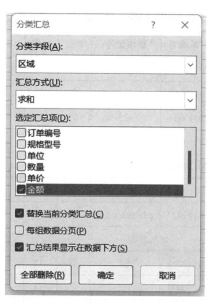

图 10-21 按区域对销售金额分类汇总

由此，销售明细表中的数据便实现了按区域和金额的分类汇总，见表 10-3。

表 10-3 区域销售金额分类汇总表

品名	区域	订单编号	规格型号	单位	数量	单价（元）	销售金额（元）
			北区汇总				916
			东区汇总				1 031
			南区汇总				483
			西区汇总				322
			中区汇总				1 109
			总计				3 861

将区域销售金额分类汇总表按最末级项目展开，可以同时看到各区域的汇总数及各区域的销售明细清单，见表 10-4。

表 10-4　区域销售金额分类汇总表—按最末级项目展开

品名	区域	订单编号	规格型号	单位	数量	单价（元）	销售金额（元）
电池	北区	20110005	7#	节	12	4	48
喉箍	北区	20110008	430	个	20	2	40
胀管卡子	北区	20110011	425	套	50	0.4	20
弯头	北区	20110014	425	个	4	2.5	10
盒尺	北区	20110019	5m	把	1	18	18
轮子	北区	20110022	300mm	个	4	96	384
高压胶管	北区	20110027	$\varphi 19mm \times 5m$	根	1	396	396
北区汇总							916
电池	东区	20110001	5#	节	12	4	48
管螺纹丝锥	东区	20110003	1/2	个	1	56	56
丝锥	东区	20110004	×1	副	2	8.5	17
塑料软铜线	东区	20110016	$6m^2$	米	100	7.5	750
防水胶布	东区	20110017		卷	4	4.5	18
丝锥	东区	20110024	420	副	2	28	56
连体插座	东区	20110025		个	1	86	86
东区汇总							1 031
乙炔管	南区	20110007	48	盘	1	165	165
喉箍	南区	20110010	6	个	10	1.8	18
塑料穿线管	南区	20110013	425	根	3	16	48
淋浴喷头	南区	20110021		个	9	28	252
南区汇总							483
游标卡尺	西区	20110002	150mm	把	1	285	285
剪刀	西区	20110018		把	2	8.5	17
卡子	西区	20110026	425	个	50	0.4	20
西区汇总							322

（续）

品名	区域	订单编号	规格型号	单位	数量	单价（元）	销售金额（元）
氧气管	中区	20110006	48	盘	1	180	180
丝锥	中区	20110009	×2	副	2	9.5	19
钉子	中区	20110012	150mm	kg	10	9.6	96
直接头	中区	20110015	425	个	2	2	4
喉箍	中区	20110020	440	个	15	2	30
架子车底盘	中区	20110023		套	1	560	560
多股铜线	中区	20110028	1.5m²	米	100	2.2	220
中区汇总							1 109
总计							3 861

在某些特定的情形下，分类汇总可以按照需要对数据进行快速分析和统计，是一个非常实用的数据整理和汇总工具。

一般来说，如果掌握了可视化分析的图形工具、函数工具、数据透视与分类汇总工具，几乎可以满足财务分析工作的所有可视化需求，制作企业可视化分析模板完全不在话下。但正如本章前面所提到的，可视化分析的目的不只是给管理层呈现一张财务分析表（如果可以，管理层当然希望看到财务分析表），也是通过对数据的可视化分析，快速定位和获取关键信息，进行数据洞察。公司通过对财务与经营数据进行可视化分析，可以发现优势、不足、风险与问题，并对未来发展趋势进行预测，从而帮助管理层制订长期、短期经营策略或调整经营计划。

所以，这对可视化分析提出了以下几个问题：

1）快速定位和获取关键信息，要求我们快速获取数据，快速呈现结果。怎样才能保证快速？这是后面要和大家讨论的。

2）进行数据洞察，需要对哪些数据和财务指标进行洞察？如何获取关键数据信息？

3）如何发现优势、不足、风险和问题？如何进行展示和提出建议？

4）如何帮助管理层制定短、中、长期经营与财务管理策略？

10.2 数据洞察

制造业企业可视化分析模板（图 10-1）也叫管理驾驶舱或数据驾驶舱。该模板将企业关键经营数据以图表的形式整合到同一张视图中，类似汽车和飞机的仪表盘，方便管理层随时掌握企业经营状况。如果财务部一开始无法掌握公司的完整经营信息，也可以用可视化分析模板将主要财务与经营信息呈现出来，这样仍然可以对公司经营起支持作用。

如果可视化分析模板可以只呈现主要财务与经营信息，我们首先就要对企业的数据和指标进行筛选，筛选过程要满足重要性的要求，也要结合管理层的数据呈现喜好而定。

可视化分析中的数据洞察可分为数据结构洞察与问题洞察。

10.2.1 数据结构洞察

以制造业企业为例，在进行可视化分析的数据结构设计时，管理层除了关注经营结果（利润情况）外，还要关注收入及达成情况、毛利率情况等；如果是上市公司，管理层还会关注公司的资本市场指标，如股价、净资产收益率、每股收益变动情况等；此外，管理层还比较关注经营效率指标，如费用率、资产周转率。

数据结构设计必须考虑重要性和管理层需求两方面的内容，这样做出的分析报告才有价值。同时，数据结构设计还要考虑公司内部和外部情况变化，内部情况变化主要是和公司过去情况进行比较，外部情况变化主要是与可比公司进行比较。

企业可视化分析模板主要包括如下数据：

（1）营业收入。可视化分析视图首页展示了某一时间段内营业收入总额、同比变动比率，同时在"往期比较"工作表中对公司近三年的营业收入按月份、季度进行对比，这样可以看出公司每个季度、每个月的收入及变动情况，以便对公司未来的收入情况进行预估。营业收入除了要和之前年份的进行比较，还进行三年营业收入的"同业对比"、收入增长率同业比较。这样公司除了能知道自身收入水平，还能知道与同业公司相比，公司的收入规模、收入增量水平，有助于管理层进一步思考公司的预算目标是否合理？公司的收入完成是否令人满意？

（2）收入预算及达成情况。由于收入指标十分重要，收入及预算达成情况需要在首页进行展示。如果公司按季度进行预算，则可以展示每个季度的收入实际值、预算值及预算达成比率；如果公司的预算可以细分到月份，建议按月份进行展示。收入预算值与实际值对比见图10-22。

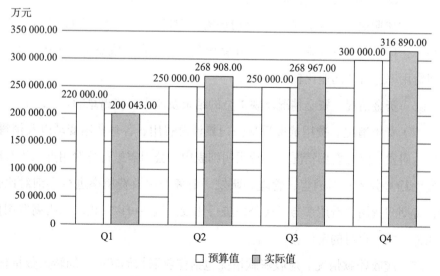

图10-22 收入预算值与实际值对比

(3）净利润。在分析净利润时，公司应在"往期比较"工作表中进一步分析近三年的净利润及扣非净利润情况，并进行季度比较；同时分析净利润增长率近三年变动情况、净利润增长率与可比公司比较情况。

（4）总部人员流动、总部工资发放总额。公司管理层比较关注经营效率指标，特别是人均产出情况，所以对人员流动情况比较重视；同时，每个月的工资发放总额直接影响公司的现金流，这也是公司需要考虑的一点。公司主要财务数据见表 10-5。

表 10-5　公司主要财务数据

营业收入	营业利润	归属母公司净利润	总部人员流动
435 670.00 万元	94 890.00 万元	89 680.66 万元	截至月末：10 251（人次）
年度占比：100%	年度占比：100%	年度占比：100%	较上月末：105（人次）

（5）主要的财务比率指标。在主要的财务比率指标中，营业利润率、净资产收益率、销售毛利率、资产负债率、期间费用率、扣非净利润占比为主要指标，并以雷达图的形式在最中心位置呈现，见图 10-23。

在"往期比较"工作表中，公司还需要对净利率、净资产收益率、销售毛利率指标进行 3~5 年对比分析，并就净利率、净资产收益率、销售毛利率、期间费用率进行"同业比较"。

（6）资金情况。资金情况反映资金的结余及流入、流出总额。

（7）费用情况。费用情况反映公司累计总费用、各月费用变动以及销售、管理、研发、财务费用情况。在费用明细表中，公司需进行总费用近三年对比及变动趋势分析；对销售、管理、研发、财务费用及费用率进行详细对比分析；将期间费用、费用率与可比公司进行比较。这些可以帮助公司提高费用控制能力，找准自身的定位。

（8）应收账款情况。应收账款情况包括应收账款周转率、周转天数指标，并在"往期比较"工作表中对公司 3~5 年应收、应付账款周转率、周转天数进行对比分析；在"同业比较"工作表中将公司应收、应付账款周转率、周转天数与可比公司进行对比分析，找到改善机会点。

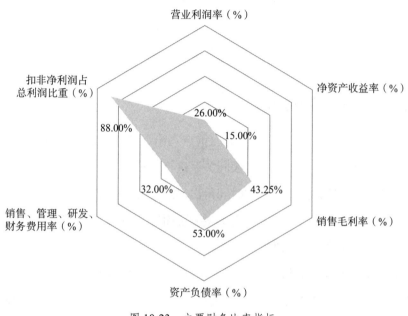

图 10-23　主要财务比率指标

（9）存货情况。存货情况包括存货周转率、周转天数指标，并在"往期比较"工作表中进一步分析近三年存货总量、周转天数与周转率变动情况；与同业可比公司进行对比分析。

（10）投资情况。投资是公司获得长期发展的保证。投资行为通常分为固定资产投资，股权投资，收购、理财投资，按实际情况反映即可。

（11）产品及原材料价格。产品及原材料价格反映采购金额及主要原材料价格变化情况，从中可以看出不同时点重要原材料的价格变动，便于公司制定原材料采购策略。

在进行可视化分析的数据结构洞察时,并不是所有数据都可以从报表中取得,如果我们认为有些数据是必需的,而且对经营是有用的,我们需要对其进行整理或者从业务单位中获取。例如,人数情况、薪资情况需要从公司人力资源部获取,产品及原材料价格情况需要和采购部门讨论。我们要站在集团运营的高度审视公司过去、现在和未来的数据,如果我们能进一步结合业务的需要对数据进行呈现,那么数据的价值就会大大提升。

10.2.2 数据表间关系建立方法

为了让可视化分析视图能够更加重点突出、智能和高效,我们需要对分析的维度、分析表进行定义,对表间关系进行勾稽,并让可视化分析视图的维护者可以用最少的数据、最短的时间得出最想要的分析结果。

分析的维度就是选择分析和呈现指标的维度,可以参考"数据结构洞察"中所展示的主要数据呈现维度。

分析表是可视化分析视图的主要组成部分,和"财务总览"共同构成了可视化分析视图的主要报表,需要进行重点定义。分析表由几张关键报表构成,如"往期比较""同业对比""问题建议""行业舆情"等。

公司所有往期数据的比较与分析均在"往期比较"工作表中反映,这部分并不建议进行具体分析,重点在于数据呈现和视图展示,如前文提到的各个财务指标的对比。进行往期数据比较的时候,我们可以将数据按照一定的规则做进一步分类,如分为比率指标、关键指标。比率指标包括净利率、毛利率、净资产收益率、收入增长率、利润增长率、应收账款周转率与周转天数、存货周转率与周转天数等指标;关键指标包括收入金额、利润金额、费用总额、存货金额等与往期的对比分析。

"同业对比"就主要财务指标与同业可比公司对比分析,如净利率,净资产收益率,毛利率,收入利润增长率,应收、应付周转率与周转天数,存货周转率、各项费用率、营收规模对比等，并通过视图的形式清晰展示与可比公司相比处在何种位置。

"问题建议"主要是对"往期比较""同业对比"中公司存在的问题和不足进行汇总说明，并给出财务建议。具体应当怎样发现问题、给出建议将在下一小节的问题洞察中详细说明。

"行业舆情"对重要的财税政策进行解读、对可比公司行业动向（如上市、并购、募资等）进行监控。当然，公司可以根据行业特点和自身需要设计重点关注的内容。

可视化分析视图的几张主表应该是彼此关联的。我们可以把"财务总览"看成一幅战略地图，"往期比较""同业对比""问题建议""行业舆情"则是对战略地图的分解。"财务总览"中的数据并不是孤立的，我们可以通过"财务总览"定位任何想要的数据。由于可视化分析视图主表都要呈现给管理层，因此涵盖的内容不宜过多、过细。详细的数据和分析可以在明细报表或底稿中反映，但这些明细报表或底稿不宜呈现给管理层，而是隐藏在整个工作簿中，如建立"集团总览底稿"底表、"往期比较底稿"底表，将所有的源数据、计算逻辑均隐藏在底表中；或者单独建立一个数据文件库，将主表与数据文件库的数据相关联。

当然，我们并不需要将所有的数据都汇总到一张底表中，这样做既麻烦又耗时，而且不清晰。某些底表可以直接采用公司已有的报表，如将集团合并报表作为底表的一部分。

这样公司就在"财务总览"与主表、主表与底表之间建立了数据链接，并设定了可视化分析视图的模板。公司只需要每个月在底表或数据库中进行数据维护，利用 Excel 就可以出具可视化分析视图，公司的运营结果也就一目了然。各月数据应该是连贯的，公司可以逐月进行维护，我们可以选择不同的月份，实时查看随着月份的变化，公司运营的变化情况。

10.2.3 问题洞察

可视化分析可以让我们对公司的经营现状做到心中有数，也可以让我们站在运营的高度对公司存在的问题及不足精准把脉，从而规划公司未来的经营方向或做出财务调整。财务分析师是否具备敏锐的数据洞察力就显得尤为重要，是否能够发现问题、提出问题并给出合理的解决方案，是对财务分析师能力的考验。

■ 案例 10-6

对财务指标变动进行问题洞察

有如下两种情形：

1. 如果通过可视化分析发现公司的营业收入较上一年出现了下滑，如何判断收入下滑产生的原因呢？

首先，我们将营业收入和预算目标比较，如果没有达成预算，说明收入完成情况不理想；然后，再将营业收入的增长率分为境内、境外区域分别来看，如果发现境内收入出现下滑，境外收入是增长的并且达成了预算目标，那么说明境内收入存在问题；接下来，可以把收入分成不同的产品线，如果发现有的产品线收入是增长的，有的产品线收入是下滑的，因而拖累了整体收入增长，那么我们应该把重点放在收入下滑的产品线上，再进一步分析收入下滑的原因。完成了上述工作，是否说明我们已经成功找到收入下滑的原因了呢？不一定，我们还要看看同业可比公司的情况，如同业公司同一阶段的收入是否也出现下滑了呢？如果同业公司的收入是增长的，那说明公司的收入确实出现了问题；但如果同业公司的收入也是下滑的，需要进一步分析原因，如公司收入下滑是否因为受到政策或疫情影响？或是由于公司上一年的收入基数异常所致？只有综合考虑了以上情况，我们的分析结论才会经得起推敲，我们提出的问题和建议也才能为管理层所认可。

2. 如果通过可视比分析发现公司净利润增长了10%，这是一个积极的还是消极的信号？

首先，我们要结合公司的年度经营目标来看，如果年度经营目标是净利润与上年持平，那么净利润增长10%是积极信号；但如果年度经营目标是净利润较上年增长20%，那么10%的净利润增长率显然不是一个令人满意的结果。另外，也要结合行业的净利润情况。

但仅考虑如上两个方面仍然是不够的。如果公司对10%的净利润增长率是满意的，那么我们还应该弄清楚公司对哪些方面满意，对哪些方面不满意；如果公司对10%的净利润增长率不满意，我们要进一步弄清楚公司对哪些方面不满意，对哪些方面满意。

我们需要对净利润变动进行结构分析。假设净利润的绝对增长金额是1亿元，那么我们要分析由于收入变动、毛利率变动、期间费用变动、其他项目（如其他收益、营业外收支、所得税等）变动分别带来的净利润增长或下降金额是多少。这样我们就会发现，有的因素对净利润是正贡献，有的因素对净利润是负贡献。正贡献是做得好的方面，负贡献则是问题所在，我们应该对负贡献项目进行重点分析。

对其他财务指标，我们也可以运用类似方法进行数据挖掘和问题洞察。

随着计算机技术的发展，除了Excel，又出现了许多可以用于可视化分析的工具。它们已经在诸多企业中得到了实际运用，并在企业财务及业务（供应链、营销等）数字化转型及建设中发挥了重要作用，如Python、Power BI、Tableau、Google Chart API、FineReport等，感兴趣的读者可以自行研究。

■ 案例10-7

制造企业可视化分析模型建立及数据洞察策略

经过近半个月的摸索学习和数据整理，李茜按照可视化分析的方法，并结合公司实际情况，初步完成了集团可视化分析视图，并导入公司近两年的财务和经营数据加以实际操作和验证，将其发送给了财务总监向总。

大约一个小时后，李茜收到了向总的邮件回复。

"小李，可视化分析视图收到了。提出以下几点意见：

1）对首页'集团财务概览'中的异常指标，我们需要对其进行醒目标识或突出显示，并进行风险预警。

2）对异常指标不能只呈现数据结果，应进行进一步的原因分析。例如毛利率出现下降，应该分析主要产品及国内、国际区域毛利率的变动。对其他异常指标，也应进行进一步原因分析。

3）各表之间的数据关联性不够，应当做到主表、工作表、底表间数据互相关联，这样每个月只需维护底表数据，就可以迅速得到分析模板。

4）可视化分析视图要结合公司的经营情况，相关指标需要根据管理层需求进行优化。

5）完成可视化分析视图之后，要和财务相关岗位人员进行沟通，获得具体的原因分析，另外还要对各岗位提供的数据提出具体要求。

6）需要撰写一份工作手册，用于反映可视化分析视图的编制方法、步骤、时间要求等。

7）尽快组织一个会议，召集财务部各经理及主要岗位人员参与讨论。

8）可视化分析视图中的其他问题及需要注意的地方，已在相关位置'备注'了，需要进行修改和完善。"

随后李茜也给向总回复了邮件。

"向总，您好！

您的意见我已收到，感谢指正。我将在修改完成之后，开展可视化分析视图的下一步工作。"

PART 4

第四篇

财务分析师
职业前景

第 11 章

财务分析师的五段位分析

相较于大多数会计人员从事的财务核算岗位，无论是岗位的认可度还是薪资水平，财务分析师明显高出一筹。

财务分析的工作可多可少。只要精力足够，财务分析师哪怕一周出具一篇财务分析报告也没问题；财务分析师也可以一个月，甚至几个月才出具一篇财务分析报告，而且还能让管理层满意。

财务分析的深度可深可浅。有的财务分析报告只是给出了数据的变动比率，简要说明了变动原因；有的财务分析报告可以把财务分析的语言转化为业务语言，站在业务的角度思考，通过分析数据和流程方面的问题，打通业务和财务数据流，搭建不同需求下的财务分析模型。

财务分析的岗位可高可低。有的公司没有专门的财务分析人员，由财务经理或其他岗位兼任财务分析师。有的公司将财务分析师叫作财务分析员，还有的叫作财务分析经理、财务分析总监、财务经营分析总监。这说明不同公司对财务分析岗位的认知和认可度是不一样的，财务分析师的地位大有不同。

以上林林总总的现象归纳成一句话：财务分析是一门"技术活"，财务分析师的段位大有不同。下面按照职责的不同及分析水平的高低，将财务分析师分成五个段位。

11.1 财务分析师第一段位：数据与报表分析

我们刚接触财务分析工作时，往往从数据和财务报表入手开展财务分析，常见的财务分析维度如下：

（1）费用分析。

（2）应收账款账龄分析。

（3）收入成本毛利分析。

（4）存货分析。

（5）募集资金使用分析。

（6）资产负债表变动分析等。

第一段位的财务分析工作有一个特点，即围绕财务报表和数据开展，数据口径与财务口径一致。这种分析方法常用于中小企业，经验不够丰富的财务分析师往往习惯于用这种方式出具财务分析报告。第一段位的财务分析报告可以一定程度上满足管理层对财务数据的需要，有助于看到公司经营管理的全貌。

数据与报表分析对中小企业和初级的财务分析师而言，不失为一种财务管理手段，但这种方式的局限性也是非常明显的。由于公司往往没有设置专门的财务分析岗位，财务分析工作由不同的会计岗位人员承担，或者由财务经理承担，导致财务分析的广度、深度都不够，再加上此阶段的财务分析基本上就是对结果的归纳和再述，存在数据上的滞后性，因此财务分析报告的作用显得非常有限。

第一段位的财务分析师应当加强分析的深度、发掘问题的内因、提示经营风险，促使业务单位改善问题，这是使分析工作获得管理层认可的核心；另外，在数据分析的基础上增加对报表整体层面的分析，如与同业竞争对手的比较分析，有利于提升分析高度和体现分析价值。

11.2 财务分析师第二段位：预算与财务分析

公司发展到一定规模后，需要开展预算管理工作，以落实经营计划，合理协调人、财、物资源的配置。此时公司需要专业的财务分析师开展预算与财务分析的工作。

第二段位的财务分析师已经可以熟练地开展数据与报表分析的工作，对财务分析的方法、维度有了较为全面的认知；另外，财务分析师通常需要参与公司的全面预算，组织各业务部门编制预算，开展预算执行分析，并出具分析报告。我们来看几家公司中预算与财务分析师岗位职责及任职要求，见表11-1。

参与预算管理及预算执行分析是预算与财务分析师的基本职责，这要求第二段位的财务分析师必须具备一些基本的财务和管理技能，通常包括：

1）具备组织、协调、分析、调整、报告、控制全面预算的能力。

2）具备良好的预算执行分析技能，并可以开展财务预测。

3）具备绩效考核的知识，并能参与考核指标方案制定。

4）能够编制预算管理制度，并不断优化。

除了需要具备预算及财务分析相关的财务技能，从表11-1中我们可以看出，很多公司对预算与财务分析师的岗位职责还有其他要求，这和不同公司开展的具体工作是密切相关的。在上述招聘信息中，我们可以看到预算与财务分析岗位的扩充职能可能有如下一项或几项：

1）可以编制管理报表。

2）能够对公司的运营情况进行分析。

3）具有开展项目财务分析的技能。

4）具有对投资项目进行投入产出分析的知识和能力。

表 11-1　预算与财务分析师岗位职责及任职要求

招聘岗位名称	岗位职责	任职要求
预算分析师（家具集团）	1. 根据预算管理制度，编制年度财务预算，编制各期滚动预测报告，并根据预算指标对预算执行情况进行实时监控，反馈报告； 2. 建立、实施和维护财务分析报告体系，重点编制各类财务分析报告（包括每月预算回顾报告），并根据分析结论提出管理建议； 3. 根据财务报表体系有关要求，负责编制管理财务报表，并确保财务报告真实、准确、完整； 4. 协助财务部负责人开展各项工作，完成上司交办的其他工作，依照公司各项制度规章等规定履行职责	1. 统招财会、审计、金融等相关专业本科及以上学历，中级会计师及以上职称优先； 2. 精通 SAP 等财务管理软件及 Excel、PPT 等 Office 办公软件，5 年以上预算或分析相关岗位工作经验； 3. 熟悉预算管理的关键要素及环节，有较好的沟通能力、表达能力和团队精神，勇于承担挑战性工作； 4. 具备良好的业务感觉、数字敏感性和良好的数据分析能力，具有财务分析、产投分析、成本分析等业务技能，能快速适应业务变化及推动业务进程
预算及管理分析师（互联网企业）	1. 负责制定公司年度财务规划，负责财务预算及盈利预测的制定； 2. 负责制定有利于公司长远发展的各部门考核方案；负责各部门预算管理及控制； 3. 负责梳理公司的财务管理流程； 4. 负责分析公司的运营情况，挖掘公司管理问题并提供有利于公司发展运作的建议	1. 大学本科或以上学历，具备良好的英文读写能力； 2. 思维清晰，逻辑能力强； 3. 优秀的综合分析、提炼能力和报告撰写能力； 4. 善于与人沟通，表达能力强，具备极强的上进心和责任感； 5. 工作细心，愿意承受较大的工作压力； 6. 有预算管理、财务分析或内部控制经验者优先

（续）

招聘岗位名称	岗位职责	任职要求
高级预算与财务分析专员（电子材料生产企业）	一、项目分析 1. 负责投资项目可行性分析，提出可研评价、概算评审、价格评审等； 2. 负责项目财务分析，完善项目财务绩效考核指标体系； 3. 负责股权投资项目等，编制项目的经济效益分析，参与超预算项目支出评审，测算效益性； 4. 根据公司项目投资情况兼任项目公司的财务主管 二、预算会计 1. 负责预算编制，协助完善预算管理制度，并按照制度执行预算管理工作，面向其他部门宣导； 2. 进行汇总与平衡预算并报批，编制财务预算报表，完成年度预算编制汇总分析报告； 3. 根据预算调整方案，协助落实年度和季度预算的调整； 4. 监督部门执行状态，定期编制财务预算执行报告，分析和反馈预算执行状况，提出预算改善管理建议； 5. 推动实施预算改善方案，监督改善效果的达成	1. 本科及以上学历，中级会计师以上职称； 2. 3年以上会计行业工作经验，生产制造类企业总账会计/成本主管工作经验尤佳； 3. 熟练使用Excel、PPT等常用办公软件，具有SAP使用经验优先； 4. 做事细心，富有责任心，具备独立工作能力及一定的抗压能力，擅长独立思考

5）具有财务管理流程梳理的能力。

当然，这五项技能是对财务分析师的更高要求，也是提升财务分析段位的关键技能。除了上述能力，第二阶段的财务分析师还需要具备一些软技能，如：

1）符合要求的会计职称（通常要求中级以上）和证书。

2）精通财务管理软件及Excel、PPT等办公软件。

3）预算或财务分析的工作经验。

4）较好的沟通能力和报告撰写能力。

11.3 财务分析师第三段位：管理与行为分析

第三段位的财务分析师基本上已经具备了数据与报表分析的能力，能够站在经营的角度进行管理和行为分析，并通过数据整合、模型搭建对管理决策起到帮助作用。常见的管理与行为分析的应用场景如下：

1）通过参与搭建管理报表，在公司划分不同的责任中心，完善和优化对各部门的业绩考察和评价体系，建立区域、产品线利润中心，建立公共费用的分摊规则；通过运用信息系统打通财务、业务数据流，细化数据颗粒度，规范业务数据口径，并与报表数据口径进行合理区分，建立统一的数据底座。

2）参与各种数据分析模型的搭建，如通过建立盈亏平衡分析模型进行产品保本点测算；通过建立投资项目分析模型，分析新产品的投入、产出情况，为公司的新产品、新项目投资提供决策分析机制，支撑公司的经营决策；通过转移定价模型的搭建，制定公司的转移定价规则，指导公司转移定价；通过搭建可视化的财务分析模型，进行数据一键呈现，及时、准确地反馈各项财务与运营指标，进行财务预测和风险预警，对公司的短期、中期、长期财务策略的规划和调整起到支持作用。

3）在不同场景下进行行为分析，如合同条款审核分析及调整，收入确认分析，费用发生流程标准的合理性分析，财务管控、财务结账流程分析及工作手册编制等，这些都属于行为分析。与财务分析通常更加关注活动的结果不同，行为分析更加关注活动的过程，公司通过行为分析可以完善管理活动和流程，在过程中控制风险。

第三段位的财务分析师除了参与公司的各类财务分析工作，还需要对一些专业模型的搭建负责，参与复杂的流程管理和标准化工作。财务分析师应当既关注分析的结果，又注重将零散的分析工作植入流程和系统之中，将分析工作系统化、流程化，将分析模板标准化。

11.4　财务分析师第四段位：业务与经营分析

财务分析工作做到一定程度，财务分析师会有一种"江郎才尽"的感觉，这是因为数据横向、纵向比较，往期对比、同业对比已经非常全面了，常用的分析方法已经用过，每个月提交给管理层的分析报告没有新意，即使再继续做下去也不会有任何突破。遇到这种情况，我们应该如何破局呢？建议从拓展分析的深度和广度方面入手。

开展业务与经营分析，是拓展分析的深度和广度的良好途径。

对于现在的公司而言，以数据和报表为主的传统的财务分析报告已经越来越不能满足管理的需要。越是优秀的公司，越需要将分析工作做深、做细致，甚至需要深入业务前端，以便在业务开始之前和过程中，可以提供决策支持与分析建议，这样财务分析自然更加贴近实务，能够更快落地。

所谓的业务与经营分析，就是将分析工作深入业务前端（如销售、研发业务），贴近公司经营。财务分析师不再是单纯的数据输出者，还是数据的创造者和输入者。

我们看一下某国际化医疗公司的招聘信息，财务分析师岗位职责及任职要求见表11-2。

第四段位的财务分析师需要具备独有的财务和管理技能，通常包括：

1）紧跟业务需求，能够开展多维度的业务分析。
2）推动数据可视化、标准化、自动化工作的开展。
3）建立各种财务和分析模型，如本量利模型、定价模型、预测模型等。
4）进行事业部经营分析。

5）进行产品生命周期管理，搭建新产品投入产出分析模型并提供财务支持。

6）组织经营分析会议或提供核心数据。

表 11-2　财务分析师岗位职责及任职要求

招聘岗位名称	岗位职责	任职要求
营销系统财务分析师	1. 负责所辖业务单元的经营分析及预算管理工作，提供相关决策支持； 2. 负责定期提供多维度的业务盈利能力分析，跟踪业务趋势变化，更新损益预测； 3. 负责监控预算目标执行及风险预警，对于资源调配给予合理化建议，进行预算管控； 4. 参与所辖业务单元的财务管理优化等专项工作	1. 本科及以上学历，财务管理、会计或财经相关专业； 2. 3年以上综合财务分析、预算管理、财务会计相关工作经验；大中型制造业或跨国企业相关工作经验优先； 3. 具备良好的财务分析、预算管理等财务技能； 4. 熟悉ERP（SAP等）、BW等系统逻辑及操作，并熟练使用EXCEL及PPT； 5. 逻辑思维能力强，条理清晰，具有较强的口头及综合文字表达能力； 6. 具有良好的沟通协调能力和团队合作精神； 7. 具有良好的承压能力，有探索精神，对工作充满热情
数据分析师	1. 从供应链系统业务的需求和管理要求出发，推动数据可视化、标准化、自动化工作的开展；建立供应链系统数据分析机制及体系； 2. 利用各类数据分析工具，赋能和帮助业务部门进行深入的业务数据分析，挖掘数据内在的模式和规律，并根据数据分析结果为业务部门的决策提供依据； 3. 负责使用Tableau制作、发布报表，对接业务报表需求； 4. 负责Tableau Server平台数据分析体系建设，围绕业务诉求构建多维度数据分析模型； 5. 负责组织、协调相关部门，开展商务智能（BI）领域的项目实施及推广	1. 本科以上学历，至少3年以上数据分析经验，统计学、数学、计算机专业优先； 2. 具有敏锐的数据分析、数据应用及逻辑思维能力，数据敏感度高，善于从数据中发现问题，做事情以结果为导向，思路清晰，工作认真细致； 3. 具有较强的沟通表达能力和组织协调能力，能根据运营需要协调各部门资源； 4. 熟练掌握Tableau表计算，LOD计算，熟练掌握Tableau可视化仪表板制作； 5. 熟悉供应链系统运作体系者优先

（续）

招聘岗位名称	岗位职责	任职要求
事业部财务分析师	1. 负责所辖业务单元的经营分析及预算管理工作，提供相关决策支持； 2. 负责定期提供多维度的业务盈利能力分析，跟踪业务趋势变化，更新损益预测； 3. 负责监控预算目标执行及风险预警，对资源调配给予合理化建议，进行预算管控； 4. 负责产品生命周期管理，搭建投入产出评估模型，为产品各环节决策提供财务支持； 5. 参与所辖业务单元的财务管理优化等专项工作	1. 本科及以上学历，财务管理、会计或财经相关专业； 2. 3年以上综合财务分析、预算管理、财务会计相关工作经验；大中型制造业或跨国企业相关工作经验优先； 3. 具备良好的财务分析、预算管理等财务技能； 4. 熟悉ERP（SAP等）、BW等系统逻辑及操作，并熟练使用EXCEL及PPT； 5. 逻辑思维能力强，条理清晰，具有较强的口头及综合文字表达能力； 6. 具有良好的沟通协调能力和团队合作精神； 7. 具有良好的承压能力，有探索精神，对工作充满热情

第四段位的财务分析师除了应具备前三个段位的软技能，还需要具备一些独有的技能，如：

1）具有比较丰富的预算和分析经验。

2）熟练运用各种报表及统计工具，如Tableau。

3）具有业务思维和管理思维的能力。

11.5 财务分析师第五段位：财务BP

本书把财务BP定义为财务分析师的最高段位，也是最终归宿，不是为了迎合潮流，而是和二者的职能是紧密关联的。

BP（Business Partner），是指业务伙伴。国内众多优秀公司均设置了财务BP岗位，如大家比较熟悉的华为公司、京东公司。在财务BP模式下，财务人员需要深入了解业务模式、追踪业务动态、推动业财融合，为业务部门提供良好的财务支持和服务。我们看一看华为财经组织架构（见图11-1）及财务BP的主要职责：

华为财务中心（COE）主要职能是制定政策、流程和规则。

华为财经BP主要职能是理解业务需求，整合并实施解决方案。

华为财务共享服务中心（SSC）主要职能是提供高效、优质、低成本的服务，并实施监控。

华为的财务BP分成四种类型。

第一种是产品与解决方案财经BP，也叫投资性BP，负责完善财务管理体系，落实公司投资战略，管理并规避公司财务及运营风险，支撑业务持续有效增长。

第二种是BG（Business Group，业务集团）型BP，分布在各BG中，负责协助BG总裁完成收入规划、经营效益与绩效管理，与业务主管共同对经营指标达成负责，完善各BG的财务管理体系，降低经营风险。

第三种是平台型BP，为各平台部门提供全面的财经服务，提供专业的财经解决方案。

第四种是区域型BP，分布在区域一线，作为片联、BG、系统部的业务伙伴和价值整合者，确保完成面向客户的经营目标，提升运营资产效率。

一名合格的财务BP需要具备核算、预算、成本、税务、财务分析、内控梳理与建设、信息化建设等全面的知识和能力，还要具备良好的沟通能力。优秀的财务BP应该随时可以接任财务经理，甚至财务总监的岗位。作为财务中心的"前台"岗位，财务BP需要深入业务之中，直接参与到业务场景中。

我们来看几家公司对财务BP的招聘要求，财务BP岗位职责及任职要求见表11-3。

294 第四篇 财务分析师职业前景

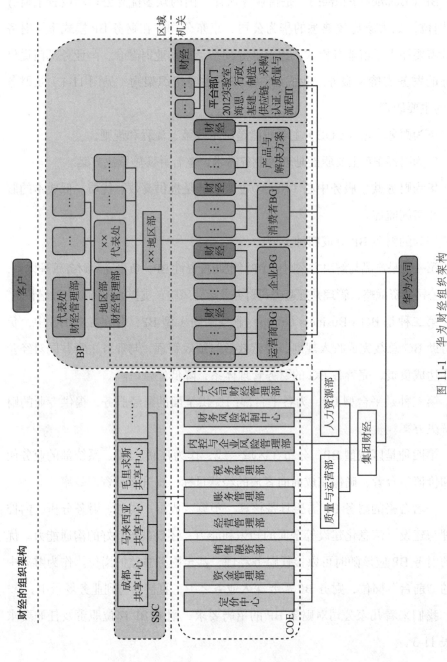

图 11-1 华为财经组织架构

资料来源：华思华智库《一文读懂华为财经体系的前生今世》。

表 11-3　财务 BP 岗位职责及任职要求

招聘岗位名称	岗位职责	任职要求
财务 BP（上海某制药公司）	1. 熟悉 BU（Business Unit，业务部门）/SBU（Strategic Business Unit，战略业务单元）业务流程，参与业务会议，协助业务流程的搭建与完善，提高业务效率； 2. 快速响应 BU/SBU 对于业务的项目开展需求，了解新业务并且建立财务模型，对业务线的项目进行事前、事中、事后跟踪管理及财务分析，跟踪各产品的投入产出效果，支持业务发展的需要； 3. BU/SBU 预算编制，预算、预测与实际差异的沟通分析，深入了解业务，根据业务的执行情况，提出合理化的建议与意见，分析财务事项，向管理层提供及时、有效的财务状况及经营状况分析； 4. 负责业务与财务的信息传递及沟通，从财务的角度支持、管理、监督业务；编制财务经营管理分析报告，不断推进和改善流程； 5. 参与合同评审，从财务的角度控制合同的财税风险及控制项目执行中的成本； 6. 其他财务部的日常工作	1. 财务会计或财务管理专业本科以上学历； 2. 5 年以上财务分析及管理相关经验，具有搭建财务模型的能力；具有制药设备、耗材、工程公司工作背景优先考虑； 3. 具有较强的责任心及沟通协调能力，能与内外部高效合作、解决问题；抗压力强； 4. 具有快速学习能力和优秀的沟通协调能力，具有善于发现并主动解决问题的能力； 5. 英语听、说、读、写流利
财务 BP（北京某互联网公司）	1. 业绩追踪：整体负责品类线的经营分析，通过日常对业务的追踪分析，发现和提示风险和机会点，按周输出采销预测，帮助业务团队达成目标； 2. 预算制定：主动参与各品类年度规划工作，结合公司战略为品类制定相应的预算；帮助业务部将总部预算目标拆解成具体的实施目标； 3. 策略支持：通过对品类的深入分析，发掘品类经营的关键驱动因素，持续迭代品类分析框架和各类看板；总结、提炼各项 UE（Unit Economics，单体经济）模型，将商品团队的经验知识做结构化沉淀；为业务运作提供论证、测算支持并辅助业务制订中短期策略和落地计划； 4. 数据治理：熟悉掌握各系统看板的数据口径和计算逻辑，对业务团队答疑；新业务场景出现时协调业务、产研团队对齐数据口径和逻辑	1. 与业务部紧密合作，能快速响应并支持业务策略； 2. 熟悉财务分析框架，能按月向业务团队提供经营分析报告； 3. 具有数据处理和报表加工的能力

（续）

招聘岗位名称	岗位职责	任职要求
财务 BP（深圳某声学制造企业）	1. 负责产品成本的核算，分析产品成本变动原因，并对异常情况和产品线进行改进； 2. 协助产品线制定目标成本、分析目标达成情况、制订相关行动计划并跟踪落实； 3. 为产品线提供数据支持及分析，协助产品线优化成本结构，寻找突破点； 4. 参与产品线业务事项的分析和决策，为产品线业务提供财务方面的分析和决策依据； 5. 改善、优化成本管控流程，提出改善建议	1. 有 3 年以上成本管理经验； 2. 能够吃苦耐劳，具备较强的抗压能力； 3. 具备良好的沟通能力和创新能力； 4. 熟悉 OFFICE 办公软件、熟悉 SAP 系统； 5. 具有良好的英语沟通能力

可以说，财务 BP 整合了财务分析师的基础和高阶能力要求，其对数据和业务的洞察力、对产品线投资的理解力、对财务和分析模型的构建能力、对编制经营分析管理报告的能力等的要求和对财务分析师的如出一辙。因此，一个优秀的财务分析师也应该是一名优秀的财务 BP，致力于成为公司的管理智囊和业务伙伴。

财务分析师五个段位的能力要求你都达到了吗？又处于哪一段位呢？让我们共同学习，提升财务分析水平，向着更高的目标努力冲锋吧！

参考文献

[1] Institute of Management Accountants. Financial decision making [M]. New York: John Wiley&Sons, 2014.

[2] Institute of Management Reporting. Planning, performance, and control [M]. New York: John Wiley&Sons, 2014.

[3] 卡普兰，诺顿. 平衡计分卡：化战略为行动 [M]. 刘俊勇，孙薇，译. 广州：广东经济出版社，2013.

[4] 李燕翔. 500强企业财务分析实务：一切为经营管理服务 [M]. 北京：机械工业出版社，2015.

[5] 吴昌秀. 管理报告设计案例精解 [M]. 北京：机械工业出版社，2017.

财务知识轻松学

书号	定价	书名	作者	特点
71576	79	IPO财务透视：注册制下的方法、重点和案例	叶金福	大华会计师事务所合伙人作品，基于辅导IPO公司的实务经验，针对IPO中最常问询的财务主题，给出明确可操作的财务解决思路
58925	49	从报表看舞弊：财务报表分析与风险识别	叶金福	从财务舞弊和盈余管理的角度，融合工作实务中的体会、总结和思考，提供全新的报表分析思维和方法，黄世忠、夏草、梁春、苗润生、徐珊推荐阅读
62368	79	一本书看透股权架构	李利威	126张股权结构图，9种可套用架构模型；挖出38个节税的点，避开95个法律的坑，蚂蚁金服、小米、华谊兄弟等30个真实案例
70557	89	一本书看透股权节税	李利威	零基础50个案例搞定股权税收
62606	79	财务诡计（原书第4版）	（美）施利特 等	畅销25年，告诉你如何通过财务报告发现会计造假和欺诈
58202	35	上市公司财务报表解读：从入门到精通（第3版）	景小勇	以万科公司财报为例，详细介绍分析财报必须了解的各项基本财务知识
67215	89	财务报表分析与股票估值（第2版）	郭永清	源自上海国家会计学院内部讲义，估值方法经过资本市场验证
58302	49	财务报表解读：教你快速学会分析一家公司	续芹	26家国内外上市公司财报分析案例，17家相关竞争对手、同行业分析，遍及教育、房地产等20个行业；通俗易懂，有趣有用
67559	79	500强企业财务分析实务（第2版）	李燕翔	作者将其在外企工作期间积攒下的财务分析方法倾囊而授，被业界称为最实用的管理会计书
67063	89	财务报表阅读与信贷分析实务（第2版）	崔宏	重点介绍商业银行授信风险管理工作中如何使用和分析财务信息
71348	79	财务报表分析：看透财务数字的逻辑与真相	谢士杰	立足报表间的关系和影响，系统描述财务分析思路以及虚假财报识别的技巧
58308	69	一本书看透信贷：信贷业务全流程深度剖析	何华平	作者长期从事信贷管理与风险模型开发，大量一手从业经验，结合法规、理论和实操融会贯通讲解
55845	68	内部审计工作法	谭丽丽 等	8家知名企业内部审计部长联手分享，从思维到方法，一手经验，全面展现
62193	49	财务分析：挖掘数字背后的商业价值	吴坚	著名外企财务总监的工作日志和思考笔记，财务分析视角侧重于为管理决策提供支持；提供财务管理和分析决策工具
66825	69	利润的12个定律	史永翔	15个行业冠军企业，亲身分享利润创造过程；带你重新理解客户、产品和销售方式
60011	79	一本书看透IPO	沈春晖	全面解析A股上市的操作和流程；大量方法、步骤和案例
65858	79	投行十讲	沈春晖	20年的投行老兵，带你透彻了解"投行是什么"和"怎么干投行"；权威讲解注册制、新证券法对投行的影响
68421	59	商学院学不到的66个财务真相	田茂永	萃取100多位财务总监经验
68080	79	中小企业融资：案例与实务指引	吴瑕	畅销10年，帮助了众多企业；有效融资的思路、方略和技巧；从实务层面，帮助中小企业解决融资难、融资贵问题
68640	79	规则：用规则的确定性应对结果的不确定性	龙波	华为21位前高管一手经验首次集中分享；从文化到组织，从流程到战略，让不确定变得可确定
69051	79	华为财经密码	杨爱国 等	揭示华为财经管理的核心思想和商业逻辑
68916	99	企业内部控制从懂到用	冯萌 等	完备的理论框架及丰富的现实案例，展示企业实操经验教训，提出切实解决方案
70094	129	李若山谈独立董事：对外懂事，对内独立	李若山	作者获评2010年度上市公司优秀独立董事；9个案例深度复盘独董工作要领；既有怎样发挥独董价值的系统思考，还有独董如何自我保护的实践经验
70738	79	财务智慧：如何理解数字的真正含义（原书第2版）	（美）伯曼 等	畅销15年，经典名著；4个维度，带你学会用财务术语交流，对财务数据提问，将财务信息用于工作